近江環人地域再生学座 編

責任編集：鵜飼 修

地域診断法

鳥の目、虫の目、科学の目

新評論

はじめに

「あなたの住んでいる所はどのような地域ですか？」

この質問に、「私の住んでいる所はこういう地域です！」と、即答できる人はあまりいないのではないでしょうか。筆者も含めてですが、多くの人々は自分の地域のことをよく知らずにそこに住んでいます。それでは、なぜ知らないのでしょうか？　それは「知る必要がないから」でしょう。現代の日本の社会では、地域のことをよく知らずともあまり生活に困ることはありません。

かつて、農耕を中心とした社会であったときは、自分の住む地域のことを知らないということは、生活をするうえにおいてさまざまな危険を冒すことにつながりました。それぞれの土地の気候風土にあった作物を栽培し、動物たちと共生し、暑さ寒さから身を守り、地域の人たちと助け合うという「暮らし」――人間の生活は、大地と海、そして湖とも密接な関係をもっていたのです。

つい数十年前まで、そのような生活は多くの地域に残っていました。里山、里地、里海とともにある暮らし、小川での魚取り、里山での柴刈り、五穀豊穣を祈り感謝する祭りなど、経験されてきた方も多いでしょう。しかし今では、あえてそのような暮らし（たとえば、田舎暮らし）を実践する人が増えつつあります。人間らしい暮らしを求めてのことでしょうが、考えてみれば皮肉なものです。

都市においては、大地のほとんどがアスファルトやコンクリートで覆われています。平滑な舗装道路は、車にとっては便利なものです。インフラの整備は経済循環・雇用創出にも貢献しますが、大地は悲鳴を上げているのです。近年は、洪水や土砂崩れといった被害をニュースなどでたくさん耳にします。ひょっとしたら、集中豪雨はその戒めなのかもしれません。

日本の国土はほとんどが急峻な山地であり、多くの平野部は河川の氾濫原となっています。そう考えると、そもそも人間が何も考えずに安心して住むことのできる場所はそれほど多くはないと考えたほうがよいでしょう。加えて、都市化することは私たちの生活と大地とのつながりを見えなくしてしまっていると言えます。その結果、人間の大地に対する畏敬の念をも消失させてしまったのです。

こんなことを考えると暗い気持ちになってしまいますが、そういった状況のなかで、改めてその地域の特性を把握し、理解し、それをまちづくり活動の基礎とする、というのがこの「地域診断法」の授業の主旨です。

地域の特性を把握する狙いは二つあります。

一つは、地域の元気を創出するためのヒントを探すことです。現在、日本は中央集権国家からの転換を迫られています。「地域主権」、「地域主体」という言葉がよく聞かれるようになりましたが、実際、地域の進むべき道はどのような方向なのかを地域の住民自身がはっきりさせることはなかなか難しいようです。そういったときに、「何か簡易に検討できる方法はないものか?」あるいは「分かりやすい方法はないのか?」といった要望にこたえる方法が本書で提示する地域診断法なのです。つまり、「地域特性を住民で共有するツール」や「プロジェクトの方針を確認するツール」として機能することを想定したものです。

二つ目は、人間と地域とのかかわり方を見直すことです。私たち人間は、先ほど述べたように大地の上で生活しています。その大地で生活する作法は、その土地を知り、その土地に敬意を払い、その土地とともに生きることです。もちろん、ともに生きるのは人間だけではなく、私たちよりも長い間その土地で世代をつないできた植物や動物もいます。そして、言うまでもなく、それらの動植物の生活環境の形成には気候が大きく影響しています。さらに気候には、地形や地球全体のメカニズムが影響しているのです。私たちの先人が、海や山、川、風などを神格化して畏れたのがよく分かります。そうした先人たちに、そして先人たちが築いてきた歴史や生活文化にも敬意を払う必要があります。

地域とのかかわりを見直すということは、そうした人間と地域・地球環境との「つながり」を今一度見直すことにほかありません。そのうえで、地域の未来を考えることが地域診断法なのです。言ってみれば、地域診断法は「地域・地球における人間のあるべき姿を見つめ直すツール」なのです。

もちろん、地域は奥が深いものですから、どこまで追究するのかといった問題も生じてきます。時間を考えて、その瞬間になすべきことを探すことも必要でしょう。しかし、地域の人々が、自らの住んでいる地域の多様な側面を知ったり、他の地域との違いに気付き、それらの情報を共有するだけでも意味があると思います。あるいは、その必要性に気付くことが第一歩だとも言えます。「分からないでやる」のと「分かっていてやる」のとでは、戦略やリスクを考えるうえにおいて大きな違いが出てくるのです。

筆者は、後述するエコロジカルプランニングのマトリックスをつくるワークショップにおいてA４の用紙を折り紙のように折ってマス目をつくり、それを埋めていくといった手法を紹介しています。参加者は、その場でマス目を埋め尽くすことができなくとも、地域を見る多様な側面やそれらのつながりに気付くことになります。また授業では、先輩が調べた成果を読み取ることからはじめています。多様な視点から地域を見て、多段階のスケールで地域を位置づける練習をしています。事例を読み解くことで、地域を見る目や発想の仕方を学んでいるのです。

本書は、滋賀県立大学大学院で二〇〇六年から開講された「近江環人地域再生学座」の科目である「地域診断法特論」の五年間にわたる授業の内容を出版にあたって加筆、修正したものです。

近江環人地域再生学座とは、「地域診断」から「まちづくり」までを総合的にコーディネートする「人財」の育成を目指して設立された講座です。授業は一年間で、大学院生と社会人が一緒になってまちづくりのノウハウを学びます。四つの講座と二つの実習で構成されており、所定の科目の単位を修得し、検定試験に合格すると「コミュニティ・アーキテクト（近江環人）」の称号が大学から付与されるという仕組みとなっています。社会人の方は、科目履修生として入学することが可能です。

このコミュニティ・アーキテクト（近江環人）の人材像は、次のように定義されています。

「コミュニティ・アーキテクト（近江環人）は、滋賀県が目標とする持続可能な地域社会の構築をオーガナイズするあるいは地域文化・資源を生かしたまちづくり・地域おこしをコーディネートする新たな職能として提案するもので、琵琶湖を中心に湖南・湖東・湖西・湖北それぞれの地域が抱える環境、文化、社会、暮らしの課題を正しく認識するとともに、地域診断からまちづくり（コミュニティ活性化、環境改善、市街地再生、地域文化育成等）などそれぞれの専門性の上に、複数分野に関わる課題を横断的、統合的に捉える知識、能力、経験を有し、行政、企業、NPOなどそれぞれの立場で地域再生のリーダー・コーディネーターとなる人材」

この定義は、開講しているのが滋賀県立大学であるため「滋賀県」を対象として記載されていますが、固有名詞部分を替えれば、全国各地、全世界において適用できる内容と言えるでしょう。現に、ここに定義したコミュニティ・アーキテクト（近江環人）と同様の活動は全国各地で行われています。建築からまちづくりへ職能展開の可能性を検討している建築学会では、二〇〇九～二〇一〇年度に特別研究委員会が設置され、全国から事例を収集したうえで議論が行われています。また、筆者が韓国ソウルで近江環人地域再生学座の取り組みを紹介した際には、大学関係者やコンサルタント、そしてまちづくりを実践する人たちがこのような人財育成の必要性に共感していました。

よく誤解されるのですが、名称に「アーキテクト（＝建築家）」とついているからといって、建築に携わる方のみを対象としているわけではありません。まちづくり活動は多様な主体によって構成されますので、民間企業やＮＰＯ団体、自治会、行政の方々や建築関係、都市計画関係の方も一緒に学びます。男女も年齢も関係ありません。まちづくりへの意欲がある方で、選考試験（資格審査、書類選考・面接）をクリアした方であればどなたでも参加することができます。二〇一一年三月までの五年間で輩出されたコミュニティ・アーキテクト（近江環人）は五七名（履修生は七三名）で、多種多様なジャンルの方々によって構成されています。

定義にも書かれているように、本書で紹介する地域診断法はまちづくり活動の最初の段階で行っておくべき内容です。地域診断を適切に実施し、それぞれの地域が抱える環境、文化、社会、暮らしの課題を正しく認識することで、地球環境と調和した活力ある人間社会・地域社会の方向性を見いだすことができるのです。

本書を手にしたみなさんも、まずは改めて「地域を知る」ことからはじめていただきたいと思います。持続可能な社会の構築に向けて、ともに一歩を踏み出していただくことを期待しています。

著者を代表して　鵜飼　修

もくじ

第2章　エコロジカルプランニングの手法による地域診断（風見正三）　43

第5章　滋賀県の気候特性と地域診断（加藤真司）119

第6章　滋賀県の動植物の特性と地域診断（中井克樹）141

第7章　滋賀県（近江）の歴史特性（水野章二）　171

第8章　滋賀県の経済・産業動態の特性把握と地域診断（秋山道雄）195

第9章　滋賀県の安全・防災上の特性把握と地域診断（高田豊文）215

地域診断法——鳥の目、虫の目、科学の目

序　章

オリエンテーション

鵜飼　修

授業風景：マトリックスを用いて診断結果を発表

まずは、この「地域診断法特論」の授業の進め方を説明します。この授業では、地域再生、まちづくり、地域の活性化、あるいは企業にお勤めの方だったら、企業の抱える地域との接点におけるさまざまな問題を解決するときに、どのような切り口、方法で取り組めばよいのかということを考えていきます。とくに、ここでは、そのような課題に対して客観的に考えるという方法を勉強します。

自分が「こう思うからこうしたほうがよい」というような主観的な解決策では、ほかの人に納得してもらうことはできません。とりわけ、地域の住民の方を相手にして話すときには、「自分がこうだからこう」、「自分がよいと思うからこうだ」と言ったところでなかなか同意は得られないものです。そのようなとき、もう少し客観的なものの見方をもって説明することができれば、地域の方々の同意が得られやすくなるのです。

まず、プログラムの中身について説明しましょう。「地域診断法特論」で学び取ってほしい内容は次の五つです。

❶滋賀県の地域特性を把握する——地域特性について細かく知っている必要はないですが、せめて滋賀県の地域特性の概略ぐらいは説明できるようになっていただきたいと思っています。滋賀県というのはこういう地域ですよとか、県内の四つの地域はこういう特性をもっていますよ、といったことが説明できるレベルにはなっていただきたいです。

❷地域を見る目、および見方の修得——最初に言いましたように、「自分がこう思うからこうだ」ということではなく、たとえば植物の分布がどうだから、風の方向がどうだからといった客観的なデータに基づいてあなたの地域にはこのような特性があります、このように評価することができます、という形でとらえる見方を身に着けていただきたいと思っています。つまり、客観的な論拠に基づいて人に説明できるというスキル

を身に着けるということです。

❸情報収集の方法を修得する——授業と並行して行われるグループワークで実践的に情報収集の方法を習得していただきます。

❹情報分析、地域特性の解読方法を修得する——これはかなり難しく、経験を必要としますが、先ほど言いましたように、科学的なデータをいろいろ集めてそれをどう読み解いていくのか、またこの地域での課題に対してどういう解決策を出すかというときにそれらの科学的なデータをどう処理をすればいいのかということを修得してもらいます。これについてスキルアップするためには数をこなす必要がありますが、授業ではグループワークで実際の地域を題材に試行錯誤していただきます。

❺診断から提案までの一連のフローを修得する——ある地域に課題があって、その課題を「近江環人さんなんとか解決してください」という依頼が来たときに、その依頼からスタートし、「課題の把握」、「客観的な地域診断」、「適切な提案」といった一連の手順を身に着けていただきます。

実際の講座は半年間ですので、その短い期間にこれらすべてを修得することは難しい話です。しかし、この地域診断法のスキルを生かして実際に後期の授業である「コミュニティ・プロジェクト実習Ⅰ」では具体的な地域で地域診断を行い、提案をつくり、地域の人と合意形成した受講生もいます。そうした展開も可能ですので、是非、一連の手順を学んでいただければと思っています。

次に、授業の構成を説明します。講義を聞く「座学」と、講義と並行して課せられる「演習」があります。演習では、グループごとに分かれて課題を解決するという作業を座学と同時並行で実施しています。

そして、最後に「検定試験[1]」があります。これは「地域診断法検定」と呼ばれています。講座の途中で模擬試験の課題を提示しますが、それが「合格」レベルであれば、検定試験に合格する可能性も高くなるでしょう。

このように、講義は座学と演習で構成されていますので、それらを自分自身で十分に消化していただきたいと思っています。

補足として、情報の入手先について説明しておきます。これは、講義を進めていくなかでさまざまな資料や情報収集方法が提供されますが、基本的な情報としては『日本地誌』を利用します。これは一九七六年に発行されているものですから古いデータとなりますが、反対にこれには滋賀県のあるべき姿に近い基本的なことがすべて書かれています。気候風土、産業をはじめとして、地域ごとの基本的な特性が書かれてあるのです。

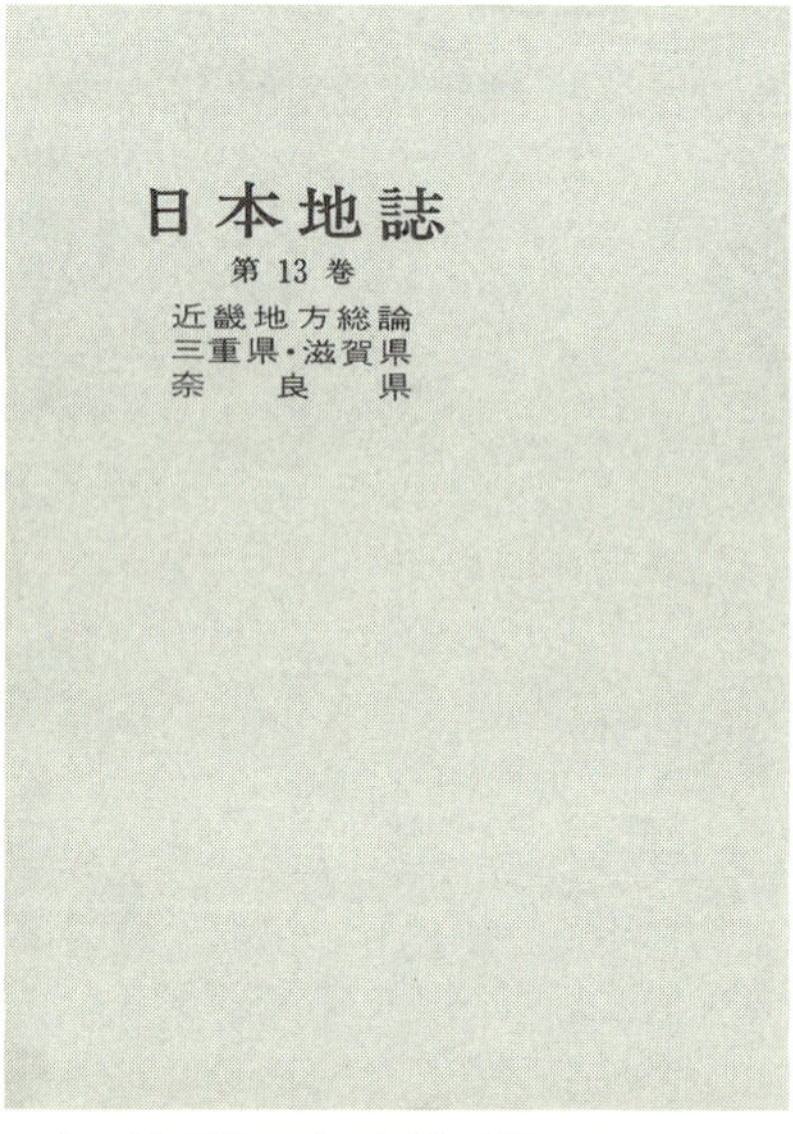

日本の地理学研究の最高水準を示すもので、20世紀最大の日本地誌叢書。全21巻。日本地誌研究所編、二宮書店、1976年

木村至宏監修、サンライズ出版、2005年

この本を見ていくと、一九七六年くらいまでの滋賀県っていうのはどういう所だったのか、また現代まで本質的に変わらないものは何なのか、逆に時代の流れのなかで変わってしまったものは何なのか、といった内容が分かりますので必ず目を通してください。

歴史については、「郷土史」をはじめとしてさまざまな資料が各地域にありますので、それらを調べていただくことになりますが、基本図書としては『一二歳から学ぶ滋賀県の歴史』を挙げています。これは、中学生向けにつくられたもので、非常に簡単に滋賀県の歴史が分かる内容のものですので参考にしてください。

気象に関してはアメダスデータを参照し、生物に関しては、「生物多様性情報システム」という国が作成しているホームページを利用します。そして、地形を調べるためには地形図や空中写真を利用します。国土地理院の空中写真、アメリカ軍が撮影した写真google earthなども参考にします。

そのほかさまざまなデータや資料を用いますが、それらは授業のなかで具体的に紹介し、その入手先についてもその都度説明していくことにします。

（1）地域診断法検定は、二〇一一年度より期末試験として実施されている。

第1章

俯瞰的に湖国を診断する

鳥の目、虫の目、科学の目

奥貫　隆

この章で学ぶこと

- **地域診断に取り組む際の四つのポイント**
- **滋賀県の土地利用と地域課題**——湖南・湖東・湖北・湖西
- **滋賀県の歴史・文化・暮らしの俯瞰的考察**

キーワード

時間・空間・人間、デジタルとアナログ、
異なる尺度、地域創造、直感力、近未来

滋賀県立大学キャンパス
（空撮：奥貫　隆。1966～2008年撮影、本文中を含む）

地域を見る尺度

「地域診断法」の第一回目の講義では、地域再生のためにどのような視点から地域を見るかについて話します。また、全一五回にわたる地域診断法特論講義のイントロダクションとしての位置づけから、受講するみなさんに滋賀県の全体像についてイメージを共有してもらうことを目的として、写真やデータを用いて説明していくことにします。

講義のタイトルは「俯瞰的に湖国を診断する」です。「俯瞰的」という意味は、文字どおり上空から撮影したスライド写真で滋賀県の現在の姿を把握するということです。それに加えて、それぞれの地域には過去から現在に至るまで土地利用の変遷が重なり合っており、それらが見え隠れして存在していますが、全体と部分を常に意識しながらその様子を把握するという意味も含めています。「鳥の目、虫の目、科学の目」というサブタイトルを付けていますが、地域診断法をマスターするうえでの基本的なスタンスを表していると理解してください。

初めに、私がこれまでのプロジェクトや調査研究のなかで地域をどのような視点でとらえ、提案に結び付けてきたかについて説明し、その後に、スライドやデータを紹介しながら「鳥の目、虫の目、科学の目」で滋賀県全体の診断を試みます。

地域診断の意義

最初に、地域診断の意義について考えます。地域診断を行ううえで大切なことは以下の四つです。

❶何のために地域を診断するか。
❷地域をどのようなまなざしで見るか。
❸どのような手法で地域診断するか。
❹診断結果をどのように活かすか。

まず、何のために地域を診断するかについて考えていきます。

受講生のみなさんは、滋賀県のそれぞれの地域が抱えている課題を解決するために、行政、企業、地域の間に立って活動するリーダー的、立場あるいはコーディネーター的な立場を演じることを目指しています。そのときに必要なスキルの一つとして「地域診断」という手法があるわけです。その理由を「地域再生のために診断する」と言ってしまうと簡単ですが、そこにはいろいろな内容が含まれています。とくに、「地域再生」という言葉からは、ある地域があたかも何か問題があって、今困っているという印象を受けやすいものです。私は、これまでにいろいろ地域の人たちと話をしたり、また滋賀県の各地の様子などを見聞きしてきましたが、その印象はちょっと違うように感じています。

何が違うかと言うと、「再生」というよりも、むしろ「地域を創造する」という視点が大切であるということです。すなわち、今ある地域は決して悪くない、よいところがたくさんあるという認識のうえに立ってそのよさをもっと磨きあげていく、あるいはそのよさを地域の人たちが知覚し、共有することが大切だということです。そのうえで、近未来に向かってもっと地域をよくしていくための発想と提案が求められるのではないかと考えています。

したがって、お医者さんが体の具合が悪くなった患者を診て病気を治すという意味の診断ではなくて、地域診断においては、もっとポジティブな発想に立ち、地元学で言われる「あるもの探し」の精神で地域の人々とともに考え、提案をし、実現させるための道筋を見いだすことを目指すべきと考えています。いかがですか、少しは地域診断の方向性が見えてきましたか。

自分自身の物差しをもつ

次は、地域をどのようなまなざしで見るかということです。

私は、滋賀県立大学に来るまで、二七年間、東京をフィールドとして都市の再開発や郊外のニュータウンの計画、設計、建設の仕事に携わってきました。それ以外にも、昭和三〇年代に建設し、管理してきた住宅団地の再生などの仕事を担当してきました。そして、一九九六(平成八)年に滋賀県に赴任したのですが、最初の印象は、日本にこんな素晴らしい環境、景観、歴史、文化、暮らしをもった地域があるのか……ということでした。

感動すると同時に、驚きを感じました。私には奇跡的とも思えた現在の滋賀県の様子を、将来に向かってもっとよくしていくこと、あるいは少なくとも現在の水準を維持することに対して、環境や景観をテーマとしてプロジェクトにかかわってきた自分の経験を生かすことに強い責任をもった次第です。

滋賀県に対する原体験や感動を県庁の関係者や地域の人々に話すと、最初は怪訝《けげん》な顔をされることが多かったのです。今ある環境や景観がまるで当たり前で、とくに何がどう優れているのかというような自負心を、みなさんがあまりもっていないような印象を受けました。唯一、みなさんから強く伝わってきたことは滋賀県には琵琶湖があって、問題が起きたときには琵琶湖のために何とかしなければいけないという意識が共有されていることです。それを除くと、あそこではこんな問題がある、都会と比べるとこんなところがまだまだだというようなマイナス面ばかりが強調され、県内のよいところについてはあまりアピールをされなかったように思います。

ここに、地域診断のポイントがあります。すなわち、診断をするときには、その地域の物差しだけで見ようとするとよいところが見えにくいし、客観的な判断がしにくいということです。よ

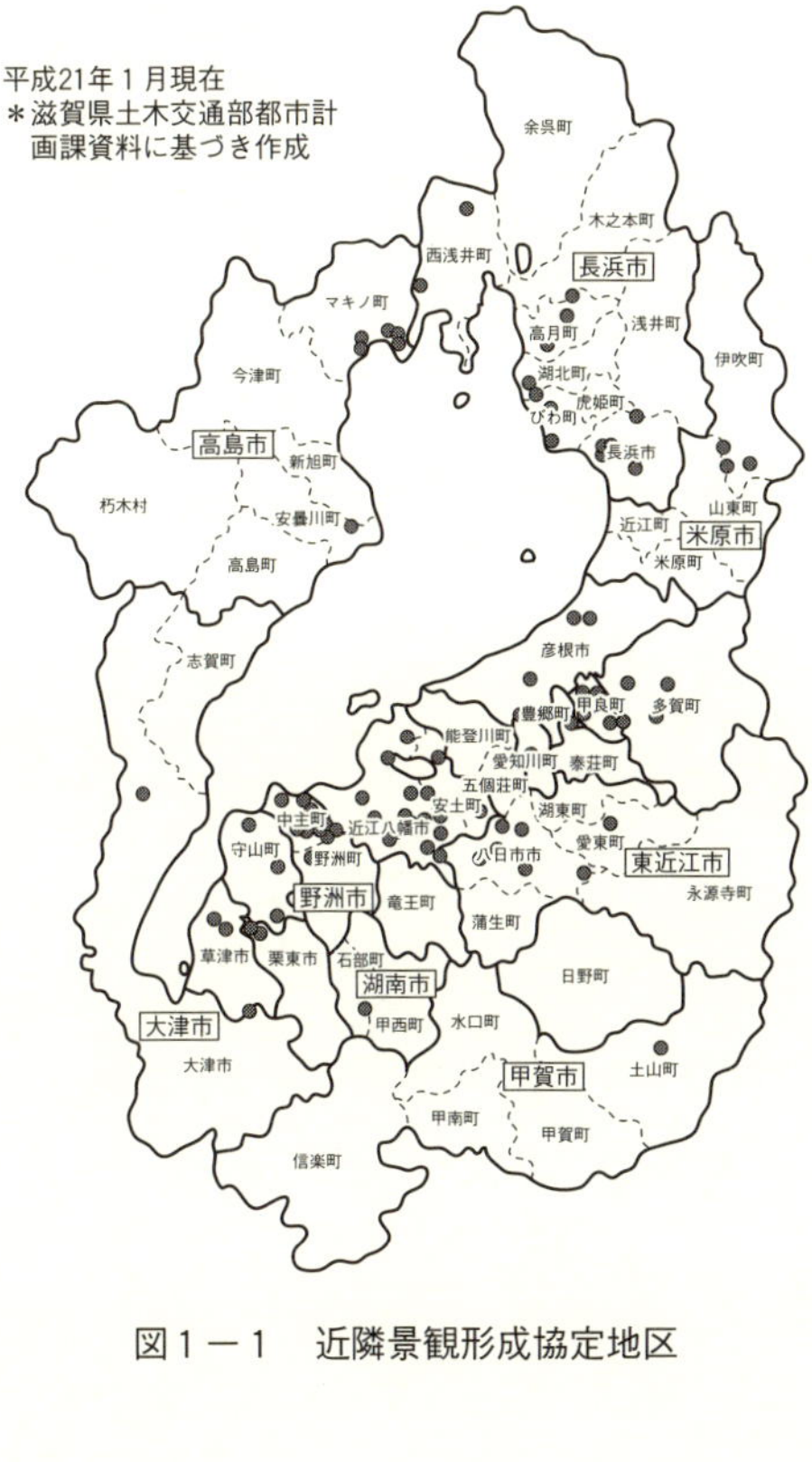

平成21年１月現在
＊滋賀県土木交通部都市計画課資料に基づき作成

図１－１　近隣景観形成協定地区

いところはみんな当たり前に見え、よくないところばかりが目に付くのです。たとえば、交通条件が整ってないから、年齢が高齢化しているから、若い人が都会に出ていってしまうからと目立つマイナス点に関心や評価が集中し、地域が継承してきた大切な「もの」や「こと」に対しての正しい評価を自らが下げてしまうことになるのです。

したがって、地域診断をするときには、客観的あるいは相対的な目が不可欠となります。客観的な物差しをもつためには当然豊富なデータが必要ですが、比較しながら考察し、検証するためのデータを診断者の眼で選択し、組み合わせる作業が大切となります。それゆえ、地域を診断するという行為には、人間的な思考や行動力が必要となります。つまり、地域を診断するということは、客観的なデータと合わせて自分自身の考え方や生活体験を通していかに地域を読むか、地域の将来に対してどのような提案をして関係者を納得させられるのかという「人間力」が問われる仕事であると言えます。

そのためにも、自らのなかにさまざまな目盛りをもった物差しや、経験に基づく柔軟な思考力や発想力をもつことが大切となります。私の場合は、滋賀県と東京都という対極的な空間を体験したことで、明らかに異なる二つの物差しをもっています。経済性・効率性・スピード感をもった東京を測る物差しと、環境性・持続性・安定性をもった滋賀県を測る物差しを常に比べながら診断するようにしています。三角スケールの目盛りでたとえれば、二〇〇分の一と六〇〇分の一を切り替えながら寸法を測るように、湖国滋賀の時間・空間・人間を見つめるようにしています。

受講生のみなさんは、この地域診断法特論のなかで、その地域のなかだけで完結したかのように見える情報をもとに、その延長上に将来を見通すのではなく、他所と比べて何が優れているのか、誇れるものは何か、他所と比較したときに際立っているものは何か、といった意識をもちながら地域を診断するという基本的なまなざしを獲得してください。

鳥の目、虫の目、科学の目

三番目のポイントは、具体的にどのような方法で地域を診断するのかです。本章の冒頭で、滋賀県の全体像を把握する意味で「俯瞰的」という表現を使いましたが、文字どおり、空撮写真を使って湖南・湖東・湖北・湖西の地上の様子を一望に見て、湖国を診断することになります。使用する空撮写真は、滋賀県の景観審議会などの委員会資料として活用する目的で、一九九六年から二〇〇八年にかけて二年に一度の割合で防災ヘリから撮影したものです。

空撮＝鳥の目は、言ってみれば「現代の国見」です。「国見」とは、天皇や地方の長《おさ》が高所に立って、国の地勢や景色、領民の生活状況を見ることです。六世紀、舒明天皇（五〇九〜五七一・第二九代）が詠んだ有名な国見歌を紹介しておきましょう。

大和には　群山あれど　とりよろふ　天の香久山　登り立ち國見をすれば　國原は　煙立ち立つ　海原は
鴎立ち立つ　うまし國そ　蜻蛉島大和の國は　（『万葉集2』）

滋賀県の全体像を把握するためにヘリに乗って上空から俯瞰する、まさに現代の国見と言えます。

また、現代は情報社会ですから、アメリカ航空宇宙局（ＮＡＳＡ）などが打ち上げたランドサット（Landsat）の衛星画像で滋賀県全域を見ることができますし、それに基づいたリモートセンシング、すなわち光の波長特性を使って、はるか彼方の宇宙から地上の微細な物体や土地利用の状況をラスターデータ[1]として図化することもできます。このようなデジタル技術を駆使することによって、地形図、土地利用図、植生図などの主題図がつくられ、データを足し算したり引き算することでさまざまな分析図をつくることができます。

しかし、そのデジタルデータをどのように重ねても、本当の地域の姿は見えてこないのです。私は景観計画の視点からそれを構成している要素、そして景観と人間活動のかかわりなどを対象として調査、研究、フィールドワークを行っていますのでなおのこと感じるのですが、鳥の目で全体のイメージをつかみ、虫の目でフィールドワークや撮影を行い、自分の経験や感覚を通して地域の景観の特色や課題を読み取ることでしか診断に必要な基礎情報は得られません。もし、その過程において写真画像では読み取れない事象があった場合は行政資料や文献などで補足し、理解することになります。これらの作業はすべてアナログ、言い換えれば自分自身の経験、知識、感覚を総動員して、真実に近い結論を導き出すためのプロセスということになります。

これからの地域診断は、科学技術の成果としてのデジタル的な情報と、経験や実践から体得したアナログ的な情報をいかに組み合わせるがポイントになってくると考えています。それによって、初めて他者を説得できるだけの客観的な地域診断の世界が見えてくるのです。

地域診断のゴール

最後のポイントは、診断した結果をどのように活かすのかということです。

この地域診断法特論でも、講義のなかでグループ課題が出され、みなさんは講義で習得した方法論をもとに実際に地域に入って情報を集め、そこから地域やテーマに沿った具体的な提案を診断結果として提示することになります。そこで重要なことは、診断して終わりではなく、診断した結果を地域のためにどのように役立てるか、そして診断のプロセスで得た地域情報を実際にどのように活用するのかということが求められます。つまり、地域診断のゴールとは何かを考えなくてはいけないということです。

少し矛盾するかもしれませんが、この点に対する答えをあえて言うと、診断してみないとその地域が読めない、あるいは地域の将来像が描けないということでは地域診断は困難だということです。そのレベルの診断では、地域の人たちを説得することはできないでしょう。すなわち、その地域に入る前、あるいは実際にその土地に立ったときに、直感的に自分のなかでイメージできる何かがなければならないということです。何かとは、その地域の歴史的背景、文化的特質、社会的枠組みなど、目に見えるものから見えないものまでを含めて、地域がもっているよさ、他の地域には見られない強み、またキーマンとなる人の存在などから地域の近未来イメ

（1）　実世界をデジタル地図で表現する場合、ベクタデータ（実世界を個別の図形で表現）とラスタデータ（実世界をセルで表現）の二つの表現方法がある。画像データと同様のもの。

ージが湧いてこなければいけないということです。

地域診断のゴールを目指して、何をどのような手順で進めていったらよいか、またどのように行動すべきかまで踏み込む強い意志が求められます。診断を行う人のなかにそれがなければ、地域に入って情報を集めたり聞き取りをし、あるいはデジタルデータを集めても、データ量ばかりが多くなるだけで診断の方向性、つまりゴールがいつになっても見えてきません。

診断を行った結果を地域に提示するときに本当の意味で説得力を発揮するのは、その地域に入って最初に自分のなかにひらめいた直感だと私は考えています。逆に言えば、その直感力に誤りがあれば、これはプロとして失格ということになります。大学院に在籍している学座生諸君はそのことを意識しつつ、将来、社会的市民として担当するであろう仕事を通して経験や修行を積んでいけばよいと思います。一方、社会人のみなさんは、それぞれの立場での蓄積がすでにあるはずですから、自分なりの尺度をもって地域を見つめ、これまでに考察してきた経験を活かすことによって地域の将来像が見えてくるのではないでしょうか。そして、その直感が本当に正しく、かつ地域の人々を説得するに値するものかを実証するために必要な調査を行って情報を収集するのです。

診断の方向性を見極めることによって、集めなければならない情報の種類や内容の輪郭が見えてきます。要するに、ゴールが分からない状態で走り出してしまったら、ペース配分もできなければ、最終的には徒労に終わるということです。私が「直感」と言ったのは、別の言葉に言い換えれば「ゴールを見すえる判断力」ということです。

フィールドでのグループワークでは、それぞれのゴールイメージをもとに予備的な討論を行うことからスタートし、導き出された方向性（必ずしも一つに絞り込む必要はありません）をもとに必要なデータを集め、加工、分析して診断結果としてまとめ、地域の将来像を提示するところまで到達してください。

　説明した四つのポイントを意識することによって、地域診断法特論の授業全体が、それぞれの専門分野から示される専門的知見を学ぶことにとどまらず、実際の地域診断にどのように活かせるか、また応用できるかというイメージトレーニングの場になることを期待します。

時間、空間、人間

　地域を見る基本的なスタンスとして、私は「時間」、「空間」、「人間」を常にキーワードにしています。どの言葉にも「間」がついています。

　景観を対象としてとらえる場合の「時間」は、過去、現在、そして五〇年先ぐらいの近未来です。それ以上の遠い未来はちょっと分かりません。時間を堆積した空間という意識をもってその土地に立つと、視覚的に見えないものも見えてきます。その土地の一〇年前、五〇年前、場合によっては一〇〇年前まで見えてきます。二〇〇七年、彦根は「国宝・彦根城築城四〇〇年祭」で盛り上がりましたが、過去から現在への時間の流れをとおして現在を見ると、その延長上に近い将来の地域の姿が見えてくるはずです。

　二つ目の「空間」というのは、自分自身の物差しをもつことと重なりますが、その場所だけを見ていたのではその場所の本当のよさが見えてこないということです。その場所を客観的に見るためには、ほかの場所と比較しなければなりません。滋賀県内のほかの場所と比較する、あるいは他県、またはまったく対極的な存在である大阪や東京のような大都会、そして成長著しい海の向こうの中国や東南アジア、その延長上にあるアメリカやEU諸国と比べて考察し判断するということです。その場所を客観的に見るためには、相対的に比較することのできる異なる目盛りの物差しが大切となります。そういう意味で、「空間」という概念を私は常に意識しています。

最後の「人間」ですが、これは、とくに景観をとおして地域を見るときに重要となります。町や地域というのは、長い年月にわたるその土地と人間とのかかわりの積み重ねによってできあがったものです。ですから、「人間」という要素を除いてしまったら町や地域は成り立たないし、結果としてわれわれが対象とする景観の意味自体が消滅してしまうことになります。

したがって、景観の対象とするものは建物や道路、そして農地であったりするかもしれませんが、その建物を造った人、造ることを決めた人、あるいはその建物に住んでいる人、働いている人までを意識して見てほしいのです。農村風景が広がっていれば、その農地を耕作している人、土地改良や農業用水の整備を進めた人、あるいは農政を動かしている行政担当の人、そこで採れた農作物を消費する市民や県民まで見るようにすると、農地の見え方が変わってくるはずです。今、私たちが目にする景観は、人間が自然に働きかけた結果現れた、いわば自然と人間の共同作品ということです。

鳥の目で見た湖国

では、ここから滋賀県内で撮影した写真を中心に、湖国滋賀を俯瞰的に、つまり鳥の目で紹介していきます。まず、滋賀県全域の映像と現在の滋賀県の行政区分です（**図１－２**を参照）。面積は四〇一七平方キロメートル、人口は一四〇万二〇〇〇人です（二〇一〇年二月一日現在）。一三年前の一九九六年に私が滋賀県立大学に着任したときには一二八万人でした。一〇年少しの間に、人口が一二万人、約一〇パーセント増えているのです。滋賀県において一二万人というと、彦根市がもう一つできたのと同じくらいの人口増加となります。厚生労働省が発表する人口推計のデータから、滋賀県は将来の人口増が見込まれる都府県の一つとされています（全国で沖縄、東京、神奈川に次いで第四位。二〇〇七年五月推計）。

人口が増えることはいいことだ、町が大きくなって発展することはいいことだという、これまで五〇年以上にわたって東京や大阪が経済性や機能集中を目指して推し進めてきた開発が滋賀県でも繰り返されたらとんでもないことになると、ヘリで空撮をしたときに強い危機感を覚えました。「環境は未来からの授かりもの」と言いつつ、琵琶湖総合開発（三九ページから参照）による湖国の変化については県民自身が危惧しています。つまり、開発圧力は滋賀県にとっては大きな脅威となるということです。

ちなみに、人口密度は一平方キロメートル当たり三四九人です。東京の人口密度は一平方キロメートル当たり五九三八人です。以下、大阪府、神奈川県、埼玉県、愛知県が上位となっています。三四九人というこの数字は、全国四七都道府県のなかで一六位となります。もっとも人口密度の低いのは北海道で、一平方キロメー

滋賀県の衛星写真

図１－２　滋賀県行政区域

トル当たり七〇人となっています。以下、岩手県、秋田県、島根県、高知県と続きます。この数字がもつ意味を考えてみる必要があるのではないでしょうか。

それでは、ヘリの飛行経路に沿って湖南・湖東・湖北・湖西の地域の様子を鳥の目で見ていきましょう。それぞれの地域の現状と将来に向かって解決していくべき課題の所在を、これらの写真から感じ取ってください。

❶大津市周辺では、都市基盤整備が一つのテーマとなっています。また、大津市は、六六七年に天智天皇（六二六～六七二・第三八代）が近江大津宮に都を定めたことから、二〇〇三（平成一五）年一〇月、日本で一〇番目の古都に指定され、歴史的風致を活かしたまちづくりを進めています。その一方で、湖岸に建設が進むマンションについて琵琶湖に対する眺望景観の保全という観点から、いかに規制するかという緊急性の高い課題を抱えています。

❷栗東市、草津市、守山市になると、先進性をもった新しい企業、いわゆる新産業分野の進出が盛んであり、将来に向かっては環境関連産業の誘致、つまりグリーン・ニューディールの観点から滋賀県に適した企業を積極的に誘致して、地域経済を活発化させていくことが地域の課題となっています。

❸近江八幡市では、景観法[(2)]が制定された直後に景観行政団体として県内で最初に名乗りを上げ、さらに、西の湖・長命寺川・八幡堀と周辺のヨシ地を含む「近江八幡の水郷」が、全国で最初に文化庁の重要文化的景観に認定されて

大津市

草津市

います。市内には、伝統的建造物群保存地区が三か所指定されており、ヴォーリズ建築を活かしたまちづくりとあわせて市民主体のまちづくりを進めてきました。市の歴史や文化を継承した景観を中心としたまちづくりをいち早く進めていることから、全国から注目されている町です。

❹彦根市は、一六〇四～一六二二年にかけて建設した彦根城とともに四〇〇年の歴史を現代に継承している町です。一六〇七年に天守閣が完成したことから、先述のとおり二〇〇七年には「国宝・彦根城築城四〇〇年祭」が企画されました。まちなかでは、「Old-New Town」をコンセプトとする「夢京橋キャッスルロード」が約一五年の歳月をかけて造られ、まちづくり関係者に注目される地区となっています。この間、一九九四年に都市景観基本計画である「ルネッサンス彦根」を策定し、二〇〇三年には彦根城を中心とする景観形成重点地区を指定したあと、二〇〇七年には景観法に基づく城下町景観形成地域（建築高さ規制）を定めるなど、実効性のある景観まちづくりを進めています。

❺長浜市は、二回の市町合併を経て、二〇一〇年一月に新しい長浜市が誕生しました。東浅井郡浅井町、びわ町、虎姫町、湖北町、伊香郡高月町、木之本町、余呉町、西浅井町が一つになり、人口はこれまでの八万四〇〇〇人から一二万三〇〇〇人に増大しました。この二五年の間に、ながはま御坊表参道、

近江八幡市

守山市

北国街道、大手門通り、ゆう壱番街、博物館通り、黒壁スクエアなど、長浜市の旧市街地は次々と整備を進め、来街者数は一〇万人から二〇〇万人まで増加し、まちの活性化を成功させてきました。二〇〇九年には「歴史まちづくり法[3]」による整備計画書をまとめ、歴史的な資源を活かした新しいまちづくりの展開を図りつつあります。

❻湖北に目を向けると、木之本町、余呉町など森林資源が豊富であるにもかかわらず林業の衰退から地域の活力が低下しているように見えますが、北国街道沿いの街並み保全や空き民家を再生して活用し、都市と地域の交流を促進することによって町を活性化する道を探りはじめています。西浅井町の湖岸にひっそりとある菅浦地区は、今でも琵琶湖漁業が継承される所です。集落内にある唯一のよろずやさんは、今でも買い物帳で商《あきな》いをしています。また、

(2)　日本の都市、農産漁村などにおける良好な景観の保全と形成を促進するための法律。国土交通省所管、環境省などが共管している。二〇〇四年六月制定。

(3)　正式名称は「地域における歴史的風致の維持及び向上に関する法律」。我が国のまちには、城や神社、仏閣などの歴史上価値の高い建造物が、またその周辺には町家や武家屋敷などの歴史的な建造物が残されており、そこで工芸品の製造・販売や祭礼行事など、歴史と伝統を反映した人々の生活が営まれることにより、それぞれ地域固有の風情、情緒、たたずまいを醸し出しています。「歴史まちづくり法」は、このような良好な環境（歴史的風致）を維持・向上させ後世に継承するために制定されました。国土交通省のＨＰ参照。

彦根市

長浜市

ヤンマーディーゼルの下請け工場としての「作業場」も健在です。こうした地域文化やコミュニティは、これからますます貴重なものとして評価が高まることを予感させます。

❼湖西では、高島市マキノ町の海津港一帯の湖岸に残されている江戸時代に築造された巨大な石積みや歴史的建造物が、二〇〇六年、近江八幡に次いで県内で二つめの文化的景観に選定されました。また、新旭町の針江地区では、「川端《かばた》」という水場をもった暮らしが見直され、全国各地から見学者が絶えない状況が続いています。地元の有志が自発的にエコツアーのボランティアガイド組織を立ち上げるなど、注目度の高い地域です。

❽高島市は、安曇川下流に古くから発達した高島町や若狭街道沿いの山間にある旧朽木村などのように特色ある地域文化をそれぞれが継承しており、関西方面を中心に注目度が高くなっています。

最後に、琵琶湖の環境および景観におけるガイダンスとして、いくつかの指標を用いて説明します。地域診断としての琵琶湖の分析において、次回以降の講義のなかで科学的データをもとにして各回のテーマに沿って詳しく説明することになっていますので、ここでは科学の目のイントロダクションとして、視覚をとおして感じ取ることのできるところを中心に紹介します。

高島市安曇川下流

高島市新旭町針江

琵琶湖総合開発

琵琶湖総合開発は、開発が顕著な阪神地域の広域的な水需要の増大に対応するために、琵琶湖の水質保全および水資源開発を目的とする国家的プロジェクトとして一九七二年にスタートしました。当初は一〇か年計画を目標としていましたが、事業期間の延長を重ね、一九九七年まで二五年間にわたって、琵琶湖の保全・治水・利水にかかる事業や整備を行ってきました。事業内容は、下水道、ゴミ処理、道路、港湾、都市公園、河川、ダム、砂防、造林、水道、土地改良などと広範囲にわたっています。

総合開発によって水質保全および水資源開発に関連する整備が一巡したことを契機として、この間の土地利用変化や人口の増大が琵琶湖や地域の環境や暮らしに大きな変化をもたらしたため、二〇〇〇（平成一二）年三月に「マザーレイク21／琵琶湖総合保全整備計画」が策定され、琵琶湖と人との共生（琵琶湖を健全な姿で次世代に継承する）を新たな目標として掲げ、①共感（人々と地域との幅広い共感）、②共存（保全と活力ある暮らしの共存）、③共有（後代の人々との琵琶湖の共有）を合い言葉にすえて、開発から保全への転換を図りました。

総合保全整備計画策定のための検討にかかわるなかで私が一番印象に残っている言葉は、「昭和四〇年代の琵琶湖に戻そう！」という目標設定でした。滋賀県に住む人々はみんな、口を揃えて「あのころの琵琶湖はよかった」と言います。そういう記憶が共有できている間に、琵琶湖本来の姿を取り戻す取り組みを行政、企業、大学、地域の協働によって達成することが総合保全整備計画の狙いとなっています。

ゾーン１：自然豊かで景観の良い地域
ゾーン２：自然的な景観の中に人工的な要素も若干含まれ、景観の良さが中程度である地域
ゾーン３：豊かな自然と人工的な景観が入り交じり、景観の良い地域
ゾーン４：人工的な景観で景観の良さが中～低程度の地域

図１－３　琵琶湖岸景観分類図

私たちの眼前に広がる琵琶湖は、漠然と見ているだけでは何も見えてきませんが、琵琶湖の周りにまちや村を形成し、街道が発達し、歴史の舞台となり、産業が発達する過程をとおして見るとさまざまなことが見えてきます。地域の環境、景観、暮らしは、とどまることなく変化し続けていきます。意識の根底に、琵琶湖の過去、現在、そして近い将来を見すえるという意識で調査、観察、考察、構想づくりを行えば、必ず湖国滋賀の展望が開けてくるでしょう。

地域診断法特論では、講義を通して地域診断に必要なさまざまな専門的、科学的知識や手法を学んでもらうと同時にいくつかのチームを編成し、具体的な地域やテーマを設定したうえで、実際に現地に足を踏み入れて行うグループワーク方式を取り入れ

第一期目標 (1999～2010年度)	・水質保全 昭和40年代前半レベルの流入負荷 ・水流かん養 降水が浸透する森林・農地等の確保 ・自然的環境・景観保全 生物生息空間（ビオトープ）をつなぎ、ネットワーク化するための拠点の確保
第二期目標 (2010～2020年度)	・水質保全 カビ臭、淡水赤潮、アオコの発生が慢性化する以前の水質（昭和40年代前半の水質状況） ・水源かん養 森林・農地等が有する浸透貯留機能の向上と自然の水循環を生かす適正な水利用の推進 ・自然的環境・景観保全 生物生息空間（ビオトープ）の接点をつなぐネットワークの骨格の概成
あるべき姿 (2020～2050年度)	・水質保全 昭和30年代の水質 ・水源かん養 自然の水循環を生かす淡海の森と暮らし ・自然的環境・景観保全 湖の環境を守る豊かな自然生態系のなかで、多様な生物の営みによって四季折々に美しい固有の景観を見せる琵琶湖

表１－１　マザーレイク21　計画期間・目標等

ながら授業を進めています。調査、観察、ヒアリング、記録、考察、提案まで、地域診断のプロセスを実際に体験することによって、コミュニティ・アーキテクト（近江環人）として求められる地域診断のスキルを確実に身に着けられるように努力していただければと思います。

繰り返しますが、地域を見るときには、必ず時間の軸、過去、現在、未来、そして空間の軸、つまり異なる判断尺度（ダブルスタンダード）をもつことが重要となります。比較対象となるのは、滋賀県内の別の地域の場合もあれば、遠く離れた大阪、東京、あるいはアジア、ヨーロッパかもしれません。異なる判断尺度を意識的にもつことによって、地域固有のものや優れているものが見えてくるはずです。優れているものを磨き上げて地域の価値を高めること、それが地域診断の目標です。それを実行するうえで障害となっていること（制度、習慣、人間関係、地域経済、社会環境など）が明らかになれば、あとは、それをいかに乗り越えるか、創意と工夫を重ねるのみです。その意味では、地域再生学は「地域創造学」でもあると言えます。

第 2 章

エコロジカルプランニングの手法による地域診断

風見　正三

この章で学ぶこと

- **エコロジカルプランニングとは**
- **エコロジカルプランニングの実例**
- **エコロジカルプランニングの手法**

キーワード

エコロジカルプランニング、マクハーグ、土地利用
生態学的視点、時間軸／空間軸、レイアー／オーバーレイ
マトリックス解析、地域シナリオ

田園都市レッチワースの街並み

実学としての地域診断法

私は二〇〇八年三月まで大成建設に勤務し、本書の編集を担当している鵜飼さんと同じグループで全国のまちづくりの計画にかかわってきました。その後、二人とも大学に移ることになったのですが、大成建設で取り組んできた「エコロジカルプランニング」という地域診断手法をもっと社会に広めていきたい、と前職に勤務しているときから話していました。こうして近江環人地域再生学座という講座が開設され、エコロジカルプランニングを社会に広める機会ができたこと、そして、こうした講座を経てみなさんが地域診断の仕事に携われるようになることを大変うれしく思っています。

実践的な地域診断法を座学だけで身に着けることは難しいので、大学院の授業では講義と演習をセットとして行っています。じっくりと講義を聞いていただいたあと、演習において講義で説明する事例を踏まえながら実際の地域診断法のノウハウを体験してもらっています。講義では、対象地域をどのように読み取るのかを実際の対象地域を例に挙げて解説をしていき、その後、演習を通してノウハウを体得することにしますので、実際にグループワークに入るときには非常に役立つことになると思います。

スライドでは企業や行政などが保有している高度な解析技術やデータベースも紹介しますが、すぐに演習でここまで解析を行うということではなく、将来、みなさんが地域に入ってさまざまな地域診断をしていく際に現在の社会的な技術の高さを紹介しておくということと将来の到達点として認識していただければ幸いです。

ふりかえり「鳥の目、虫の目、科学の目」

本論に入る前に、前章の授業内容をふりかえりたいと思います。「鳥の目、虫の目、科学の目」、これは本章の講義にもつながるとても重要な視点です。琵琶湖周辺の風景は、NHKなどでもよく紹介されていますが、日本の里山の豊かさを表す代表的な景観と言えるでしょう。ただ、こうした景観はあまりに身近すぎて、その素晴らしさや価値をそのまま素直に受け入れられないかもしれません。

第1章でも記されているように、地域再生というのは課題を見つけていくことも重要ですが、まずはその地域のよいところを見いだして、それを引き出すということが重要となります。その意味では、地域診断も、性格診断で使うエニアグラム[1]と同じです。対象地域のよいところや悪いところをしっかりと見いだして、よいところは伸ばし、悪いところを直すという点はまったく一緒のアプローチと言えます。

次はスケール感です。「違う物差しで地域を見る」という記述がありましたが、これも本章の内容につながる重要なことです。「鳥の目、虫の目」というのは、まさにスケールの違いや視点の違いのことです。地域診断では、まさにこうした多元的な物差しで見るということが重要になります。

そして、次は科学の目です。これは、簡単に言えば「客観性」ということです。今後、地域に入ってさまざ

(1)　エニアグラムとは性格診断の一手法で、人間の内面にある心理的なメカニズムを探りながら、それぞれのタイプの長所や欠点をとらえたうえで、それらを活かしていく方法論を重視している。

まな人々と話をしていくにおいて重要となるのは「合意形成」です。そのためには、科学性というものが重要となります。もちろん、数値だけがすべてではありませんが、数値で理解できるものは数値を用いて認識を共有していくプロセスが重要となるわけです。

ここでは、そうした多元的な視点やそれに基づく地域の読み取りをどのように行うのかについて、実例と演習での体験によってお伝えしていきます。また、客観視ということを考えるときに重要なことは、われわれが地球を外から見ることができた初めての世代だということです。つまり、われわれが地球というものを地球外の視点から客観的に見たことによって、地球環境問題を初めて認識できたということです。そういう意味では、鳥の目や宇宙の目をもつことは客観視ということになりますし、また客観と主観、アナログとデジタル、マクロとミクロ、環境と経済といった相対的な視点から物事を見ていくというアプローチも重要だと言えます。

こうした視点やスケール、時間や空間といったさまざまな事象と人間とのかかわりを認識することが地域診断においては重要となり、地域の失われた関係をつないでいくことが課題の解決につながっていきます。演習では、これまでの成果を参考としながら地域課題の解決に向けたさらなるつながりを紹介していきますが、それによって地域を読み解く実践的な手法を身に着けてほしいと思っています。

また、第1章でも記しましたように、重要なことは地域の共有資産をみんなで守っていくということです。地域診断法とは、そうした地域の守るべき共有資産をみなさんで共有する科学的な方法論であり、その具体的な手法がエコロジカルプランニングなのです。その具体的な手段として、われわれがすでに構築してきたエコロジカルプランニングという手法を提示しながら、その手法の歴史的な経緯や実際の適応状況を詳しく説明していきます。

エコロジカルプランニングとは

私は、長年にわたる研究活動やコンサルタント経験に基づいて、持続可能な都市の創造を追求してきました。そのなかで私が重要視してきたものが、都市と農村を結合した持続可能な都市を創造しようとする田園都市論の理念です。田園都市論は、一九〇二年にイギリスのハワード(2)が提言した都市モデルであり、このなかで重要な基盤ともなっている持続可能なコミュニティ・マネジメントの理論や手法について私は研究を進めております。

ここでは、まず地域診断の実践的な手法であるエコロジカルプランニングの歴史的な経緯を説明したうえで、その実践例として、私と鵜飼さんが大成建設で携わってきたエコロジカルプランニングの実例を見ていただき、それらの課題や展望について記していきます。なお、説明の途中で「ティーブレイク」というコーナーを設けて、これらの理論や手法を理解するための基礎知識をトピックスとして俯瞰的に説明していきます。

エコロジカルプランニングとは、まさに言葉のとおりエコロジカルなプランニング、つまり「生態系に配慮した計画」ということなのですが、まずはこのような理念が生まれてきた背景をお話ししましょう。

写真を見ていただくと分かりますように、大都市は都市的な土地利用に覆いつくされてしまい、緑地という

---

(2)（Ebenezer Howard・一八五〇～一九二八）「近代都市計画の祖」と呼ばれる社会改良家。一九〇二年に出版された『明日の田園都市（Garden City of To-morrow）』において自然との共生、都市の自律性を提示し、その後の近代都市計画に多くの影響を与えることとなった。

ものがほとんどありません。ちなみに、右下の写真は新宿新都心の光景ですが、新宿の超高層ビルの周囲には、新宿中央公園や新宿御苑のほかにはわずかな公園しか残っていません。かつては、この辺りにも起伏があって野原があったわけです。このように自然は失われて、東京は人間が住む環境としては劣悪な状況となっています。また、郊外部分も同様で、田園地帯が住宅街に埋め尽くされ、もともとあった丘陵地帯が形を失ってしまったことはご存知のとおりです。

一方、農村地帯も多くの課題を抱えています。滋賀県には美しい農村地帯がたくさんありますが、東京近郊では残念ながらどんどん消失していっています。東京の繁栄の陰には、こうした農村地帯の衰退やコミュニティの崩壊が進行し、また、みなさんの知らないところで海洋汚染が進んでいるなどの現状があるのです。

このような深刻な事態の要因となっているものは、地域の許容量を超えた開発の進行です。本来、地域には環境容量というものがあるのですが、それを超えた開発が行われていたとしてもわれわれの目に見えるものではありません。つまり、生態的なバランスから見て適正な開発が行われているのか否かの判断がされないまま、どんどん開発が進んでいるということです。そういうことの反省から生まれた概念が、地域を生態的にとらえる

農村地帯（出典：高島市 HP）

大都市の未来は？（出典：Google Earth）

計画技術です。

　下の地図を見てください。この地域がどこか分かりますか。この地図は琵琶湖を中心とした地域を表したものですが、県の単位を越えて「水系」という生態系の視点から地域をとらえたものです。この地図は琵琶湖から大阪湾に注ぐ水系を表したものですが、こういう視点がエコロジカルプランニングというものの基礎と言え、水系を中心とした「エコロジカルプランニング・ユニット」と言います。琵琶湖の集水域を含めて、分水嶺から考えたときの生態的なまとまりを表しています。このような研究が契機になり、地域を生態的にとらえる計画技術に注目が集まるようになりました。

　こうした概念を考案したのがイアン・マクハーグです。彼は、地域を構成するさまざまな環境情報を多層的にとらえて総合評価する、ということを提唱しました。これは一九六〇年代に

スコットランドのクラインドバンクに生まれる。ペンシルバニア大学ランドスケープ学科長などを歴任し、生態学的都市・地域計画のプロセスと手法を提案する。著書『Design with Nature』（1969年、邦訳書は1994年に刊行）によって、エコロジカルプランニングの概念を示す指導者の草分けとなった。またマクハーグは、この著書で、地理情報システムの分野を組織化する基本的な考え方を示した。

イアン・マクハーグ
（Ian L McHarg, 1920～2001）
（出典：〈建築文化〉1975年　6月号）

図２－１　近畿生態計画地域（KEPR）における
エコロジカル・プランニング・ユニットの設定
（出典：〈建築文化〉1975年６月号を修正）

彼がつくりだした概念で、レイアーケークという階層的な地図情報をオーバーレイ（重ね合わせ）していく手法です。マクハーグがこの手法を提唱した当時は地理情報システム（ＧＩＳ）が発達しておらず、地図のオーバーレイも手作業で行っていたので大変な作業だったと思われます。最近ではＧＩＳが発展していますので、比較的容易に地図情報が分析できるようになり、こうした地域診断も科学的な分析ができるようになってきています。

ティーブレイク

生態学とは——●

生態学のことを「エコロジー」と言いますが、この学問はとても重要な分野であるとともにエコロジカルプランニングの原点となるものです。

一般的に生態学は動植物、昆虫を中心とした研究分野とされていますが、実はエコ

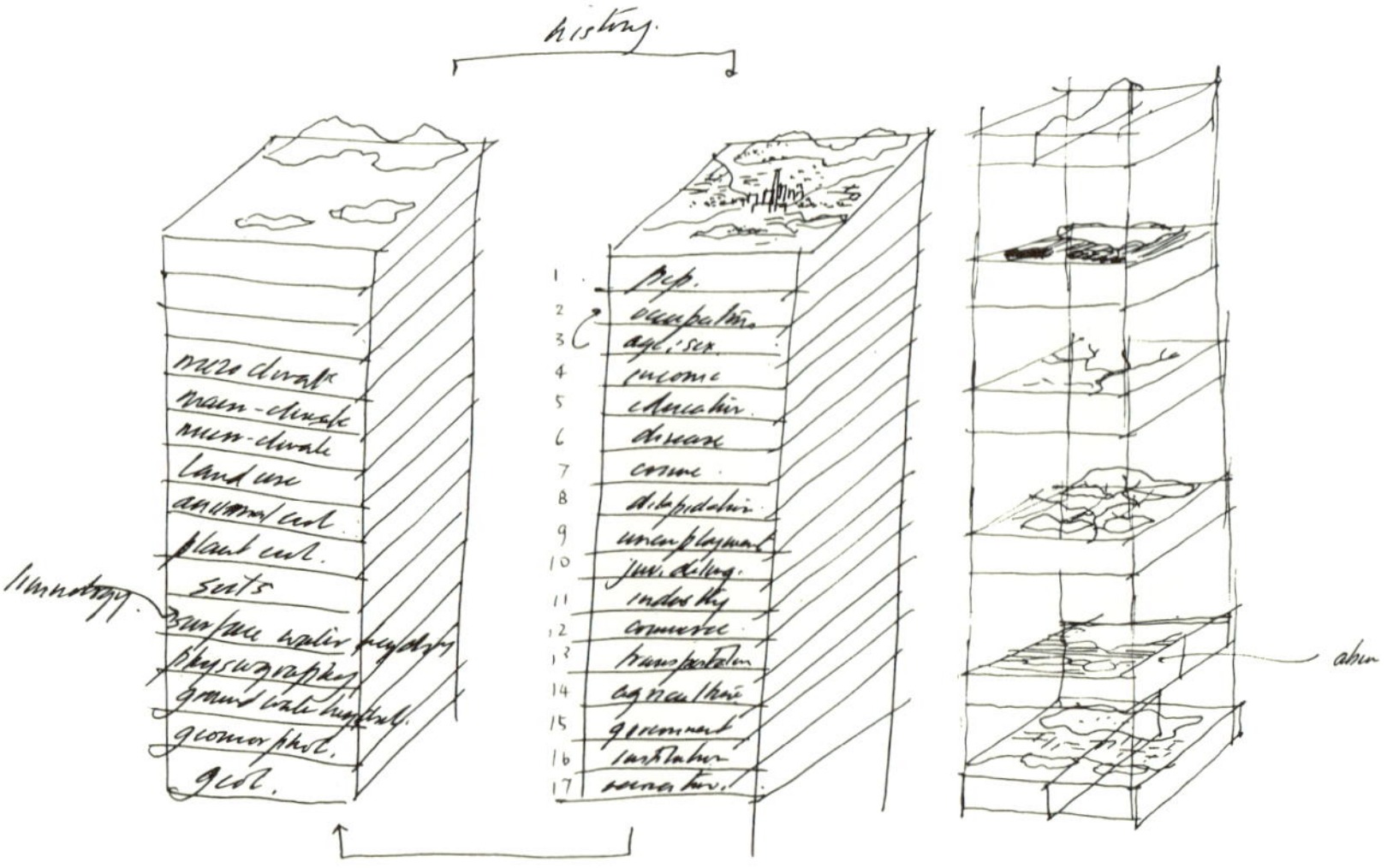

地域環境の読解手法として、幅広く選ばれた環境因子を項目ごとに地図上に抽出、記述（マッピング）し、それらの重ね合わせ（オーバーレイ）として環境の評価を行う。

図２－２　マクハーグ教授によるレイアー・ケークモデルのスケッチ

（出典：〈建築文化〉1975年６月号）

ロジーというのはとても広い分野なのです。一つには、科学的な視点から自然と生物の関係を理解する学問だと定義することができるでしょう。また、哲学的な視点からは、こうした複雑な環境全体の生命維持システムの一部を理解しようとする奥深い学問と言えます。最近では「ディープエコロジー」という言葉もありますが、生態学は自然と人間のかかわりを哲学的に解き明かす奥深い学問に発展しています。

私は、エコロジーとは「哲学」と「科学」の統合であると思っています。エコロジーを語り出すと、ある特定の分野だけで語り切ることはできません。そういう意味では、マクハーグがエコロジカルプランニングを提唱した背景には、こうした実務や学問の世界における縦割り構造から来るさまざまな限界というものへの挑戦があったと思います。

マクハーグは、こうした背景のもとで『デザイン・ウィズ・ネーチャー』（下河辺淳・川瀬篤美総括監訳、集文社、一九九四年）という著書を著しました。これは、自然というものを手本にして地域をデザインするという思想で、最終的な目標としては、エコロジカルな哲学で社会を変えていこうというものです。この本は、まさに科学と哲学の調和を目指しているもので、自然の知恵で地域や社会をデザインしていこうということです。

自然の役割というものについて考えるためには、自然をいかに把握するかということがポイントになります。「自然とはフリーワークである」という表現があります。つまり、自然の働きは人間社会に対する一つの無償行為であるということです。自然は代償を求めず、人間は自然を使用することに対する正当な対価を払っていないということです。

たとえば、森林や干潟の環境保全機能です。下流の洪水を抑制する機能や沿岸海域を保護するといった森林や干潟のもつさまざまな機能を、人間は無償で受けているわけです。こうした人間社会を発達させるための社会資本を支えてきたのが自然であるわけですが、これに対して人間はしっかりとした代償を払わずにいるという事実がまさに環境問題の原点であり、それを「フリーワーク」と言っているわけです。

しかし、このように自然に対するコストを含めていくことになれば、自然保全型の計画をすることが、経済的にももっとも効率のよい計画となることが明らかになりつつあります。「環境と経済の調和」と言われますが、環境のことを考えることが、結果的には経済にもよい結果を与えるということです。まずは、こうしたエコロジーという概念をよく理解しておいてください。

エコロジカルプランニングの定義

冒頭に記したとおり、エコロジカルプランニングというのは、まさに「プランニング」と「エコロジー」の合体ということです。プランニングとは、物事の方針を決めるためにあらゆる情報を使って物事を絞り込んでいくということです。このときに重要なことは、経済的な発展だけではなくて、人間を含む生物と環境との関係に配慮して意思決定を行うということです。エコロジカルプランニングとはそのために生まれた計画手法であり、人間、生物、環境の関係について科学的な情報を意思決定のために用いることと定義されます。

本章の演習で行うこともまさにこうした意思決定ということであり、さまざまなデータをもとに、その地域がどのような発展をしていくべきかを科学的に意思決定していくことを体験していきます。まずは、エコロジカルプランニングの背景と歴史についてお話します。

ご存じの人が多いと思いますが、環境問題の原点と言われるのはレイチェル・カーソン（Rachel Lovise Carson・一九〇七〜一九六四）の『沈黙の春』（青樹簗一訳、新潮社、二〇〇一年新装版）です。この著書が契機となって、アメリカの環境問題は大きく取り上げられるようになりました。マクハーグは、一九六九年に先ほど挙げた『デザイン・ウィズ・ネーチャー』を書きました。また、一九八七年には「Our Common Future」という報告書が発表され、そのなかで「Sustainable Development（持続可能な発展）」という概念が提示され、一九九二年にリオデジャネイロで開催された地球サミットで世界的に広がりました。その後、日本においても、一九九三年に環境基本法、一九九七年に環境影響評価法が制定されました。これらは、先進国のなかでは非常に遅い取り組みでしたが、エコロジカルプランニングはこうした時代の潮流のなかで注目されるようになってきました。

このような社会背景のもとでマクハーグは、ペンシルバニア大学で教鞭を執りながらエコロジカルプランニングという手法を社会に提示したのです。マクハーグは、最小の社会的経費で最大の社会的利益を実現することが最善の計画であると言っています。すなわち、社会的経費とは環境問題に対する対策費を含めた経費であり、この社会的経費を認識すれば、企業が公害を起こしてまでも利益を追求するという行動はあり得ないということを意味しています。このような場合、公害を起こせばその対策費も膨大となり、利益を失うことになりますから、最大の社会的利益を実現するためには企業も環境問題を未然に防ぐことが最大の利益につながるというわけです。これが、エコロジカルプランニングの基本的な視点です。

このためにマクハーグが提案したものが、五〇ページで示した「レイアーケーク」です。「オーバーレイ」

とも言いますが、地域を表す情報を何層ものケーキのように積み重ねて串刺しにして見てみようという考えです。このオーバーレイという概念はとても面白いのですが、膨大な情報を重ね合わせるだけでは残念ながら答えは出てきません。そこで、どのような要素を重ねていけば適切な結果が得られるのかを検討しながら解析を行う方法を考案して生まれたのが、われわれが開発を進めてきたマトリックス型のエコロジカルプランニングという手法です。

現実の地域は、このようなさまざまなレイアーによって構成されており、それらを多元的な視点から見ることが重要であるとマクハーグは提言しました。言ってみれば、エコロジカルプランニングとは、地質、植物、地形など、さまざまな視点から地域を読み取り、それらを重ね合わせて一つの結論を導いていく地域環境計画の手法ということができます。

次に、エコロジカルプランニングの目的についてお話します。

第1章でも「地域診断をなぜ行うのか」という記述がありましたが、エコロジカルプランニングは、地域をさまざまな角度から診断して、持続可能で豊かな生活環境を創出するための最適解を導き出すためのものだと言えます。つまり、地域の生態的条件や社会的条件を見いだして、人口、産業、コミュニティ、歴史、文化、植生、動物、地形、地質などの地域を表すさまざまな項目を抽出し、地域活性化や環境保全などのさまざまな計画に具体的に活用していこうとするものです。これによって、持続可能な生活環境を創造していくための情報や計画案を地域の方々と論理的に共有することが可能となり、環境共生、地域共生などのさまざまな目的を果たすために重要となる「合意形成の手法」となります。

続いて、エコロジカルプランニングの国際的な発展状況を見ていきます。エコロジカルプランニングは世界的にも活用されてきており、有名な事例としては、ドイツのシュツットガルドの「風の道（Wind Passage）」という計画があります。シュツットガルドは盆地となっており、この盆地に汚染された空気が流れ込んで澱むという問題が起こり、それを解決するために風の道を通すという計画がもちあがりました。この風の道の立地を検討する際に、こうしたエコロジカルプランニングの理念が導入されています。また、アメリカでは、水資源保全計画において、貯水池の計画をこうしたエコロジカルプランニングの理念やＧＩＳを活用して行っているという事例があります。

このように、エコロジカルプランニングは欧米でもさまざまな事例があり、日本でも先進的な自治体や都道府県で導入されています。一例を挙げれば、長野県飯田市では、エコロジカルプランニングの手法を用いた地域評価手法の構築に取り組んでおり、伝統的な植生や土地利用形態の関連性を踏まえながら、それらの復元方法について研究を行っています。是非、滋賀県でも、エコロジカルプランニングを本格的に導入した計画策定を進めていってほしいと思います。

ティーブレイク

地域環境計画

「地域環境計画」とは、自然環境と共生する社会システムの計画やデザインを行うこと、そしてそのための持続可能な土地利用計画について検討を行うということです。これは、マクハーグの言葉を借りれば、自然が本来的にもっている価値を見直し、自然の仕組みを基本とした計画とデザインをするということです。

生態的な視点から見れば、見慣れた日本の地図も変わった形に見えてきます。生態的な視点を導入することによって新たな国土構造を理解することができますし、都道府県といった行政の圏域を越えた連帯が必要であることも理解できます。このことは、たとえば高島市のなかで何を保存していくかといった課題がある場合、まずは広域的なエコロジカルプランニングの視点から分析を行い、さまざまなスケールから分析を行うことが重要であることを示唆しています。

国土基盤を支えるのは山と海であり、日本の生態的な地域特性を理解するならば、河川流域を単位とした沿岸海域生態系の保全が重要になります。また、上流の山間生態系も意識しなければならないですし、琵琶湖の場合は、そのような生態系のまとまりが非常に分かりやすく見えるという意味でとてもよい地域だと言えます。

日本の社会資本整備を考える場合、山と海に囲まれた日本特有の生活文化の尊重ということが重要であるのにもかかわらず、これまでは東京や大阪など、国の社会資本が沿岸域に投資されすぎてきました。山と海の環境質というのは国民の生活を語るバロメーターだと言われていますが、そうした意味では、より広域的な視点からその地域をとらえることが重要であると言えるでしょう。また、琵琶湖から大阪湾までを一つの圏域とした関連図をつくる必要もあります（四九ページの**図2-1**を参照）。そして、広域的な生態系を意識したさまざまなつながりやシステムを再構築することが重要となります。

まさに、環境問題とはこうした見えないつながりを失ったことから起こっているものであり、それらをどのようにつないでいくかということが重要となります。授業のなかで体験する演習は、そのための練習だと思ってください。

エコロジカルプランニングの実践

　これまでに記したように、長い歴史的な経緯をもったエコロジカルプランニングを実践として活用していった事例を紹介していきます。前述したとおり、私は約二〇年間にわたって大成建設に在籍し、こうしたエコロジカルプランニングの実践に携わってきました。

　みなさんは、総合建設会社というと建物を造るというイメージしかないかもしれませんが、最近では環境に配慮した建築物を計画するための調査分析や環境計画を行う部門もできています。私は、設計本部のなかで、そうした環境計画やまちづくりを行う部門に在籍していましたので、建築物を計画する際の環境負荷をいかに削減するかの分析を行ったり、それらの分析結果をコンペなどで提案していました。社会的な要請の高まりもあり、これからは、さまざまな企業でこうした環境計画的な業務がさらに増えていくと考えられます。ここでは、こうした社会的な背景のもとで、大成建設で行ってきた環境配慮型のまちづくりやエコロジカルプランニングの実例についてお話をしていきます。

　大成建設で取り組んできたエコロジカルプランニングのモデルは、いくつかのステップに分けられます。一つは、「地域を知る」というステップです。これは、地域環境を科学的にとらえるためのステップで、水、緑、風、人といったさまざまな視点から地域を知るということです。

　次に、それらを踏まえたうえで「環境カルテ」をつくっていきます。これは、地域の特性や課題を科学的に導く地域の診断書と言えるでしょう。そして、これをつくるために考え出されたのがマトリックス解析によるエコロジカルプランニングです。さまざまな地域の特性を簡単なマトリックスにして分かりやすく解析しようというもので、地域の環境コンサルティングをする場合に活用してきました。

このように、自治体や企業にさまざまな土地利用計画を提案する際に地域診断を行い、その診断に基づいて、どのような計画が最良なのかを論理的に説明していきます。計画地に最適な用途や規模、建築物の形態や機能、緑地保全のあり方、都市計画マスタープランなどを検討し、具体的な建築やランドスケープを含めたトータルデザインに結び付けてきたわけです。

具体的な手順

地域を知るということは、その地域の「水を知る」ということでもあります。演習の際に、どのような要素を抽出していくのかといったことの一つのヒントとして考えていただければいいでしょう。水を知るということは、雨量、地形、流水などの要素がどうなっているのかを調べるということです。水系というのは土地に深い関係がありますので、地質や地形も大切な要素となります。また、水以外にも植生や植物群落など、緑の質や量、季節風などの気象情報も重要となりますし、人を知るということも重要となります。土地利用やコミュニティ、産業やお祭りなどを通して人を知っていかなければなりません。

このように、地域を表す基本的な要素について調べながら地域診断を進めていきますが、マクハーグの示した多層のデータを調べるのは決して簡単ではありませんので、大成建設のモデルでは「水」、「風」、「緑」、

「人」といった四つの要素から地域をとらえていました。言うまでもなく、実際の分析ではＧＩＳ（地理情報システム）や統計分析などのさまざまな専門技術を活用しています。

水を知るということでは、衛星画像を用いた解析を行っています。水や緑の配置を、衛星画像の解析などから調べていきます。また、地下水の状況を調べて浸透方法を検討したりもします。雨水を貯留したり、地下水を保全したりして、有効に使う方法を検討していくわけです。換言すれば、「水を知る技術」、「水を使う技術」と言えるかもしれません。こうした水と大地の関係を含めた計画の指針を探ることが、水を知るということなのです。

風を知るということでは、風のシミュレーションを行います。たとえば、広範囲の地域の地形に対する風の流れ方や、建築物を建てたときの風の流れをシミュレーションし、最適な立地形態を導き出していきます。

緑を知るということでは、先ほどのような衛星画像を活用して緑地の量を把握します。これは「土地被覆分類」というものですが、こうしたデータを使って土地利用や緑地の判別を行います。そのほかにも、衛星画像を用いた緑地のネットワークの把握やビオトープネットワークの計画をします。

人を知るということでは、国勢調査などを活用した地域特性の把握やフィールド調査による重要な地域資源の抽出を行い、地域社会の特性や課題をデータ化していきます。このなかでは、歴史や文化というものも都市計画に反映させていくことになります。

以上の四つの視点からの分析を統合して、環境カルテをつくっていきます。大成建設のモデルでは、こうした基本的な要素を「ゲオトープ（地学的場所性）」、「クリマトープ（気象的場所性）」、「ビオトープ（生物的場所性）」、「アルテトープ（人為的場所性）」として呼んでいます。空間的な分析フレームとしては、マクロ（広域)、メソ(中域)、ミクロ(狭域)という三つのスケールからとらえており、この4×3というマトリックスをつくっていることが大成建設のモデルの特徴となっています。

ゲオ、クリマ、ビオ、アルテという四つの場所性に対して三つのスケールでマトリックスをつくり、この枠のなかに当てはまる適切な情報を選び出しながら、「縦・横・斜」と分析をしていきます。マクロでは県レベル、メソでは自治体レベル、ミクロでは敷地レベルといった階層的な分析をしていき、広域から計画された敷地に対してどのような環境配慮を行っていくか、またゲオ、クリマ、ビオ、アルテの四つの要素からどのような環境配慮が適切なのかを多元的な視点から導いていきます。

計画方針の決定

計画方針を決定していく際の、一つのプロトタイプを示してみましょう。

ゲオとして重要なのは地形です。つまり、地下水、河川、湖沼の保全です。クリマでは、風の道を考慮した植栽配置をどのようにつくるかが重要になります。そしてビオでは、緑地環境が重要となります。植生や動物の生息状況、つまり昆虫や鳥類がどういうふうに生息しているのかということを考えていきます。まさに、鳥の目、虫の目ということです。そして最終的には、このような要素を統合して、自然と共生した計画案を総合的に考えていきます。

また、こうした解析結果を活かして、戦略的環境アセスメントを進めていくことも重要となります。戦略的環境アセスメントとは、政策や計画レベルで多様な代替案を検討し、事業段階の前に適切な環境影響を検討することで、エコロジカルプランニングがその重要なツールとなるのです。地域の課題を地域診断によって解き明かし、それらをふまえてプランニングをすることがエコロジカルプランニングですから、戦略的環境アセスメントとエコロジカルプランニングは補完関係にあると言えます。

このような地域診断とエコロジカルプランニングによって、風環境を考慮した建物配置や自然植生に即した緑地デザイン、水環境をふまえた地域循環計画などが可能になります。以下では、これらの大成建設のモデルを適用した三つの事例を見ていくことにします。

❶千葉県にある環境共生型住宅
❷埼玉県にある田園地帯にある既存住宅団地の再生
❸埼玉県にある工場跡地の再利用

ティーブレイク　サイトデザイン

サイトデザインとは、建築の敷地を越えた視点から最適解を導き出すというアプローチです。その際に重要なのは、地域のコンテクストを読み取るということです。場所性（トープ、トポス）を考えて地域の連続性をつくりだすデザインをしなければならないのですが、その場所性を読むというのがエコロジカルプランニングの重要な役割と言えます。そういう意味では、以下に挙げる事例というのは、このサイトデザインというアプローチの代表例と言えます。つまり、その地域のさまざまな場所性を読んで、建物の配置を考えた事例と言えます。

事例1　環境共生型住宅——千葉県

この事例のテーマは、エネルギーや資源の有効利用、周辺環境との調和、豊かな集住体の創出というものでした。ここでは、どのような視点から地域の課題を解決するための答えを導いていくのかを見ていきます。

地域診断の際に、マトリックスづくりに先立ってまず行うのが新旧の航空写真の比較です（左のページ写真参照）。古い航空写真の上に新しい航空写真を重ねあわせていくわけです。

過去の写真を見ますと、計画地は豊かな里山が残る田園地帯であったことが分かります。しかし、一九九七年の航空写真を見ると、急激に住宅が密集しています。こうした土地利用の変遷を知ることが地域診断の出発点となります。ここには水田があった、あそこには集落があったというように、水や緑の配置、そして生活の履歴を調べていきます。この計画では「飛び石ビオトープ」という手法を導入していますが、このように緑地が分散していても、効果的な緑地の配置を誘導することによって生物がそれらを渡っていくような仕組みをつくることが可能となります。こうした市街地のなかでも、広域的な視点からの生物多様性の配慮が重要になります。

そして、風の分析も進めていきます。関東地方は、夏季の南南東の卓越風が吹くという特徴がありますが、夏を涼しく過ごすために、こうした特徴を活かして風通しをよくするための建築物の配置も検討していきます。そのため、風向図を調べながら計画の方針を決定していきます。

こうした分析を重ねていき、風に配慮した住棟の配置、既存樹木の保存、ビオトープの計画、日照条件の最

市街化の進行と
斜面部に残る緑地（1997年）
（出典：国土地理院の空中写真をもとに作成）

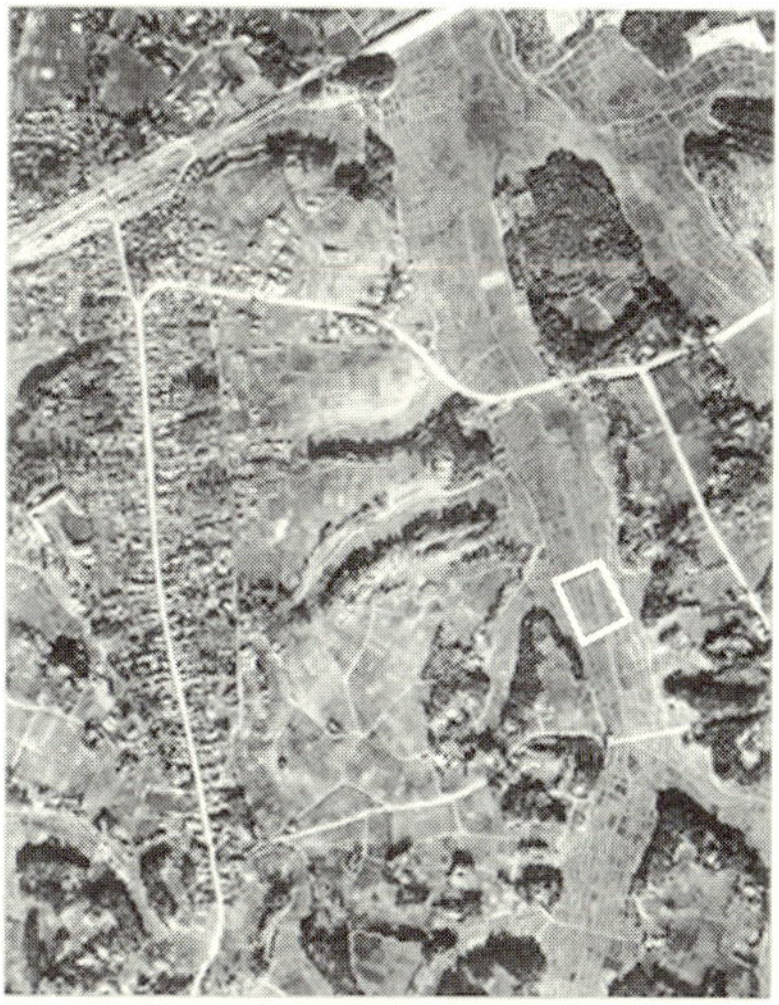

「谷津」地形に田園と里山林が混在する
田園景観（1949年）
（出典：国土地理院の空中写真をもとに作成）

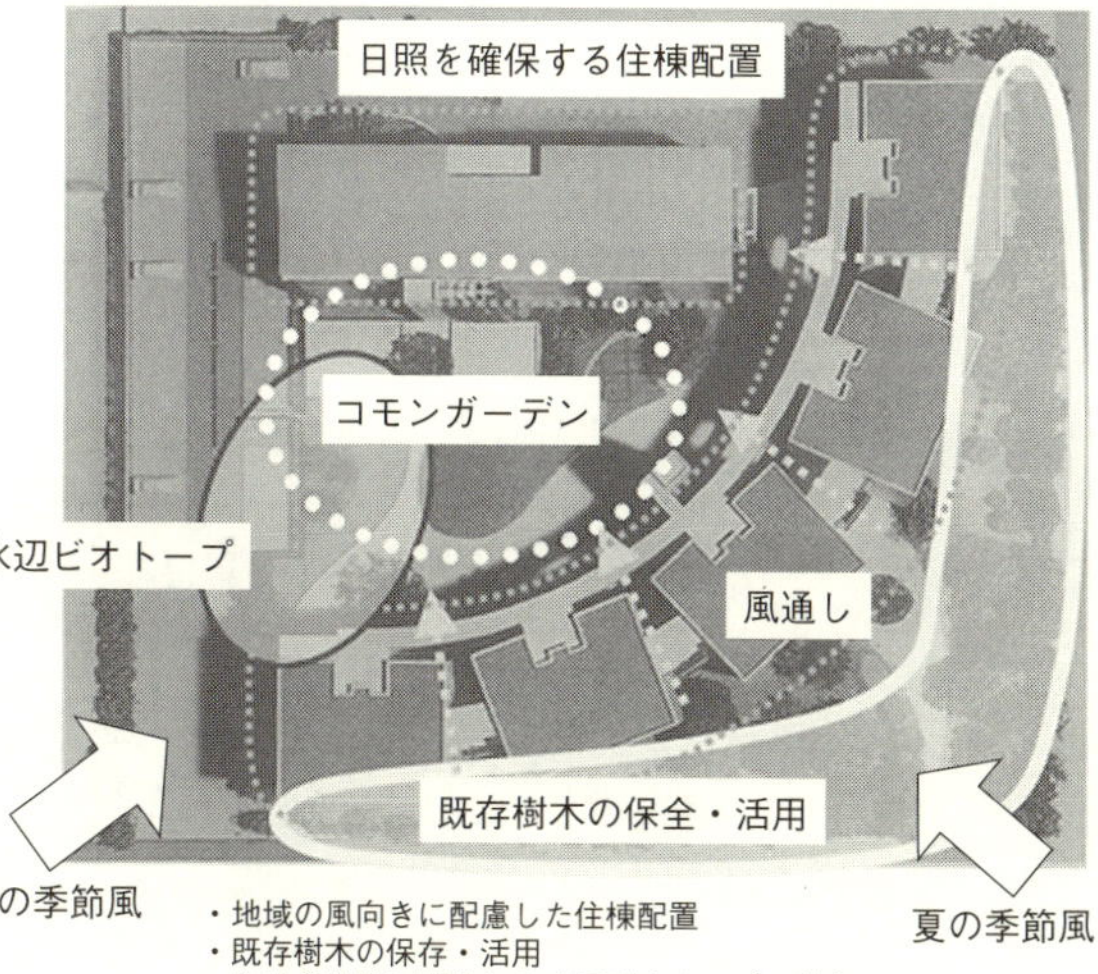
冬の季節風
・生物多様性に配慮した水辺ビオトープの創出
・日照条件の最適化
・コモンスペースの創出

図２－３　環境に配慮したサイトプランの検討
（出典：大成建設「21世紀の国土づくりニュービジョン　地域環境創造」に加筆）

適化、コモンスペースの配置などを決定していきます（**図2－3を参照**）。そして、最適解を導くために重要となるのがシミュレーション技術です。

この住棟の配置は、こうした風のシミュレーションによって科学的に決められています。多様な代替案を検討して、何が最適なのかを論理的に示した結果なのです。あらゆる可能性やパターンを考えて、周辺との調和はどうだろうか、既存樹木はどのように残せるか、日照、風通しはどうかなど、さまざまな視点からの評価を行うわけです。そうすると、さまざまな案のなかからこの案が最適解であると、科学的なデータをもとに客観的に説明できるのです。この事例もそうですが、設計コンペなどの場合にはこうした論理性や説得力が重要になりますから、エコロジカルプランニングはきわめて効果的なツールとなります。

この案の優れているところは、①夏の風通しと冬の防風を考えた配置になっていること、②既存樹木を残すことができる配置となっていること、③水辺のビオトープが配置され、広域的な生物多様性に配慮できていること、④ゆったりとしたコモンガーデンを配置できたことなどですが、こうした計画の利点を論理的に証明できたことが設計コンペでも高く評価されたわけです。

事例2　既存住宅団地の再生――埼玉県

この計画は、サステイナブルデザインという視点が重要なテーマになっています。「サステイナブル」という言葉をよく耳にすると思いますが、その実現のためには、持続可能な都市のデザインや循環型社会のデザイン、さらにはそのための社会システムの構築など、地球環境問題を視野に置いた社会経済システムに関係する取り組みが重要になってきます。琵琶湖の環境保全をいかにビジネスにつなげていけるかなど、環境コミュニティビジネスの創造のためにもエコロジカルプランニングが重要なツールとなります。

こうした視点で取り組んだ事例が、この住宅団地再生のプロジェクトです。これもコンペでしたが、サステイナブルな団地の創造を目指した「エリアコンバージョン」という取り組みです。コンバージョンというのは、建物を再利用して違う用途に転換するということです。この計画は、関東のベッドタウンとなった私鉄沿線の古い公団住宅の再生です。

二枚の新旧の航空写真を比較しますと、ここが江戸時代の新田開発で開かれた農村地帯であったことが分かります。この航空写真は一九四八年と一九七三年のものですが、徐々に農地と市街地がモザイク状になってきているのがよく分かります。

このように、地域診断の最初に歴史を読み解き、その地域がどのように発展してきたかを時間軸で理解していくことが重要となります。まずは時間軸で見ていき、その次に空間軸から地域構造を把握していきます。そして、その地域のランドマークや土地利用の特性や構造を分析していきます。これは、ケビン・リンチの[4]「都市のイメージ」という手法を用いていますが、こうした分析によって東武伊勢崎線と国道4号が地域を分断し

（4）（Kevin Lynch・一九一八〜一九八四）シカゴ生まれの都市計画家、建築家、都市研究者。『都市のイメージ』や『廃棄の文化誌』などで知られる。イェール大学を卒業後、タリアセンでフランク・ロイド・ライトのもとで働いたのち、マサチューセッツ工科大学（MIT）で学位を取得し、一九四八年以降、MITで都市計画と敷地計画の講座をもって多くの後進を育てた。都市は多くの人々に視覚的にイメージされやすいことが重要だという考えに基づき、都市の調査分析を行った。

江戸時代の新田開発により開かれた農村地帯（1948年）
（出典：国土地理院の空中写真をもとに作成）

昭和48年造成の団地。市街地と農地のモザイク（1973年）
（出典：国土地理院の空中写真をもとに作成）

ている状況や、住宅が田園地帯のなかで孤立している状況が明らかになってきます。つまり、田園地帯のなかで展開してきた住宅団地という、単一的な土地利用の弊害がここで明らかになったのです。

ここでも、エコロジカルプランニングによるマトリックス分析を行いました。ゲオ、クリマ、ビオ、アルテと、それぞれの視点から地域を診断していったわけです。具体的には、土壌や樹種の変遷、風向、産業などの特性をさまざまなデータから読み取っていきました。そして、これらのデータをふまえて、農地の多い地域特性に適合した土地の有効利用の方法、地域の風土にあった樹種の選定、住宅以外の複合利用の可能性を検討したわけです。

こうした団地には働く場がありませんから、それをどう造るのかということが重要な課題となります。団地内のショッピングセンターは閉鎖されていることも多く、活気のないことが多いです。人口も減少し、コモン

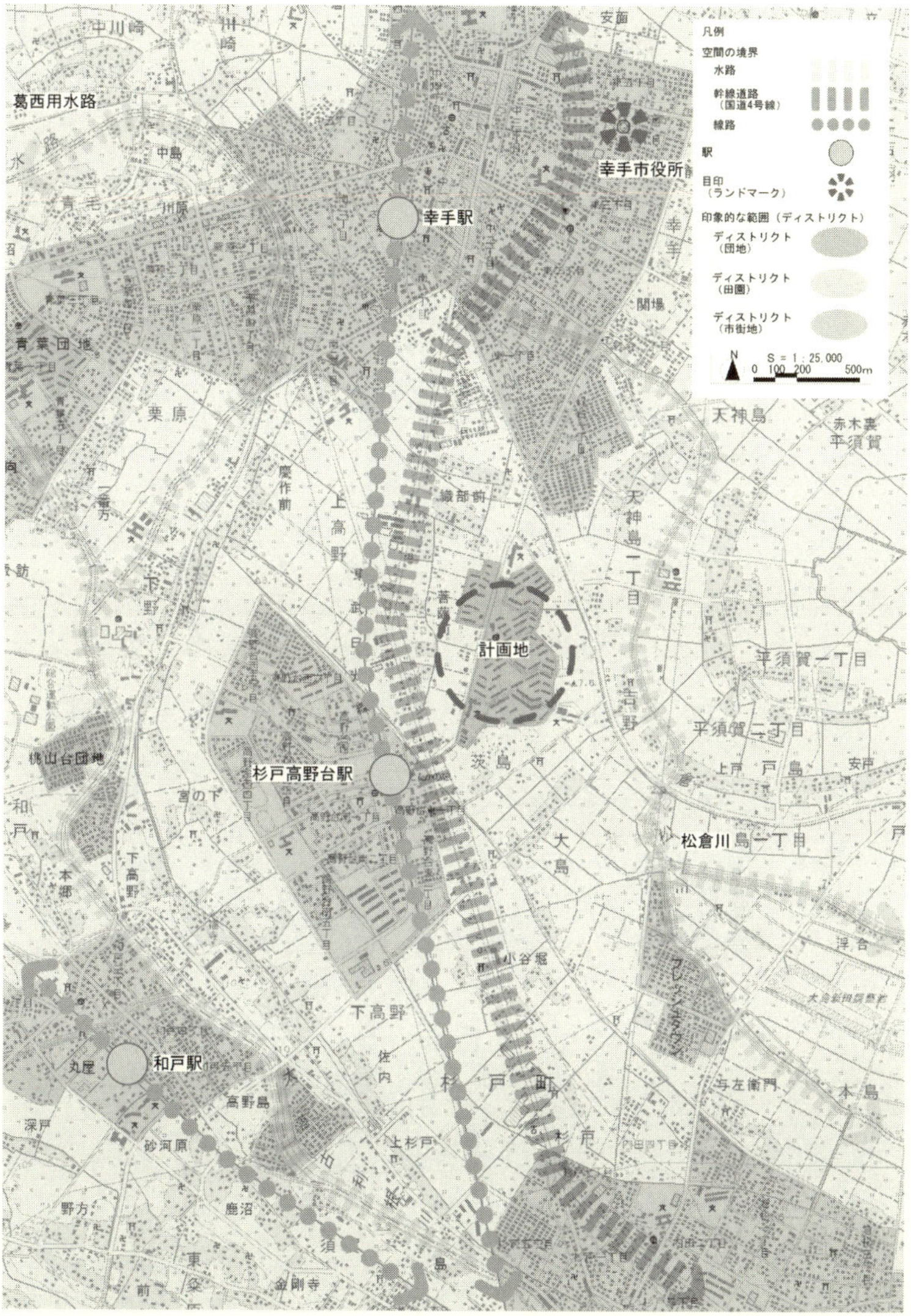

・西側を東武伊勢佐木線、国道４号が南北に縦貫
・東武伊勢佐木線杉戸高野台駅に近接
・低地の田園地帯に立地
・農業用水路網

図２－４　地域構造の把握

（出典：大成建設（風見正三、鵜飼修ほか）「田園再生機構　持続可能なコンパクト都市モデルの創造」）

スペースも未活用のものが多くなっています。しかし、周辺には田園景観という素晴らしいものがあるので、ここでは田園景観を活かしたビジネスができないかというアイデアが出されました。

その結果、都市計画マスタープランなどの上位計画もしっかりと読み込みながら、田園景観と調和した緑豊かなサステイナブル団地を造ろうということで方針が決定しました。また、その団地再生のなかに、地球温暖化に対応した二酸化炭素（CO_2）の吸収源である緑地創造をインセンティブとして組み込み、田園地帯をコミュニティビジネスをもって再生しようという提案となったのです。

このような考えを実現する方法として、ここでは「減築」という手法を用いることにしました。空室になっている住棟を解体し、そこをコモンスペースとして活用していく方法を提案したわけです。また、空室になっている住棟の低層部には、地域の課題を解決するスモールビジネスを興すための仕掛け、具体的には、観光農園やワインの販売、畜産農家との協働によるハム製造などの事業を提案しました。そのほかにも、こうしたコミュニティビジネスを育てる市民活動の支援センターも提案しています。

これからは、こうした自律的な地域産業の創造が重要であり、エコロジカルプランニングによる地域診断の成果は、地域産業の創造シナリオをつくることにも役立てられることが重要となっています。この事例の場合でも、こうした新たな利用形態をもつ住宅団地のランドスケープや持続可能な複合団地のあり方を含めたマスタープランの提示を行いました。

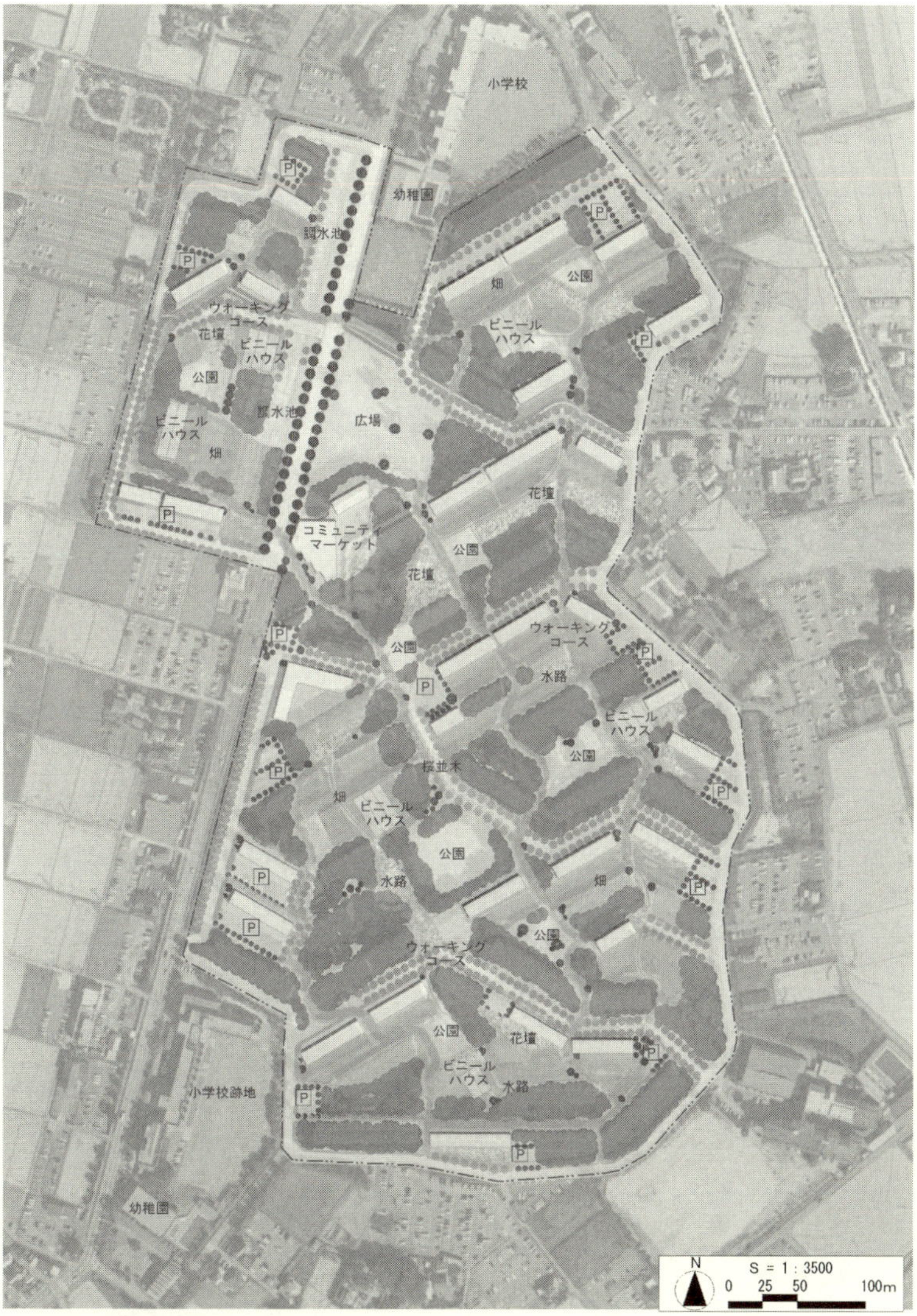

・住棟数を約3分の1に減築
・敷地の46%を CO_2 を吸収する林に転換
・余剰宅地を畑や花壇として有効利用
・既存ルートを活用しつつ新たな歩行者ネットワークを創出

図2－5　マスタープラン

（出典：大成建設（風見正三、鵜飼修ほか）「田園再生機構　持続可能なコンパクト都市モデルの創造」）

事例3　工業跡地の再利用

「ランドスケープデザイン」という言葉を聞いたことがあると思います。エコロジカルプランニングも、自然を活かして計画をするということでは、最終的にはランドスケープデザインにつながると言えます。

ランドスケープデザインとは、まさに風景を創造する学問だと言えます。しかも、植栽などは時間を経て完成形に近づいていきますので、時間のデザインをする必要があります。時間とともに熟成していくことを「エイジング（aging）」と言いますが、時間とともに木も成長していくわけですから、そうした時間的な要素をふまえて生命のつながりをデザインすることがランドスケープデザインということです。また、そこでは、さまざまな昆虫や鳥を含めて地域計画をつくっていくことが求められます。必然的に鳥と木の関係を知ることになり、それを知ることができれば植栽によって飛来する鳥の種類を予測することができます。

ここでは、そんなランドスケープデザインの視点からの事例を紹介します。これは大成建設が進めるまちづくりの一つで、「緑と町と人をつなぐ生活拠点の創造」というプロジェクトです。

この計画地は埼玉県にあります。工場跡地があり、それを新しい住宅団地に再開発するという計画が立てられました。この場所は、一九四六年当時は非常に多くの水田が残っており、屋敷林も点在していました。これが平成の時代になってから急速に市街化が進み、水田や畑がどんどんなくなっていきました。そして現在では、わずかな屋敷林が孤立して存在している状況にあります。

左に掲載した二枚の写真を見てみましょう。前例と同じく、航空写真の重ね合わせを行うと水田や川が残っていたことが確認されました。残したいものをきちんと見ていかないと首都圏のような市街化の進行が著しい所では大切なものをどんどん失っていくことになります。地域の宝を残していこうという「志」や「信念」がないかぎり、地域の魅力は継承されていきません。第1章でも記されたように、直観と客観の双方からの判断が重要になるわけです。この直感的なものと客観的なものをあわせる作業が、エコロジカルプランニングによる地域診断と言えます。

低地に水田、台地上に畑が広がる。農家の屋敷林が点在する。
（1946年）（出典：国土地理院の空中写真をもとに作成）

市街化が進行。屋敷林は孤立化している。（1990年）
（出典：国土地理院の空中写真をもとに作成）

まずは直観が大切ですが、その直観を確認していく作業が重要になります。もちろん、直観に頼らずにしっかりとデータを見て、そこから解答を引き出すというアプローチもありますが、直観と客観の双方をいかに統合させて判断していくかということが地域診断の重要なポイントになります。この事例で言えば、データから科学的に言えることは、市街化が進行し、このままでは屋敷林も消失し、市街地に残った貴重な緑が意味をもたなくなってしまうということです、ここでは、そうした緑地をつなぎながら、地域の生態的な価値を再生する仕組みを導き出していきます。

まず、地形、地質、植生、風向などを吟味しながら、周辺の河川と連携した水辺空間をいかに創造していくかという議論をしました。ミクロ的な話ですが、緑の東西軸をいかに創造するか、武蔵野の雑木林をどう残すかといった議論をしながら、冬の北西風を遮る防風林の配置や夏の暑さをしのぐための効果的な緑化計画のあり方を検討しました。そのポイントとして、水辺の生態系の保全や里山景観の再生を行うために、シラカシやハンノキ、クヌギやコナラを中心とした植栽計画を立てていきました。

また、植栽計画の際には、鳥の種類と樹木の種類についての関係図をもとにして樹種の選定を行っています。たとえば、ヒヨドリなどはさまざまな樹種に飛来しますが、樹種から見ればムラサキシキブなどが多くの鳥を呼ぶことも分かっているので、それを前提にして科学的に樹種を選定したわけです。これも、エコロジカルプランニングの効果的な活用法です。つまり、科学的視点から植栽計画を立てたということです。それによって、「鳥がたくさん来るまちづくり」といったコンセプトが言葉だけではなく実践できることになります。こうした分析を重ねて、緑地の周囲や緑道、屋敷林、社寺林などの樹種を選び、雑木林を再生するためにクヌギ、コナラを増やしていこうという計画になりました。

この計画のもう一つの特徴は、色彩のガイドラインの構築を行ったことです。これからのまちづくりでは、こうした色彩計画による景観形成が大変重要になります。低層部には人をうまく誘引するような色を設定し、高層部には圧迫感のない配慮をするなど、色彩のガイドラインを含めたデザインガイドラインをつくりました

（七四ページの**図2－6**および写真参照）。

こうした地域の景観や環境の質を決定するようなまちのデザインルールを決めていくことも、重要なプランニングの手法となります。実際、ここに進出する企業は、このデザインガイドラインに従いながらマスタープランをつくっていくことになります。このようなまちのデザインコントロールにエコロジカルプランニングを役立てているのです。

また、ここでは、水辺の再生を目指して親水公園を計画しました。水辺の生態系を呼び込む緑地の創造を行い、生き物がどんどん集まるようなデザインをしています。かつて、この公園を計画している場所には川がありましたので、そうした水を使った公園を設けることによって、失われた河川の記憶を蘇らせるという意味をデザインのなかに盛り込んでいるのです。

このように、単純に住宅を計画するということではなく、地域の記憶や特性をふまえて失われた歴史を蘇らせ、風の道を創造することによって計画の質を上げていくことがエコロジカルプランニングの重要な役割となっています。

以上の三つの事例を整理してみますと、一つ目は環境共生住宅の計画、二つ目は住宅団地のリノベーション、三つ目は工場跡地の再利用ということがテーマになっていました。ここでは、これらの三つの事例において、エコロジカルプランニングという手法がいかに適用されてきたかということについて概略を説明したわけですが、それはまさにシナリオを構築するということでもあります。みなさんも、フィールドでのグループワークでは直観と客観の視点からさまざまな地域情報をふまえて、エコロジカルプランニングを活用しながら分析を

緑のつながり—緑道と公園により緑をつなぐ

・緑化計画
・色彩ガイドライン
・水循環計画
・安全・安心計画
・街路・沿線景観計画

結合

水辺の生態系を呼び込む緑地の創出
周辺地域と調和する街並み形成
逆川の記憶を残し、まちをつなぐ緑道

図２－６　マスタープラン
（出典：大成建設まちづくりグループ・パンフレット「まちづくりのデザインとプロセス――持続可能な発展を目指して」）

し、シナリオを編み出してください。地域をさまざまな角度から診断し、持続可能で豊かな生活環境を創出するための最適解を導き出すことがエコロジカルプランニングの目的です。実践を通して、そのポイントを体得してください。

エコロジカルプランニングの課題と展望

これまで説明してきたように、エコロジカルプランニングは地域診断や再生にとって有効なツールですが、その活用にはまだまだ課題もあります。

その課題の一つは、エコロジカルプランニングには豊富なデータを必要とするわけですが、まだまだその整備が不十分なことです。これらのデータベースを整備していくことが大変重要となります。是非、行政としても、このようなデータを共有して使えるようなデータベースの整備を進めていただきたいと思います。エコロジカルプランニングを行う場合、こうしたデータベースの整備度合いによってその結果が大きく変わってくるのです。

もう一つは、合意形成の手段としてのエコロジカルプランニングのさらなる活用です。エコロジカルプランニングは、地域の計画をする際に市民や行政の間で環境情報を共有し、合意形成を進めるための効果的なツールとなります。みなさんにも、ここで得た知識や手法を活用してファシリテーターとして実践し、エコロジカルプランニングを是非広めていただきたいと思います。

エコロジカルプランニングは、レイアーケークに代表されるように地域を立体的に見ていこうとするアプローチであり、生態的な相互依存関係というものを読み解く手法です。ここで紹介した大成建設のモデルは、その考えをシンプルなマトリクスで評価したモデルです。環境というのは複雑系ですから、言うまでもなくさまざまな要素がつながっていますので、そのつながりを読み解いて、どのような提案ができるのかを導いていくことが重要となります。

最後に、エコロジカルプランニングの重要なキーワードを整理しておきましょう。

まずは、基本になるのは「生態系」だということです。大地、水、大気、生命、すべてここから考えていかねばならないのです。自然が破壊されれば人間社会は成立しないわけですから、当たり前のことと言えます。

次は、地域は複雑系ということです。これは「要素還元主義の限界」と言われていますが、手が痛いから手を治せばいい、お腹が痛いからお腹を治せばいいということではなく、本当に悪い部分を見つけないと完治しないということです。水や地質の異常はすぐには分かりません。地域も人間の身体と一緒で、見えている悪い部分だけを治せば完治するというものではありません。地域も健康診断をして、こうした複雑系の視点からとらえていくことが重要となります。

また、フラクタルという概念も重要な視点となります。地域を診断するには、全体と個の関係をよく考えなくてはならないということです。常に、滋賀県全体や個々の地域を総合的に考えながら計画を進めていく必要があるということです。

そして、循環と共生の視点も重要となります。常に、物質、エネルギー、文化というものはつながっているということを伝えていかなければなりません。地域の資源や文化を共生し、継承していくという仕組みが重要なのです。言ってみれば、つながりを取り戻すということが環境デザインの重要なテーマとなります。環境問題は、全部がつながっているということを再認識することからしか解決できないのです。コミュニティの衰退や環境問題は、まさにそのつながりが失われてきた結果なのです。つながりさえ分かっていれば、ゴミは捨てずに利用していたかもしれないのです。たとえば、中山間地域であれば堆肥《たいひ》として農村に還元することもできるのです。現に、江戸時代ではそうしてゴミ問題を処理してきたわけです。ゴミを捨てて、そのあとどこに行ったのかが分からないということがゴミ問題の根源なのです。

近江の地域は、そうした豊かな文化がまだまだ残っている所だと思います。環境デザインとは、そうした仕組みを見えやすい関係にデザインするということなのです。

エコロジカルプランニングの目指すところは、こうした環境破壊がどのように引き起こされてきたのかを理解し、その行為の結果、何が起きるのかを十分に知ったうえで計画をするということです。そのため、エコロジカルプランニングを進めるにあたっては「自然資源目録（Inventory《インベントリー》）」をつくることも重要になります。行政、企業、市民が協力してインベントリーをつくり、そのなかから適切なデータを引き出して地域で共有していくことが重要となります。そして、地域の特性をふまえた生態的モデルの作成を行い、自然現象の理解と解釈をふまえた計画を進めていくことが可能になれば、多くの自然環境や里山が守られていくことになるでしょう。

里山は、人間と自然のかかわりによって育まれてきた地域生態系です。人間が自然のなかでどう生きるべきかを知ることによって適正な自然とのかかわりが見え、その新たなつながりが持続可能な社会の実現になると私は考えています。是非、実践では、地域資源と人間がどうかかわるべきかということについて斬新なアイデアを出していただければと思います。それらのアイデアをつなげて、理想的なエコシステムを創造していくことによって自然環境との調和が実現していきます。もう無限の発展は期待していないが、どこで止めるのかが分からない、という人が多いのです。今こそ、「適正な発展とは何か」を科学的に追究すべき時期に来ていると思います。

エコロジカルプランニングの目指すものは、地域計画の最適化、環境評価の体系化、定量的な比較検討なのです。そういう意味では、環境という非常に分かりにくい複雑な事象を分かりやすいものに変えることによって環境にリアリティーをもたせていくことが重要な目標となります。つまり、エコロジカルリアリティーを高めるということです。

環境のもつ動態的な特性というのは時間とともにモニタリングしていくことが必要ですし、十分な情報共有によって社会的な合意形成を進める手段という意味では、環境アセスメントの理念に通ずると言えます。市民、企業、行政の間で情報をしっかりと透明な状態で共有し、共通の未来を探るほうがお互いにとって交渉の時間も短縮できるし、トータルコストも低減されるのです。

エコロジカルプランニングは、こうした地域がどのように発展していくべきかというアセスメントのツールとして活用されることが期待されています。また、地域計画の分野でも、ホロニック（holonic）な視点から総合的なマネジメントが求められています。つまり、全体と個の調和を目指した計画論の追求ということです。個々の計画が全体としての最適化につながっている、全体の最適化をふまえたうえで個々の計画がなされている、そうした計画のあり方を求めるためには、地域の多様な参加と上位計画と連動した立体的な計画が重要となります。エコロジカルプランニングは、そうした要求に重要な役割を果たすことになるでしょう。

これからは、ますます地域社会の合意形成が進んで、地域特性を尊重した科学的な理解に基づく計画がされる時代になっていくと思います。本書を読んでいる行政の方、企業の方、建築家の方、その他さまざまな職能の方が協働して、民主的な計画策定のシステムを構築していくことが今こそ求められています。

本章において、「環境やエコロジーは哲学である」とお話しましたが、みなさんには、是非そうした哲学をもって仕事をしてほしいと思っています。目標とした計画の全部が実現できなくても、明確な哲学に基づく具体的な目標像さえあれば仲間も増えていくものです。そうした草の根の活動によって、日本の国土計画、地域計画、都市計画は確実に変わっていくのです。

第 3 章

地域診断の実践方法

鵜飼　修

この章で学ぶこと

- **地域診断の事前準備**
- **地域を見るときのポイント**
- **地域構造の把握方法**

キーワード

柔軟性、客観性、ぶれない芯をもつ、地域を五感で感じる現地踏査、
地域構造、地域シナリオ、つながりの発見とデザイン
畏敬の念をもつ、知る力・つながる力・動かす力

伝統的集落の祭り。下石寺集落の太鼓登山

地域診断力を身に着ける

地域を診断する方法はさまざまです。本章では、私が実践してきた方法とポイントを紹介していくことにします。みなさんは、それぞれの立場を活かして、目的にあわせた形で柔軟に活用・実践してください。

第2章において述べられたように、私は大成建設時代に地域活性化やまちづくりのコンサルタントという仕事をしてきました。簡単にその手順を言いますと、地域を診断して、まちづくりの方向性や活性化方法を提案して実際にプロジェクトを動かすという流れになっています。

実際にプロジェクトが動くことはさまざまなしがらみがあって稀でしたが、このような業務を二〇〇〇年ごろから数十件ほど実践してきました。そのため、これまでにいろいろな地域を見るという機会に恵まれました。沖縄を除いて、九州から北海道まで日本全国さまざまな地域を見てきました。各地域を見てきて気が付いたことは、言うまでもなく、それぞれの地域ごとにその地域ならではの特色があるということです。

話が少し脱線しますが、私の趣味は、この地域の違いを楽しむことが興じて「まち歩き」になっています。でも、単なるまち歩きでは面白くありませんので「食べ歩き」というのが正直なところです。その食べ物について言えば、同じ食べ物でも全国各地にいろいろな特徴があります。ラーメンなどがその典型的な例で、札幌、旭川、喜多方、東京、横浜、和歌山、徳島、九州の長浜など、覚え切れないほどの種類があります。そのなかで、一番おいしかったのは仙台の「u」というお店で、舌が覚えています。とはいえ、仙台のラーメンに「仙台らしさ」はありません。なぜかというと、仙台という街自体が東京色の強い所だからです。立地している企業は東京に本社のある会社が多いためでしょう。勤めている人々にあった料理を提供するとなると、その土地の特徴を表していない食べ物が提供される場合もあるので注意が必要となります。往々にしてそういう所の地域資源は、地域の活性化において継続的に利用できていないケースが見受けられます。

食べ物以外にも、違いのよく出るものがあります。それは人です。これは実によく特徴が出ていますし、奥が深いです。よく東北の人は内気で物静かと言われますが、それは寒さが影響しています。寒さのため、なるべく口を開かないで会話をします。有名な津軽弁で「どさ」、「ゆさ」というのがありますが、みなさんはこの意味が分かりますか？　分からなくともかまいません。ただ、地域の気候や風土がその土地の人間の特徴を形づくっていることを覚えておいてください。つまり、人間も生態系の一員であるということです。

話を戻しますが、地域診断で大切なことは、診断する人自身がさまざまな地域を見ておくということです。井のなかの蛙の提案や意見では説得力がありません。その土地の特徴を説明するためには、周りの地域や比較対象となる地域が必要なのです。第2章で紹介したエコロジカルプランニングのマトリックスには、そういった「比較する」という機能も盛り込まれています。スケールごとに周辺と比較すれば、その土地の特徴が自ずと見えてきます。

みなさんにも、さまざまな地域を是非見てもらいたいと思います。滋賀県のなかでも、訪ずれた土地の気候風土と人間の特徴とのつながりを考えてみてください。そして、自分が住んでいる土地と比較してその違いを感じてください。その積み重ねが、「地域を診断する力」を鍛えるのです。

課題を柔軟にとらえる

第1章で「なぜ、地域診断をするのか」ということについて説明があったように、地域診断は何かの目的をもって行わなければなりません。目的というのは、少子高齢化対策であったり、施設の建設であったり、中心市街地の活性化、都市農村交流など、各地域によってさまざまなものがあります。しかし、みなさんが何らかの課題を与えられて地域診断をするときには、少し違った視点をもって行うことを望みます。言ってみれば、それがコミュニティ・アーキテクト（近江環人）による地域診断の特徴となるからです。

では、どのように違った視点なのかというと、簡潔に言えば、与えられた課題を真に受けないということです。先方（クライアント）の言うことがまちがっている、ということではありません。先方は地域の事情をよく知っていて、本当に困っているのだと思います。そのような悩みをよく聞くことも大切ですが、それ以上に大切なのは、課題を客観的にかつ柔軟にとらえるということです。

たとえば、商店街の活性化を依頼されて、「商店街のなかにある空き店舗を活用して解決策を提案してほしい」と頼まれたとしましょう。このような課題のときでも、「商店街」、「空き店舗の活用」というキーワードに縛られてはいけないということです。もっと広い視野をもち、「そもそも商店街の活性化はこの地域においてどういう意味があるのか」、「何のためにこの活性化策が必要なのか？」、「いったい何のための地域再生なのか？」ということを考える必要があるということです。

ここからどう考えるかは人それぞれだと思いますが、私の場合はもっと視野を広げます。商店街の位置づけを、商店街のある町のなかでの位置づけから、県域のなかでのその町と商店街の位置づけ、国のなかでのその県域と商店街の位置づけ、そして地球のなかでの国と商店街の位置づけと広げていきます。ここまで広げると、何のための空き店舗活用なのかが見えてきます。

こうして視野を広げたときに見えてくるのが「地球環境問題」です。つまり、地球とともに生きる人間社会をどのようにつくっていくのかという問題です。この視点で空き店舗活用を考えるのです。だからといって、具体的な地球環境保全のためのグッズを販売しようというわけではありません。大切なのは、「何のためにやるのか?」という問いに対して、「最終的には、地球とともに生きる人間社会の構築のためにやる」という理念をもつことです。

コミュニティ・アーキテクト（近江環人）の定義を思い出してください。パンフレットには「環境と調和した循環型地域社会づくりに貢献する人材」とも書いてあります。ですから、どんな小さな課題についても環境と調和する人間社会のためにやるのだ、という発想をもつことが大切となります。

もちろん、このような考えを直接クライアントに説明する必要はありません。そんなことを言ったら、「お願いしていることと違う」と言われて契約が打ち切られてしまうかもしれません。みなさんの思考回路のなかで、常に心がけていればよいのです。そして、そのような考えは、みなさんの提案に「芯」を入れることになります。それは地球環境につながっているぶれない芯であるため、まちがってはいないということになります。地球環境との共生を否定する人はまずいないでしょう。広い視野とぶれない芯をもちつつ、柔軟な対応で地域診断を実施することが大切となります。

地域に入る前の準備

対象の地域が決まったら、現地に赴く前に以下に挙げる三つの準備が必要となります。それぞれについて説明をしていきましょう。

①地図を集める

まず、対象地の地図を集めます。地の利がない県であれば、県全体の地図もほしいです。対象地周辺の地図は、国土地理院が発行している五万分の一の地形図と二万五〇〇〇分の一の地形図があればよいでしょう。ほとんどの自治体は自分自身の治めている地域の白地図（一万分の一、五〇〇〇分の一）をもっていますので、それもそろえてください。ただ、分冊となっている場合もありますから、対象地が含まれるかどうかの確認が必要となります。この白地図以上に、もっと細かな地図（二五〇〇分の一）を有している自治体もあります。このレベルになると住宅の外形も記載されていますが、このスケールで広い範囲をカバーしようとするためには、何十枚もの地図を購入することになります。

これ以外の細かな地図としては住宅地図があります。スケールは一五〇〇分の一が中心で、住居表示されている世帯の名前やアパート名、会社名や建物の階数なども記載されています。これらは、住宅地図をつくっている会社の調査員が定期的に調査した結果できあがったものです。

さらに、これらの詳細な地図のベースとなっているものが空中写真です。「航空写真」とも言われていますが、国土地理院では「空中写真」と呼んでいます。この写真から建物の輪郭をトレースしたものが住宅地図になっていますので、ほとんどの建物の大きさが正確ではないので注意が必要です。

空中写真には、国や自治体が所有しているものと民間会社が所有しているものがあります。国が所有しているものの購入手続きに関しては、国土地理院のホームページに掲載されています。空中写真で特徴的なのは、年代の違う写真があることです。一番古いものは第二次世界大戦の終戦直後、一九四五年にアメリカ軍が撮影したものです。解像度は粗いですが、その土地の過去の様子を知るにはもっとも適した資料と言えます。

地図の種類をいろいろと紹介しましたが、最近ではインターネット上の地図も充実してきました。先に紹介した地形図も、国土地理院の地形図閲覧サービスから見ることができます（一〇七ページも参照）。また、空中写真は、「国土情報ウェブマッピングシステム」で見ることができます（試行段階のためすべてが見られない）。住宅地図のレベルについては、世帯名などが不要であればgoogleマップでも閲覧は可能ですし、データ化された住宅地図のダウンロードサービスも行われています。

国の主導でこれらのデータは整備されつつありますので、最終的にはインターネット上から入手が可能になると思いますが、それらのデータや紙媒体の地図を利用する際には著作権を侵害しないよう注意が必要となります。インターネット上に必ず利用上の注意が記載されていますので、確認して著作権を侵害しないよう注意してください。また、紙媒体の地図も出典の明記が必要です。国土地理院のホームページには記載方法が詳しく書かれていますので確認してください。

たくさんの種類の地図がありますが、最低限、地形図と空中写真でその土地の特徴を把握するようにしてください。

②行政から情報を集める

地域のことは、当然ながら地域の方がよく知っています。とくに、その地域を治めている地方自治体には情報がたくさんありますので、それらを上手に活用します。

大きな視点からの情報としては自治体の「総合計画」があります。これは地方自治体のまちづくりの方針を定めたもので、多くは一〇年間という長期間でのまちづくりの方向性が示されています。この総合計画に付随して「実施計画」というものがありますが、これは三か年程度の中期的な期間での具体的な予算配分などを示しているものです。総合計画のなかには、その自治体をさらに地域に細分化し、それぞれのまちづくりの方針が描かれています。これらを参考にすれば、その町の課題や考えている方向性を把握することができます。

そのほか、各自治体には、「みどりの基本計画」や「福祉基本計画」などといった「○○計画」、「○○○○マスタープラン」という名前のついた計画書がたくさんあります。これらは、すべて国の法律や自治体の条例に基づいて策定されているものです。それぞれの計画書にはその位置づけが掲載されていますので、それを確認してから活用するようにしましょう。

これらの書類で注意しなければならないのは、自治体のトップが代わればその方針も変わるということです。新任の首長から「まちづくりの方針をアドバイスしてほしい」と言われた際に、前任の首長が策定した計画書が「良し」とされるかどうかは分かりません。また、近年では、地方自治に関する考え方、環境・景観といった法律にも変化が見られますので、これらの情報は、あくまでも地域診断のための一つの情報として取り扱うことが大切となります。

③歴史を知る

環境と調和した持続可能な地域社会を念頭に置いて地域再生やまちづくりを考えるとき、その地域の歴史は大きなヒントを与えてくれます。環境負荷の抑制に関してみれば、半世紀ほど前まで、日本はエネルギー消費の少ない持続的な社会に近い形がありました。さらに歴史を遡れば、「江戸時代は循環型社会」とも言われています。

たとえば、人間の排泄物は「金肥《きんび》」と呼ばれて貴重な肥料として活用されていましたし、この金肥を集めて郊外に運ぶという仕事が江戸のまちにはありました。そして、郊外で育てられた野菜がまた江戸で消費され、また金肥となって郊外へ運ばれるという循環の仕組みが成立していたのです。このように、その地域でのかつての生活を知ることは、環境との調和を考える際に大きなヒントとなります。

では、それらのヒントを得る資料は何かというと、それは各地で発行されている「史誌・郷土史」です。「○○市史」や「××町史」など、各自治体ではそれぞれ編纂した史誌をもっています。その史誌には、その地域の地勢や気候風土、古代からの歴史、近年の自治の歴史などが詳細に書かれています。たとえば、産業について見れば、どのような地域特性を活かした産業が行われてきたのかという情報を得ることができます。また、その地域ならではの紛争や災害の歴史なども把握することができますし、その土地の特性や人間社会との関係を読み解くヒントとなります。

もう一つ地域の歴史を知る資料として、「序章　オリエンテーション」でも紹介した『日本地誌』があります。地理学の研究者によって各地を詳細に分析し執筆されたこの本で、それぞれその地域が戦後どのように発展してきたのかを詳しく知ることができます。たとえば、滋賀県については、一九七六年に発行された「第一三巻」に収録されています。ここでは、地理的特性、歴史的背景、自然、人文というカテゴリーで滋賀県の地域特性が解説されているほか、湖南、湖東、湖北（湖西については未掲載）の都市や産業について詳細な解説がなされています。

これらの情報を把握すれば、おおよそ滋賀県の特性を把握することができます。ただし、発行年を見ても分かるように、近年の情報は掲載されていませんのでその点は注意してください。近年の情報を得るのであれば、それぞれの地域について、「都市データパック」（東洋経済新報社、年度版）の項目などを参照するとよいでしょう。

もっと簡単に、すばやく地域の歴史を知りたいということであれば、小中学生向けの地域の歴史を学ぶ副読本を参考にするとよいでしょう。滋賀県であれば、『一二歳から学ぶ滋賀県の歴史』（一八ページを参照）という副読本が発行されています。一日で読破することも可能ですので、一度は目を通してみて下さい。

地域の歴史を知る方法はこれ以外にもたくさんありますが、いずれにしても、まず地域に出る前には概略的な内容を把握して、現地に赴いた際に得た知識と空間をつなげることができれば、より正確な地域診断を行うことが可能となります。

以上、現場に赴く前に把握しておくべき情報を紹介しました。しかし、これらはあくまでも情報ですので現場の状況と異なるかもしれません。時間差がありますので、むしろ同じ状態ではないと考えておいたほうがよいでしょう。矛盾したことを言いますが、あまり情報にとらわれないで現場に向かうことが大切です。

地域に出て地域を感じる

一〇年ほど前に福岡県大牟田市の「西鉄大牟田駅」を降りたときに感じた香りを、いまだに忘れることができません。あとで分かったのですが、それは工場の排気ガスの臭いでした。

この大牟田市の地域診断をして、私は地域活性化の提案をまとめましたが、その後も大牟田市が忘れられずかかわりをもつようになり、最終的にはまちづくりＮＰＯの立ち上げに携わりました。つまり、地域診断をきっかけに地域の人とつながり、実際のまちづくり活動が生まれていったのです。このＮＰＯ「大牟田・荒尾炭鉱のまちファンクラブ」[1]は、炭鉱のまちの産業遺産を活用したまちづくり活動を実践する団体で、現在も元気に活動を続けています。年に数回現地に行っていますが、まちの香りを嗅ぐと「ああ戻ってきたな」と懐かしい思いに駆られます。今では、ふるさとの香りです。

地域に赴く前にいろいろな情報を集めましたが、そういうデータだけにとらわれず、大牟田での香りのように身体で地域を感じることも大切です。建築を学んでいたときにある本で読んだのですが、建築や敷地を見るときには「その建築や土地が、あなたを迎え入れているかどうかを感じなさい」と書いてありました。ル・コルビジェ[2]の有名な建築「ロンシャンの礼拝堂」（フランス・フランシュ・コンテ地方）を見に行ったときです

（1）　住所：〒八三六－〇八四一　福岡県大牟田市築町二－八。電話：〇九四四－五二－七〇二六。http://www.omuta-arao.net/

（2）　（Le Corbusier・一八八七～一九六五）スイスで生まれ、フランスで主に活躍した建築家。本名は、シャルル＝エドゥアール・ジャンヌレ＝グリ（Charles-Edouard Jeanneret-Gris）。東京・上野にある国立西洋美術館の基本設計にも携わっている。

が、カーブする坂を上り切って、その建築が迎えてくれたときはとても感動しました。このように建築（建築だけではなく、ランドスケープが大事なのですが）を感じるように、まずは現地に着いたら一呼吸置いて地域を感じるようにしてください。

高い所から見る

地域を感じ、その余韻に浸りながらも次の行動に移ります。私はまず、高い所からまち全体を見て、その全体構造を把握するようにしています。第1章で紹介された「国見」です。山に囲まれた地域であれば、タクシーに乗って、まちが一望できる展望台に向かいます。

都市の成立を考えれば、まちには必ず川や水辺があります。水がないと人間は生きていけないからです。そして、燃料供給地としての山、食糧供給地としての田畑で構成されている地域は、基本的に生活の基盤が整っている地域と言えます。都市化した地域と比べると、ある意味はるかに恵まれています。そのようなことを感じながらまちを一望し、そのまちの歴史、人々がどのように生活してきたのかについて思いを馳せます。

高い所から見ると、建物などの大きさやそれらの密度、農地や林などのエリア、そして道路や線路といった幹線が分かります。それらを手で指さしながらなぞってみると、おおよそのまちの構造や都市計画が分かり

ロンシャンの礼拝堂

ます。これは現地から戻ったあとでも都市計画図で確認することができますので、その場では地図を広げず、まちの構造を感覚的に覚えていきます。指先でなぞった感覚でもって、目を閉じて、頭のなかでそのまちを描いてみるとよいでしょう。

一つ注意しなければならないのは方角です。方角は、古代中国の思想である風水に代表されるように、土地利用と大きく関係があります。太陽の位置と時間からおおよその方角を確認し、東西南北でどの方角にどのような土地利用がなされているのかを必ず確認してください。

地域の声を聴く

訪れた地域でタクシーに乗るのには、ほかの理由もあります。それは、タクシーの運転手と話をするためです。タクシーの運転手は、往々にして観光ガイドでもあり情報通でもあります。乗車したら天気の話から始めます。「東京は暖かかったけど、こちらは寒いですね」などといったたわいもない会話から、最近のまちの様子を聞いていきます。あらかじめ現地に詳しい方（役所、商工会議所、自治会あるいは地域史の研究家など）へアポイントメントをとっておいて到着後に話をうかがう場合もありますが、そのような予定の前に、できるかぎり地域の人々に話を聞くようにしたほうがよいでしょう。

話を聞くことが容易な存在として、観光案内所の方も挙げられます。言うまでもなく、この方は観光案内の専門家ですから、当然その土地に詳しいはずです。資料をもらうついでに話を聞き出します。それ以外にも、私の場合は和菓子屋に着目しています。和菓子屋はその土地で代々受け継がれてきた店が多いので、情報が豊富なのです。そのうえ、商売上まちの先行きを案じています。もちろん、相手の方にもよりますが、話がしやすそうであればいろいろとそのまちの情報を引き出していきます。ただし、「この人は何者なのか……」と疑念を抱かれた途端に口にチャックがかかります。

ここまでの情報収集は非正規的なものです。「裏情報」とでも言いましょうか、地域の本音を聞くようなつもりでさりげなく聞いてください。その一方で、本格的な調査をするのであれば、あらかじめ計画を立ててヒアリングをすることも必要となります。この場合は、役所や自治会を通じて住民を紹介してもらって、ヒアリングを実施することになります。そのほうがヒアリング先にも安心感を与えることになります。言うまでもないことですが、ヒアリングに際しては、当然何を何のために聞くのかをあらかじめ用意しておかなければなりません。

地域の生の声を聞く際には、敬意を払って真摯《しんし》に聞くことが大切です。また、地域で意見が分かれていることも多々ありますので、そのあたりは自治体の人からあらかじめ情報を得て、バランスよく対応するように注意することが必要となります。

歴史を感じる

地域には必ず、人が育んだ、あるいは自然によって人が育くまれた歴史があります。高台から眺めた土地利用の変遷もその一つです。河川の形は近代化以降で改変されているものが多いですし、田んぼは圃場整備で整然と区画されてしまっています。しかし、明治の近代化が始まる以前は、人々は地域の環境と共生した生活を営んでいました。それらの生活の歴史が地形的に残されている所は、地球環境との共生を考えるうえにおいて大切な空間です。そのような空間を発見することで、その地域の歴史を感じることができるのです。

たとえば、鎮守の森です。巨木に囲まれた神社の多くは、古来からの地域の歴史を伝えています。そして、そこに立つ巨木がそれを語ります。また祭りは、地域の人々がどのように自らの地域を守ってきたのか、何を大切にしてきたのかを端的に表している行事と言えます。

そのような空間と人とのかかわり（つながり）を読み取ることで地域の歴史を感じることができるだけでなく、地域の人がどの程度歴史を大切にしているのかとか、歴史にどのような思いをもっているかも見えてきます。大牟田市の産業遺産を例に挙げれば、地域の人はあまり大切に感じているようには思えませんでした。多くの産業遺産は、解体されたり処分されていました。それは、決して産業遺産をないがしろにしようということではなく、炭鉱に携わった多くの人々が「炭鉱のまち」という歴史に対して複雑な思いを抱いていたからです。

また、現地で是非チェックしておきたい施設として、歴史博物館や民俗資料館などが挙げられます。施設によって展示内容はさまざまですが、地域の歴史を大切にしているところは展示内容も充実しており、その地域の古来からの変遷がタイムスリップしたかのように分かります。歴史をふまえて診断の課題を考えてみると、課題解決のためのあるべき方向も見えてきます。

文化・人間性を感じる

祭りは地域文化の象徴的な存在ですが、ここではそれ以外の市民の文化を考えます。市民の文化を醸成する要因としては、歴史的に継承された伝統文化、産業的な技術文化、サークルなどの趣味的文化、近年わが国でも注目されているボランティア的な文化、そして市民活動的な文化などが挙げられます。

滋賀県は、よく「環境県」と呼ばれます。これは環境への取り組みが熱心であると認識されているからですが、その背景には、環境に対する意識が県民に浸透していることが挙げられます。言うまでもなく、これは滋賀県の文化的特徴だと思います。では、その起源がどこにあるのかというと、それは琵琶湖の存在です。

一九七七年に発生した赤潮が「せっけん運動」の発端となって全国的にも有名になりましたが、それ自体は歴史的な出来事でしかありません。そもそも、なぜ琵琶湖で赤潮が発生したのかを考えることが必要です。そう考えると、人々の生活と琵琶湖とつながりが見えてきます。琵琶湖という地理的・地形的な特徴が人々の生活につながり、その土地の文化を育んでいるのです。

このようなつながりを見いだすことができれば、その土地自体の特性も文化的特性や人間性までもが見えてきます。本章の冒頭でお話した、「どさ」、「ゆさ」も同じです。気候風土とのつながりが人々に影響しているのです。もちろん、それは人間だけではなく、動植物にもつながっています。外来種が問題となるのは、この面々としたつながりを崩す可能性があるからです。種の問題だけでなく、つながっているものすべてに影響を与える可能性があるのです。

現場に赴くと気付くことがたくさんあります。地域に出てその地域を感じるということは、「あの情報はこういうつながりで生まれてきたのか」といった「つながりの発見」でもあるのです。

環境カルテの作成――地域構造の把握から提案へ

ここでは、具体的な提案事例を用いて、現地に入ってどのような見方や思考をしたのかを紹介します。紹介する事例は、香川県の旧塩江町安原地区の事例です。安原地区は高松から車で三〇分ほどの山間の地区ですが、地区内にゴミ処分場を設置する代わりに地域の資源を活用したまちづくりのための予算を確保していました。そのまちづくりをどのようにすればよいのかというコンペティションがあり、私が担当した調査企画が採用されました。

残念ながら市町村合併などがあって提案内容はいまだ実現されていませんが、提案作成のプロセスとしては、エコロジカルプランニングによる地域特性の把握から地域住民とコミュニケーション・合意形成を図り、地域資源を共有し、地域の身の丈にあったあるべき方向性が提案された内容となっています（**図3－1**）。

図3－1　提案した整備イメージ：山あいの里の特徴を生かすことを提案した

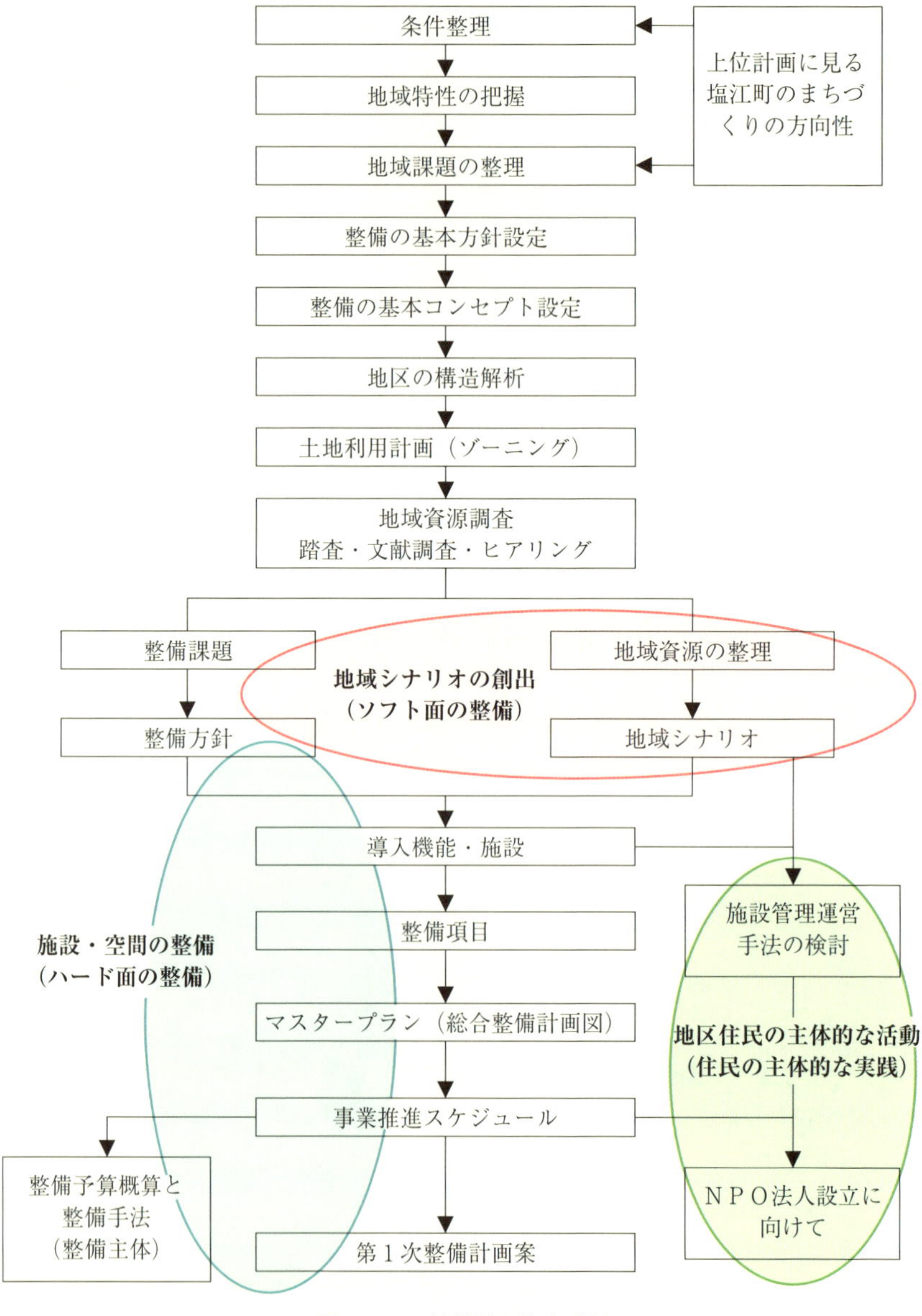
条件整理
地域特性の把握
地域課題の整理
上位計画に見る塩江町のまちづくりの方向性
整備の基本方針設定
整備の基本コンセプト設定
地区の構造解析
土地利用計画（ゾーニング）
地域資源調査
踏査・文献調査・ヒアリング
整備課題
地域資源の整理
地域シナリオの創出
（ソフト面の整備）
整備方針
地域シナリオ
導入機能・施設
施設管理運営手法の検討
整備項目
施設・空間の整備
（ハード面の整備）
マスタープラン（総合整備計画図）
地区住民の主体的な活動
（住民の主体的な実践）
事業推進スケジュール
整備予算概算と整備手法（整備主体）
ＮＰＯ法人設立に向けて
第１次整備計画案

図３－２　整備計画策定手順

整備計画策定手順を**図3－2**に示しましたが、エコロジカルプランニングによる環境カルテの作成は「地域特性の把握」の部分で実施しています。その後、行政の資料や住民との対話から「地域課題の整理」を実施し、そしてこの地域特性と地域課題から地域活性化に向けた「基本方針の設定」を行い、「整備の基本コンセプト」を提示しています。

ここまでは、本書で実施する地域診断そのものです。しかし、診断だけで地域の状況を改善することはできません。ここからが、コミュニティ・アーキテクト（近江環人）の腕の見せどころです。地域診断をふまえてどのような提案をするのか、持続可能な社会の構築を念頭に置きながら地域で実現可能な提案を考えていくのです。

提案を考える際には、地域の身の丈にあった内容であることを確認しなければなりません。そして、何度も繰り返しますが、環境への負荷をかけない方向の提案が大切となります。この両者を検討するのが、次のステップである「地区の構造解析」、「土地利用計画（ゾーニング）」、「地域資源調査」です。

地区の構造をどうとらえるかは、環境カルテの分析を頭に置きながら空間的な把握をすることから始めます。ここでは、K・リンチ（六五ページ参照）のイメージマップの手法を用いています。空中写真や白地図などを下敷きにして、認識された空間や境界を記していきます（**図3－3**を参照）。たとえば、山であれば、山際に平地との境界という意味で緑色の破線を記します。実際に現地に行って、明確にここが破線部分であると言えなくてかまいません。「この地域は、こんな種類の空間で構成されている」という認識を関係者で共有できればよいのです。

そういう線や拠点を描いていくと、その地域の形が見えてきます。ゾーンが明らかになり、そのゾーンをど

図３－３　地域構造図

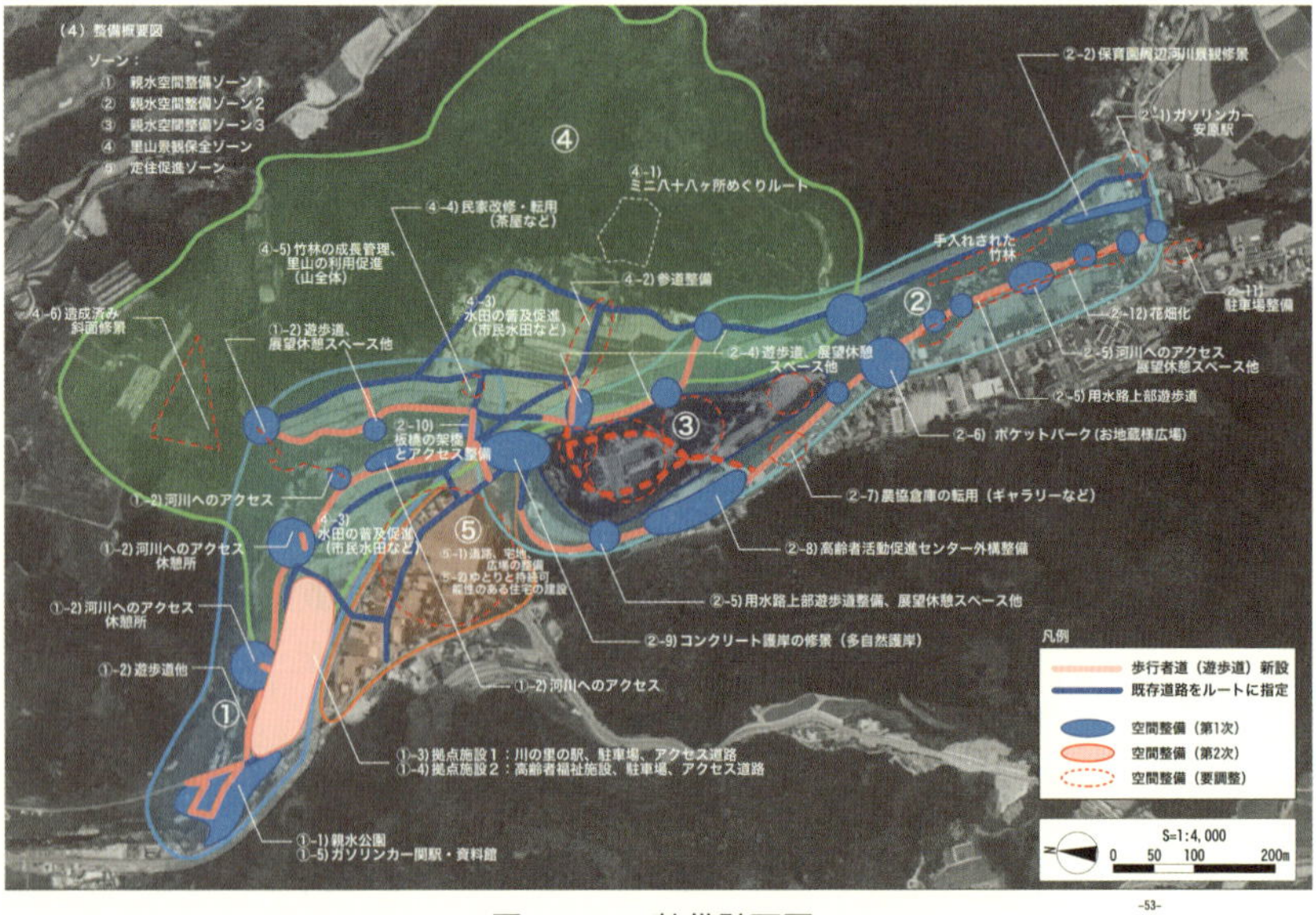

図３－４　整備計画図

のような方向で活用していけばよいのかが見えてくるのです。これは、実際に現地を調査し、手を動かして実施してみないとつかめない感覚です。このような作業から、土地利用や地域資源の活用方法を考えていくのです。

この手順はあくまでも計画の論理展開を提示しているにすぎませんので、前述したように、実際は地域に入った瞬間からその地域の特性を探ることになります。地域資源を発見しながら、地域構造を把握しながら、あるいは提案を考えながら、エコロジカルプランニングのマトリックスデータでの裏付けが可能かどうかを思考しつつ地域を見るのです。そして、地域にふさわしい提案をコンセプトの一言に集約し、方向性を定めながら筋を通していくのです。

以上のようにまとめた方向性を実現する方策として、ここでは「地域シナリオの創出」というソフト的な側面と、「施設・空間の整備」というハード的な側面、そして「地域住民の主体的な活動」というハート的な側面の三つの具体的な展開を提示しました。これら一連作業は、言うなれば、つながりを発見し、そのつながりを解読し、改めてデザインしていく作業と言えます（**図３－５**を参照）。

いずれにしても、現場での取り組みは五感を研ぎ澄まして地域を感じる、つまり「つながりの発見」が大切となります。まず鼻をきかせて、見て、聞いて、触れて、さらに味わうことも是非実践してください。そして、その地域に敬意を払い、その地域を好きになってください。これを繰り返すことで、第六感ともいうべき「直感」が養われると思います。

以上、本章においては地域診断の実践方法を述べてきましたが、これらはあくまでの私の経験からの紹介でしかありません。みなさんはこれらを参考にしながら、それぞれの手法を進化させていただければと思います。

②地域シナリオの創出

3） 安原地区のオンリーワン

選定された主要要素について、その要素を中心としたシナリオを検証する。主要要素からは、歴史、地形、地質、水系、生活文化というテーマで三つのシナリオを描くことができた。このシナリオは安原地区ならではのものであり、オンリーワンとなりうるものである。なお、シナリオの構成は、この内容に限定されるものではなく、今後のまちづくり活動の展開によって柔軟に変化すべきものである。

4） 安原地区の地域シナリオ

三つのテーマに対応した三つのメインシナリオを設定し、他の要素はサブシナリオとして、安原地区の総合的な地域シナリオを構築する。総合的なシナリオは、メインシナリオ、サブシナリオとそれらの有するネットワーク、共有する整備施設・機能の有機的な連携で構成される。メインシナリオについては、想定されるシナリオ展開を次頁以降に記す。

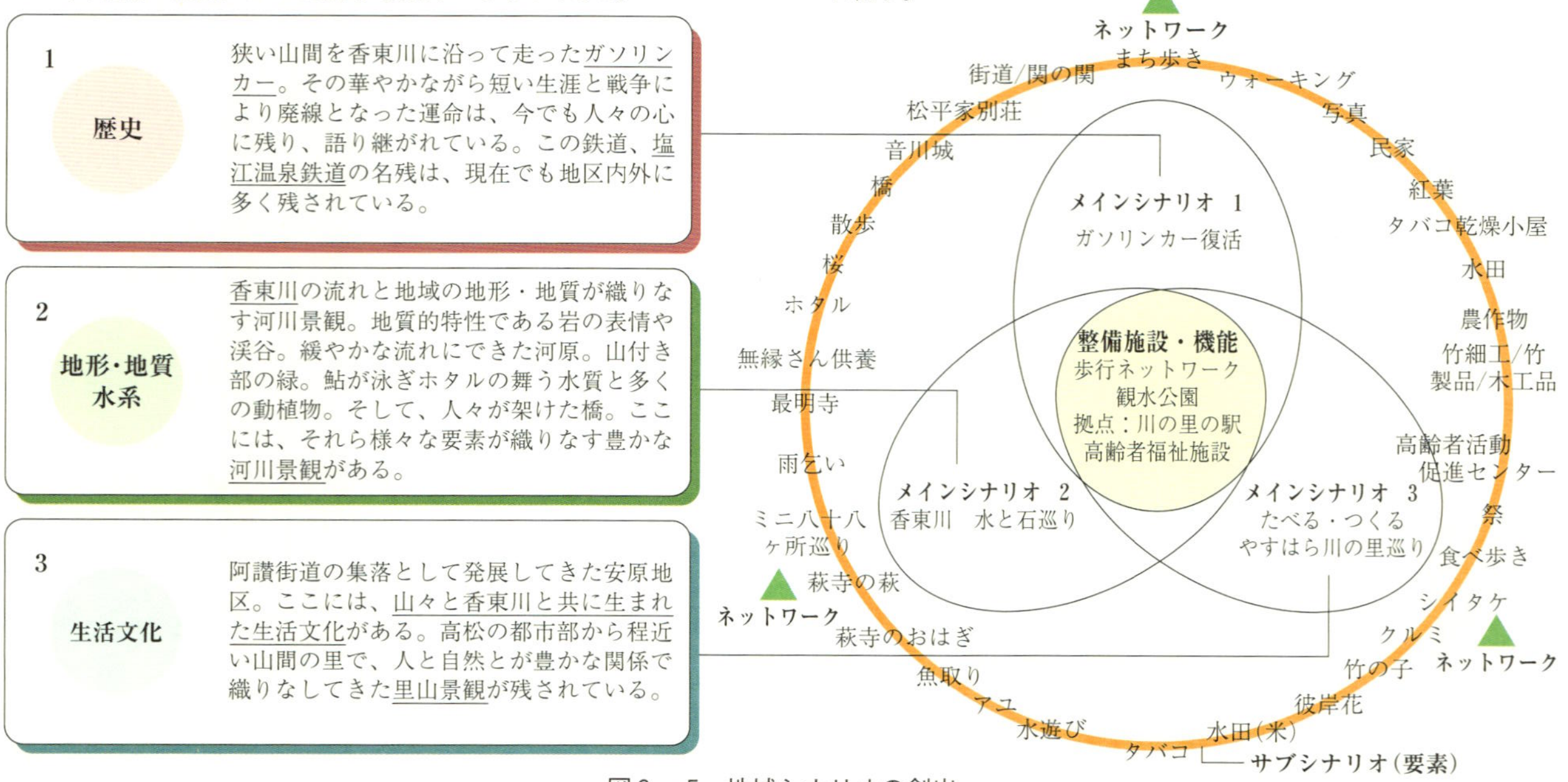

1
歴史
狭い山間を香東川に沿って走ったガソリンカー。その華やかながら短い生涯と戦争により廃線となった運命は、今でも人々の心に残り、語り継がれている。この鉄道、塩江温泉鉄道の名残は、現在でも地区内外に多く残されている。
2
地形・地質
水系
香東川の流れと地域の地形・地質が織りなす河川景観。地質的特性である岩の表情や渓谷。緩やかな流れにできた河原。山付き部の緑。鮎が泳ぎホタルの舞う水質と多くの動植物。そして、人々が架けた橋。ここには、それら様々な要素が織りなす豊かな河川景観がある。
3
生活文化
阿讃街道の集落として発展してきた安原地区。ここには、山々と香東川と共に生まれた生活文化がある。高松の都市部から程近い山間の里で、人と自然とが豊かな関係で織りなしてきた里山景観が残されている。
ネットワーク
まち歩き
街道/関の関
ウォーキング
松平家別荘
写真
音川城
民家
橋
紅葉
散歩
タバコ乾燥小屋
桜
水田
ホタル
農作物
無縁さん供養
竹細工/竹
製品/木工品
最明寺
雨乞い
高齢者活動
促進センター
ミニ八十八
ヶ所巡り
祭
食べ歩き
萩寺の萩
シイタケ
ネットワーク
萩寺のおはぎ
クルミ
ネットワーク
竹の子
魚取り
彼岸花
アユ
水遊び
水田(米)
タバコ
サブシナリオ(要素)
メインシナリオ 1
ガソリンカー復活
整備施設・機能
歩行ネットワーク
観水公園
拠点：川の里の駅
高齢者福祉施設
メインシナリオ 2
香東川 水と石巡り
メインシナリオ 3
たべる・つくる
やすはら川の里巡り

図３－５ 地域シナリオの創出

コミュニティ・アーキテクトに求められる素養

コミュニティ・アーキテクト（近江環人）は「環境と調和した循環型地域社会づくりに貢献する人材」であるのですが、本章の最後にその人材に求められる三つの素養について私の考えを述べたいと思います。

一つは「地域を知る力」です。これはこの講義で学んでいる地域診断のノウハウにほかなりません。大きなビジョンを抱きつつも、地に足を付けながら五感で感じ、客観的な視点をもって地域を知る力のことです。

二つ目は「地域とつながる力」です。地域診断でもそうですが、地域に入るときにもっとも大切となる素養です。それは「リスペクト」する心、地域に敬意を払う心です。自分が住む地域のほうが優れていると思いたいときもありますが、まずその地域に対して畏敬の念を抱くことが大切です。人が暮らしてきた土地にはその意味があります。そこから地域とのつながりが生まれるのです。

大牟田・荒尾炭鉱のまちファンクラブの活動：産業遺産の前での結婚式

三つ目は、この二つを活かして「地域を動かす力」、そしてそれに必要な「実践力」です。本書において説明していることは、机上の空論を語る人の養成ではありません。常に事を起こす力があること、事を推進する力があることが求められるのです。そのためにも、地域を知り、地域とつながる力が必要となります。

コミュニティ・アーキテクト（近江環人）は、「つながりのリ・デザイン」を実践する人材です。みなさんには、地域診断の手法を活用して、次世代へのつながりをデザインしていただくことを期待します。

第4章

滋賀県の地形、水系の特性把握と地域診断

倉茂　好匡

この章で学ぶこと

- **地形図判読とは**
- **新旧地形図を用いた土地利用の評価方法**
- **地形図から地域特性を読み解く**

キーワード

地形図、乾田・水田・沼田、自然堤防、漂砂、沿岸流

琵琶湖の湖岸：漂砂により湖岸の地形は形づくられる

地形図判読とは

本章では、現在の地形図と旧版の地形図を比較して、地域診断に必要な地理情報を読み取る技術を習得します。この技術を「地形図判読」と言います。

現在の地形を調べるためには、国土地理院が発行している日本全国の縮尺二五〇〇〇分の一の地形図を使用します。前章でも記述があったように、国土地理院は縮尺五〇〇〇〇分の一の地形図も発行しています。しかし、大縮尺の地形図を用いたほうが詳細な判読が可能となるため、二五〇〇〇分の一の地形図を使用することにします。

ちなみに、地形図は一枚二七〇円と安価ですから、ある程度広い領域を対象にしても数千円の出費でしかありません。ですから、実際に地域に出て調査をする前に、対象地を中心として、可能なかぎり広い範囲の地形図を用意するようにしましょう。

旧版の地形図とは、言葉どおり、以前に発行された地形図のことです。日本では、明治三〇年代から本格的に地形図が作成されるようになりました。滋賀県周辺のもっとも古い地形図は、一九〇〇（明治三三）年ごろに作成された五〇〇〇〇分の一のものです。また、一九二二（大正一一）年には、二五〇〇〇分の一の地形図も作成されています。これらの地形図を入手すれば、その当時の様子がよく分かります。

また、現代では土木技術の発達により、人間の手で土地の形状や利用方法が変えられてしまっているので、その土地本来の性格が分かりにくくなっています。しかし、かつては技術が発達していなかったために、その土地の性質に応じた土地利用を昔の人々は行っていました。ですから、旧版の地形図を見ると、「もともとの土地の性質」が分かります。この旧版の地形図と現在の地形図と対比することによって、さまざまな情報を読み取ることもできます。

ちなみに、現在でも旧版の地形図の謄本を購入することができます。この謄本請求の方法については、国土地理院ホームページの「図歴」のページ（http://www.gsi.go.jp/MAP/HISTORY/5-25-index5-25.html）に掲載されていますので参照してください。謄本請求の用紙に必要事項を記入し、収入印紙を添えて国土地理院に申し込めばよいのです（価格は一枚五〇〇円）。また、上記のページには図歴（何年に発行されたものがあるか）も掲載されています。

本格的に地形図判読を勉強したい方には、鈴木隆介氏が著された『建設技術者のための地形図読図入門』（全四巻）をおすすめします。鈴木氏は、地形図判読だけで地形学的な知見を最大限に読みこなすことの達人と言われている人です。全巻を熟読してその方法をマスターすると、日本中のいかなる場所の地形図でもしっかりと判読できるようになります。

本章では、この本に紹介されている判読法のなかから、滋賀県内の地域診断に役立つであろうと思われるごく基礎的な手法をいくつか紹介していくことにします。それだけでも、これらの技術が実際の地域診断にはかなり役立つはずです。

滋賀県立大学周辺の地形図判読

では、実際にいくつかの技法を用いて地形図を判読してみましょう。

図４－１は滋賀県立大学周辺の現在の地形図（二万五〇〇〇分の一、彦根西部および能登川図幅）、そして**図４－２**はほぼ同じ領域の一九二二（大正一一）年の地形図です。二つの地形図を見比べて、現在は滋賀県立大学が建設されている場所が、かつてはどのような土地利用だったたか、またそこからどのような地形的な背景が読み取れるのかを考えてみましょう。

図４－１と**図４－２**を比較すると、現在の滋賀県立大学が立っている場所は、かつては田んぼだったことが分かります。では、この田んぼはどのようなタイプの田んぼだったのでしょうか？　大正時代の二万五〇〇〇分の一地形図の図式（一九一七年［大正六］年式の図式）には、沼田、水田、乾田の三種類の田が記載されています（**図４－３**参照）。

沼田とは、人間が入ると腰や胸のあたりまでズブズブと潜り込んでしまうような田んぼのことです。「深田（ふかだ、ふけだ）」とも呼ばれていました。このような所は、もともと水が集まりやすくて湿地だった所（低湿地）です。そのため、もしこのような所に建築物を建てる場合は、かなり堅牢な地盤工事を必要とします。

一方、水田はというと、こちらもやはり低湿地につくられていました。地下水位がかなり浅く、沼田ほどではありませんが、ある程度水の集まりやすい所と言えます。

それに対して乾田は、平野部でも高燥《こうそう》な所や、扇状地のように水はけのよい所に分布していたことが分かり

図４－３ａ　現在の地形図の図式

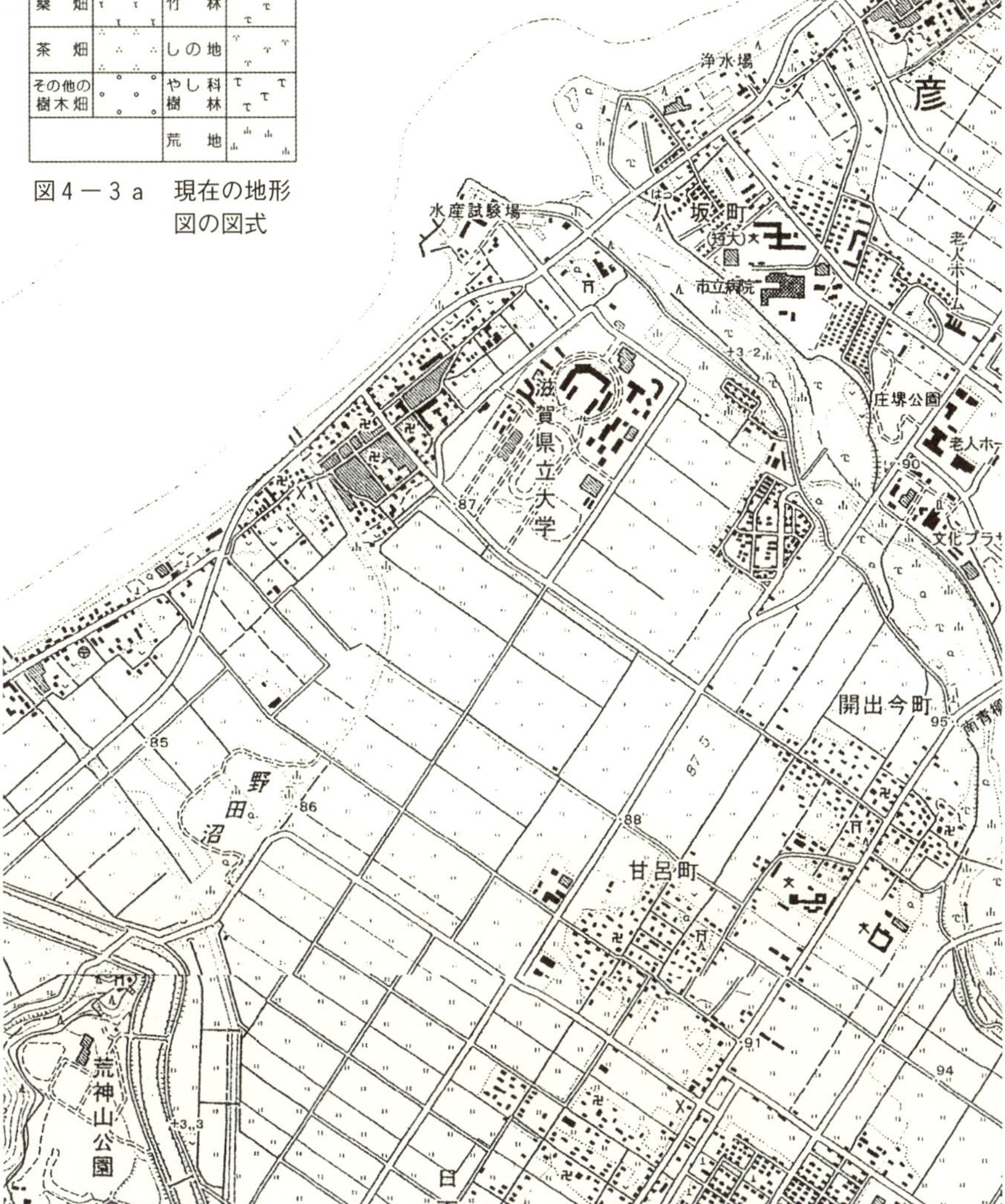

図４－１　滋賀県立大学周辺の現在の地形図
（国土地理院１／25000地形図、彦根西部・能登川）

図４－３ｂ　大正６年式の地形図の図式

図４－２　滋賀県立大学周辺の大正11年の地形図
（大日本帝國陸地測量部、１／25000）

ます。乾田とは、文字どおり「乾いた田んぼ」で、一般的には人為的に水を引いてこないかぎり稲作が難しい田んぼのことです。

さて、現在の滋賀県立大学が位置する所は、かつては乾田でした。でも、上述した内容から考えるとちょっと不思議な感じがします。なぜなら、ここは琵琶湖岸に近い所であり、**図4－1**には滋賀県立大学のすぐ南側の道路上に標高点があり、そこは標高八七メートルとなっています。そして、この標高点は周りの田んぼより高い位置にあります。一方、琵琶湖の湖面の標高はおよそ八五メートルですから、この周囲の地下水は琵琶湖の湖面とほぼ同じ高さになくてはいけません。つまり、滋賀県立大学の周辺は「比較的地下水位の浅い所」のはずです。それなのに、ここには乾田のマークが付いています。

それどころか、滋賀県立大学のすぐ北側を流れている犬上川の対岸にも乾田が広がっています。河口近くの平野なのに乾田がある、しかもそこには平野を流れる川がある。これらから類推できることは、「川が運んできた砂が多い場所だ」ということです。つまり、犬上川が洪水を起こして氾濫したとき、多くの砂がこの周辺に堆積したのだろうと推測することができます。

松宮増雄氏[1]が著された『開出今《かいでいま》物語』には、次のような非常に興味深い記述が書かれています。

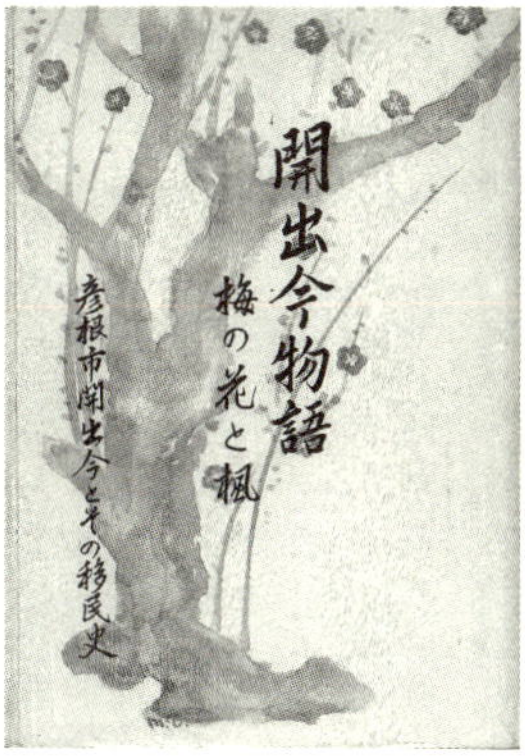

（1）　一九〇九年、カナダ生まれ。一二歳のときに帰国。彦根中学・彦根高商別科卒業後、一九二八年にカナダに渡り、バンクーバーにて松宮商店を自営。一九四六年に帰国し、京都・西関商事（株）勤務。一九七〇年退職。一九七五年、七八年に彦根市開出今町内会長を歴任。

「年々歳々の犬上川氾濫による水害に悩まされ、辛苦をなめ続けてきた穴田の住民が、犬上川右岸は琵琶湖畔のこの地を見放して、新天地を見出だし、現在のこの開出今の地に遷り住むようになった。」

先に挙げた地形図（**図4－2**）を見ると、「開出今《かいでいま》」という集落は犬上川の南側（左岸側）にあります。現在の地形図（**図4－1**）でも、この集落は同じ位置に存在しています。『開出今物語』の記述から、かつて現在の地形図に載っている八坂町（八坂北町）から市立病院あたりに住んでいた人々は、しばしば犬上川氾濫の被害にあっていたということが分かります。そのたびに、犬上川が運んできた土砂が周辺に撒き散らされたわけです。しかも、砂のように粒径《りゅうけい》の大きなものはあまり川から遠くまでは運ばれないので、河川に近い所に多く堆積したと判断できます。現在、滋賀県立大学のあるあたりにも、まったく同じようにして砂が運搬されていたはずです。

実際、滋賀県立大学の土地をかつて所有していた八坂町の人々は、大学周辺の土地が砂に富むことをよく知っていたようです。堀江正俊氏が著された(2)『局長の卒論――滋賀県立大学開学の歩み』には、大学の土地の買収交渉をしているときの地元の意見の一つとして、「大学の位置は、砂地が多く農地としては土壌のよくない犬上川沿いにしてほしい」というように書かれています。

大きな平野部を流れる大河の場合だと、その河川が洪水時に運んできた砂は「自然堤防」という帯状の地形をつくります。そして、そのような帯状の微高地に古い集落が形成されていることがよくあります。しかし、滋賀県立大学の周辺にはそのような様子が見られません。それどころか、一九二二（大正一一）年の地形図を見ると、犬上川の両岸にしっかりと堤防が築かれていることが分かります。この堤防は一九〇〇（明治三三）

年の地形図にも描かれていますので、それ以前に造られたものということになります。この堤防について、前出の『開出今物語』に次のような記述がありました。
「現在の堤防は、明治一〇年に工事を開始し、明治一七年に完成したようである。（中略）村民総出を交替で行って作業に従事している。」

また、犬上川の右岸で、現在は市立病院が立っている付近のことを一九二二（大正一一）年の地形図で見ると、何やら楕円形のマークが一〇個ほどついているのが分かります。人工物なら特定のマークで示されていますが、そのようなマークはありません。つまり、等高線では表現できないくらいの小さな地形（おそらく大土《おおど》塊《かい》）がここにあったと判断できます。

これについても、『開出今物語』には、一八九六（明治二九）年に起きた大水害に関連して、「八坂の『頭無し』の北堤防の流出で、小高い山が一〇個ぐらいできてしまった」という記述がありました。今の湖岸道路沿いで、ちょうど浄水場の反対側付近に「頭無公園」という名前の小さな公園がありますから、「頭無し」というのは、今の市立病院付近を指し示す地名だったのでしょう。つまり、一九二二（大正一一）年の地形図にある楕円形のマークは、一八九六年の水害で北堤防が決壊したときにできた小山を表しているということになります。

（2）一九三八年生まれ。立命館大学法学部卒業後、滋賀県総務部地方課に勤務。総務部主監、県議会事務局長を歴任後、一九九六年滋賀県立大学事務局長に就任。滋賀県立大学開学に携わる。一九九九年に退職。

湖岸の地形判読

海岸や湖岸の地形を考えるとき、まず着目しなくてはいけないことの一つに「沿岸流の方向」があります。海岸や湖岸があると、そこにはまちがいなく沿岸流が存在します。そして、その沿岸流の作用によって砂が運ばれていきます。このような砂（漂砂）により、海岸や湖岸の地形は形づくられていきます。

まず、沿岸流が生じるメカニズムについて簡単に説明しましょう。海岸や湖岸に打ち寄せる波は、いつも岸の線（汀線《ていせん》）と並行に入ってくるとはかぎりません。むしろ、汀線に対して斜交して入ってくることのほうが多いのです。しかも、それぞれの土地にはもっとも多く吹く風向き（卓越風向）がありますから、それによって「もっともよく動く波の方向」が決まります。

たとえば、彦根市の場合の卓越風向は北西から北です。つまり、風は北西から南東、あるいは北から南に向かって吹くことが多いのです。このため、波も北西から南東に向けて動くか、北から南に向けて動くことが多いのです。参考のために、波が北から南に向けて動くときを考えてみましょう。湖岸に対して、波が斜めに入ってくる（斜交）ことが分かります。

図4－4には、汀線《ていせん》に対して斜交して波が入ってくるときの様子が模式的に示されています。波が斜交して入ってくると、その水はこの斜交した方向に動いて浜に打ち上げられます。しかし、その波が引くときは重力の作用で戻っていくので、水は最大傾斜の方向動くことになります。つまり、水は汀線に対してほぼ直角に戻っていくということになります。この現象が繰り返されるわけですが、そうなると、陸から見て左向きの沿岸

流が発生することになります。これに伴って、漂砂も図の左向きに移動していきます。

漂砂が沿岸流によって移動させられるのに従って、河口付近などでは特徴的な地形が形成されることになります（**図４－５参照**）。そのうち、もっとも分かりやすいものが「砂嘴《さし》」です。**図４－５**のように左向きの沿岸流があり、これによって漂砂が流されている場合を説明しましょう。

急に岸が曲がっている所に漂砂が差し掛かると、沿岸流が急速に弱まるためそこに砂がたまることになります。そのたまり方が鳥のくちばしのような形になるので、この地形を「砂嘴」と言います。**図４－５**の右側は、このような砂嘴が河口部にできたときの様子を模式的に示しています。このような場合には砂嘴によって川の流れが曲げられてしまいますので、この現象を「河口偏倚《かこうへんい》」と呼んでいます。この二つの現象からも分かるように、地形図上で砂嘴や河口偏倚を探せば、その海岸や湖岸での沿岸流の向きや漂砂の動く向きを知ることができます。

しかし、琵琶湖岸の場合は海岸に比べ

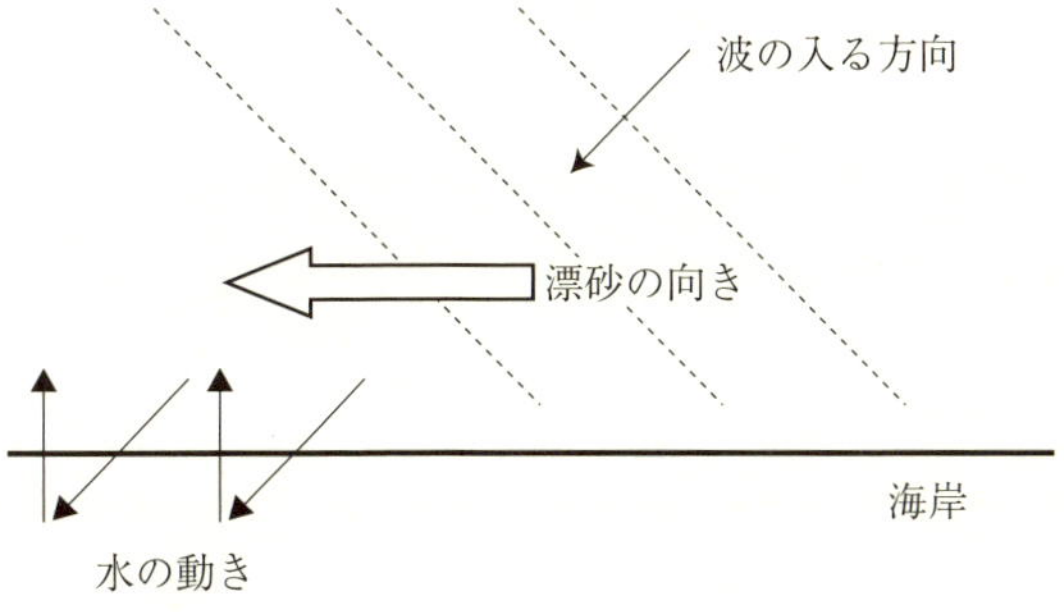

図４－４　漂砂ができることを示す模式図

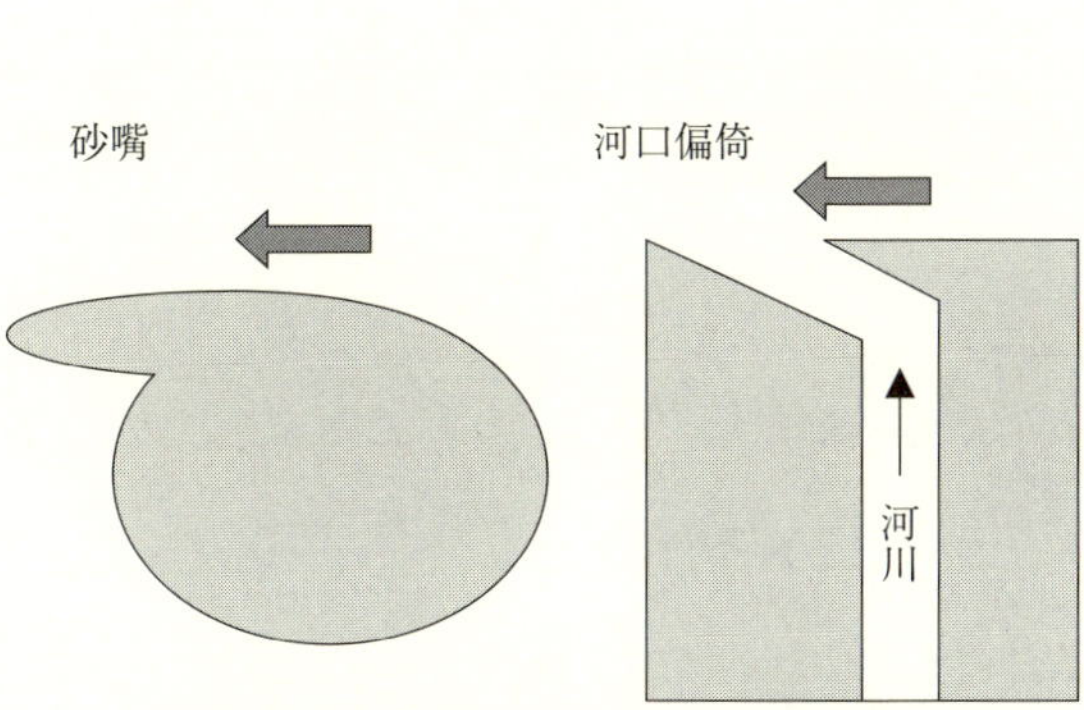

図４－５　沿岸流と漂砂が作る地形

て沿岸流が弱いので、地形図上では砂嘴や河口偏倚が不明瞭な場合が多く、沿岸流などの向きを調べるのがちょっと難しくなります。それでも、現在の地形図から沿岸流の方向を知ることができます。その方法はというと、現在の湖岸に設置されている「人工構造物」によって判断するのです。

図４－６は、現在の地形図から滋賀県立大学のすぐ西側にある八坂町付近だけを取り出したものです。集落には小河川があり、その河口部には右岸・左岸ともに突堤が造られています。よく見ると、突堤の北東側には土砂がたまっていますが、南西側にはたまっていないことが分かります。これは、南西方向に流れてきた漂砂が突堤により捕捉され、その北東側に土砂が堆積したことを示しています。つまり、大学付近の湖岸

図４－６　八坂町周辺の地形図

には南西向きの沿岸流が流れており、漂砂も南西向きに移動していることが分かります。

海にしても湖にしても、沿岸流があって漂砂が流れている所では砂がたまり、これが帯状の微高地を造ります。これを「砂州《さす》」と言います。滋賀県立大学付近の湖岸線にも明瞭な砂州がありますが、地形図の等高線で表現できるほどの高さはありません。しかし、一九二二（大正一一）年の地形図（**図4－2**）を見ると、湖岸沿いに集落（北東側から大藪、八坂、須越、三津屋）があり、それらの集落の間には桑畑や針葉樹のある土地が帯状に分布しているのが分かります。この部分が砂州で、こういう所は、それより陸側に存在する農地よりも高さが〇・五～一メートルぐらい高くなっています。実際、大学のすぐ南側の農地から八坂の集落がある土地を眺めてみると、明らかに集落側が高くなっているのが分かります。

砂州《さす》があるということは、その湖岸に沿岸流があり、漂砂が流れていることを意味します。このような湖岸に人工構造物を造ってしまうと、漂砂の流れがそこで阻害されてしまい、構造物の上流側に砂が堆積してしまいます。その場所の漂砂量にもよりますが、このような「漂砂の遮断」を行ってしまうと、沿岸流の下流側や上流側で砂のバランスが崩れてしまい、砂州の砂が浸食されていくこともあります。人工構造物をこのような場所に造る場合は、このことを十分に考慮しないと思わぬ問題を引き起こすことになります。

本章では、滋賀県立大学の周辺を題材にして地形図判読を試みた例を紹介しました。**図4－1**（一〇九ページ）と**図4－2**（一一〇ページ）を比較するだけでも、もっといろいろなことが分かります。野田沼や曽根沼が、一九二二（大正一一）年に比べると非常に小さくなっていることが分かります。きっと、何か大きな人工改変があったのでしょう。また、同年の地形図では荒神山の北東側に湿地がありますが、現在、ここには「荒神山公園」があります。湿地に公園を造るというのはちょっと不自然です。きっと、何かの目的で湿地を埋めるようなことが行われたはずです。このようなことは、文献や資料などで調べてみることでその詳細が分かります。

地形図判読には、まだまだたくさんのテクニックがあります。それらを身に着けると、「地域診断」を行うのに非常に有効であるということがお分かりいただけたと思います。冒頭で紹介した『建設技術者のための地形図読図入門』を、是非ともしっかりと読んで勉強してください。

第 5 章

滋賀県の気候特性と地域診断

加藤　真司

この章で学ぶこと

- **前線と雲の関係**
- **滋賀県の地形と気候の関係**
- **滋賀県の特徴的な気候現象**

キーワード

温暖前線と寒冷前線、地形と風、風と雲
大雨の降り方、湖陸風、比良八荒、三井寺おろし

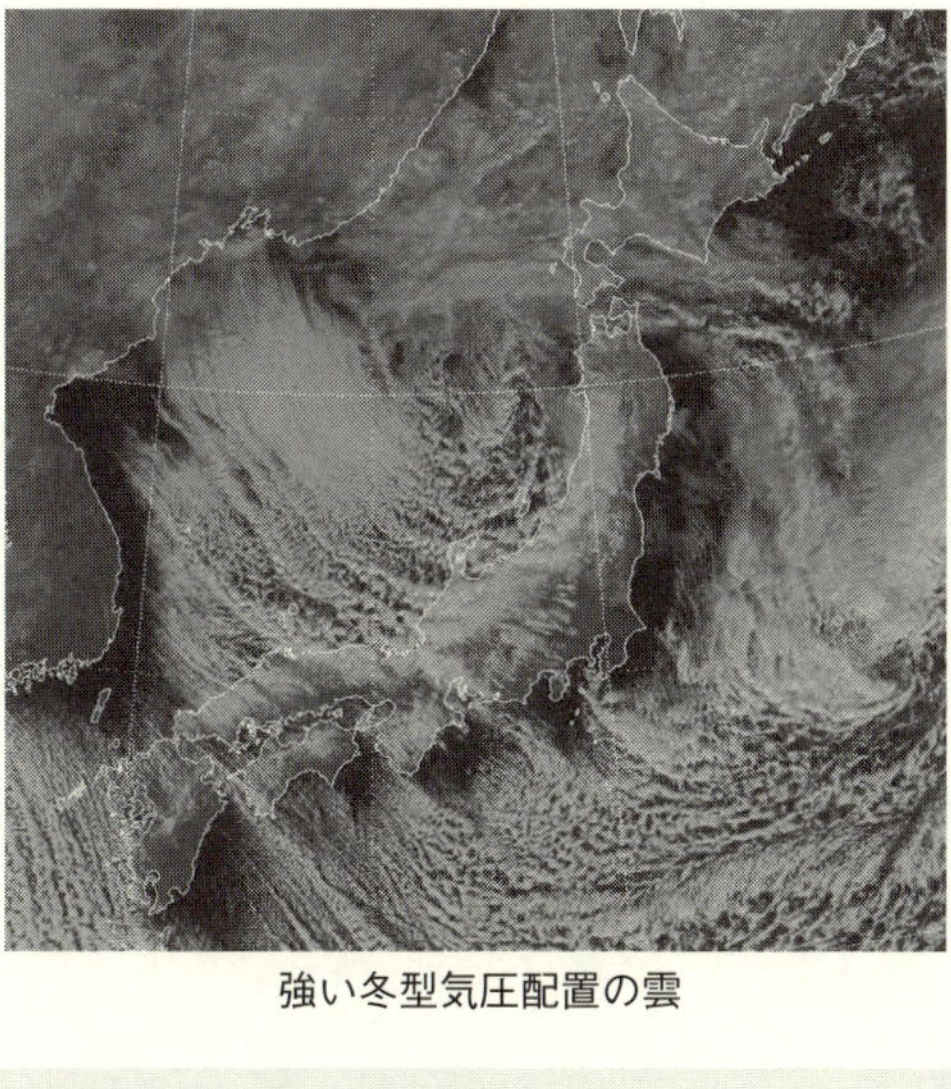

強い冬型気圧配置の雲

気象の基礎知識

日々の天気は、「対流圏」と呼ばれる上空約一〇キロメートルの大気中で起こる現象によって変わります。図５－１は大気の鉛直分布ですが、対流圏では、上空に向かって一キロメートルで約六・五℃の割合で気温が低くなってゆきます。対流圏の上部には成層圏、中間圏、熱圏があります。私たちは対流圏のなかで暮らしており、そのなかではさまざまな気象現象が発生しています。まず、地球規模の風について説明しましょう。

地球上には「循環」と呼ばれる南北方向と東西方向の大気の流れがあり、南北方向の流れは赤道から「ハドレー循環」、「フェレル循環」、「極循環」と呼ばれています。これらの循環は、南北方向の熱輸送に大きくかかわり、地球上の温度を調節する役割をしています。

一方、東西方向には蛇行しながら地球をめぐる大きな流れがあり、これを「偏西風」と呼んでいます（図５－２を参照）。とくに、日本上空と北米大陸の東岸では「ジェット気流」と呼ばれる強い風が吹いています。偏西風の蛇行を「波動」と呼びますが、そこにはいろいろな波長（気圧の谷から次の気圧の谷までの距離）のものが含まれています。

大気の循環には空間と時間のスケール（規模）があります。波長一万キロメートル、時間スケール一か月に及ぶマクロスケールから、波長数キロメートル以下、時間スケール数分のミクロスケールまでいろいろとあり、それぞれのスケールは独立しておらず関連して発生します。時間スケール、空間スケールは、小さくなるほど発生する現象は激しいものになります（図５－３を参照）。また、大気の流れを南北方向と東西方向に分けましたが、これは便宜的なもので、もとは一つの流れです。

次に、高気圧と低気圧について説明します。**図5－4**は五〇〇hPa（ヘクトパスカル）の等圧面図です。この図では数千キロメートルの波動が見られますが、‖の線で描かれたところが気圧の谷、くの線が気圧の尾根で、気圧の谷の前面には低気圧や前線が存在しているため、気圧の谷が近づくと天気が崩れます。気圧の尾根の前面には高気圧があるため、気圧の尾根が近づくと天気が回復します。

図5－5は、高気圧・低気圧、前線という大まかな天気分布です。高気圧が近づくと晴れますが、高気圧のうしろ側では薄雲が広がっており、低気圧の接近に伴って次第に雲が厚くなり、雨が降り始めます。しかし、

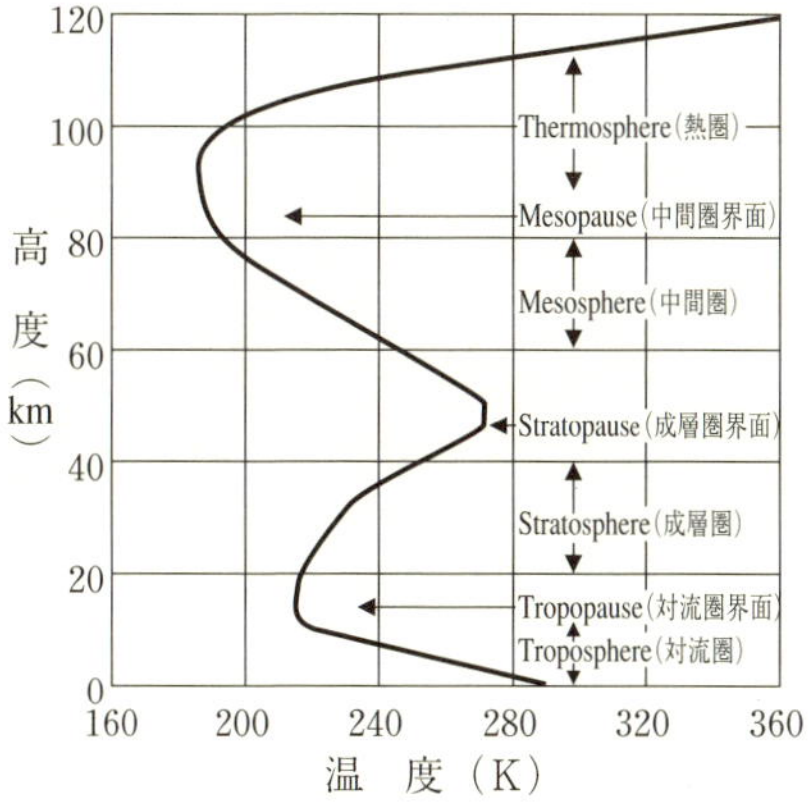

図5－1　気温の鉛直分布から見た大気の構造

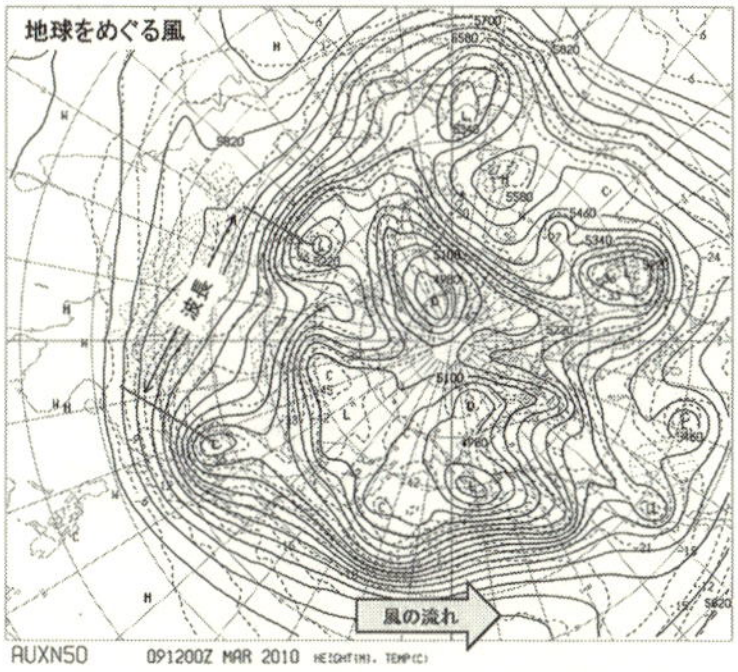

図5－2　地球をめぐる風（偏西風）

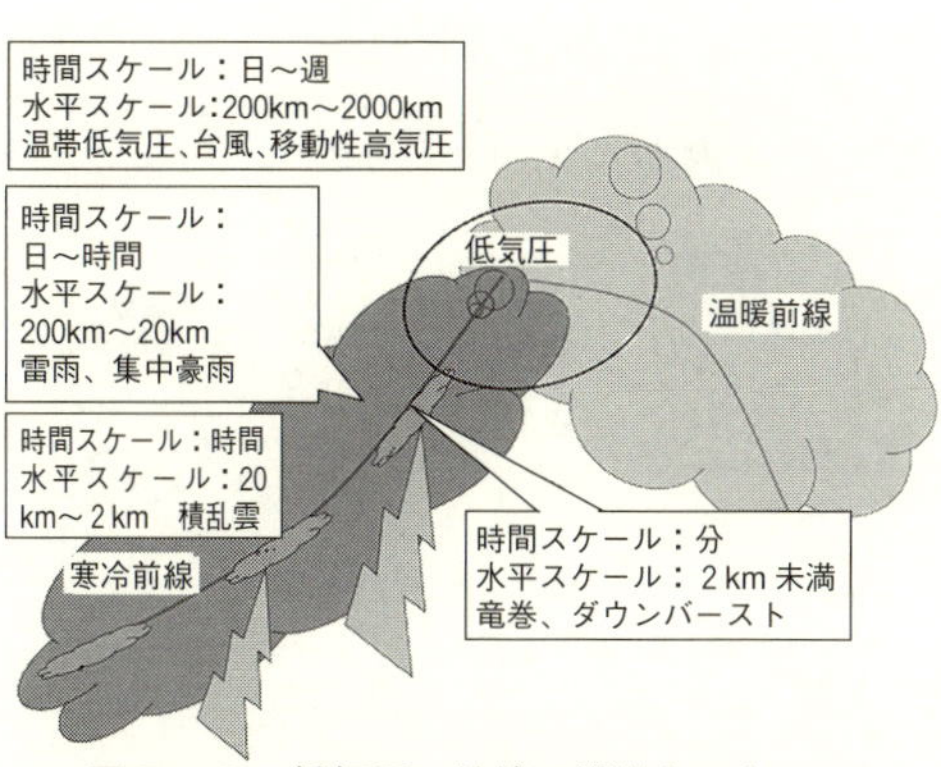

図5－3　低気圧・前線の構造とスケール

低気圧が通りすぎると再び高気圧に覆われて晴れてきます。

図5－6は、高気圧と低気圧の空気の流れを示したものです。高気圧（左図）には上空から地上に向かう空気の流れ（下降気流）があり、地上に達した空気は周囲に吹き出します。逆に、低気圧（右図）には上空へ向かう空気の流れ（上昇気流）があって、上昇した空気を補うように周囲から空気が吹き込むことになります。この空気の動きが「風」です。

図5－7は、温暖前線を横から見た図です。温暖前線は暖かい空気が冷たい空気の上をはい上がるために広い範囲で上昇気流が発生します。初めに上層雲（巻雲、巻層雲）が広がり、次第に中層雲（高積雲、高層雲、

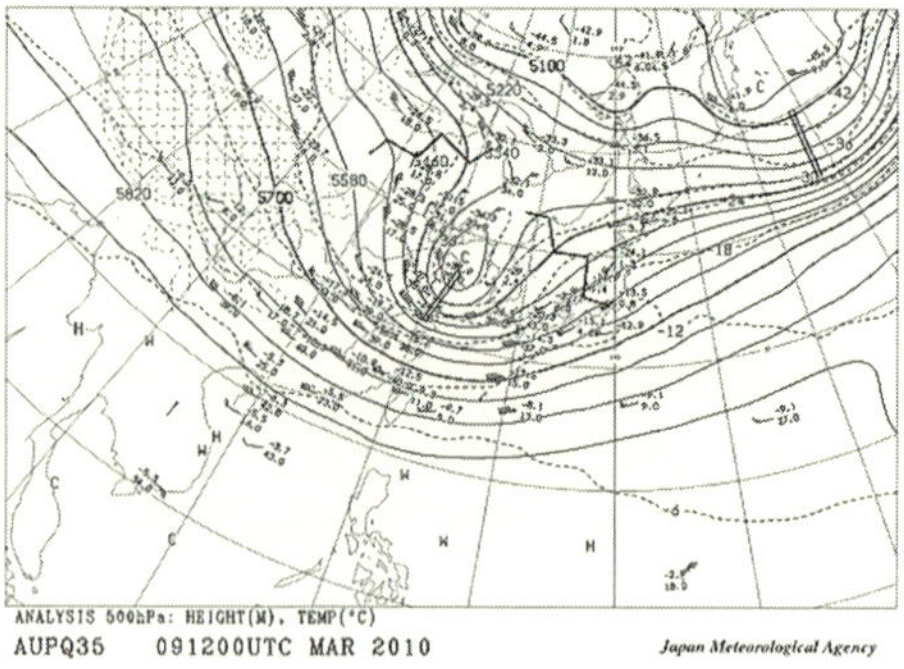

図５－４　500hPa 等圧面図

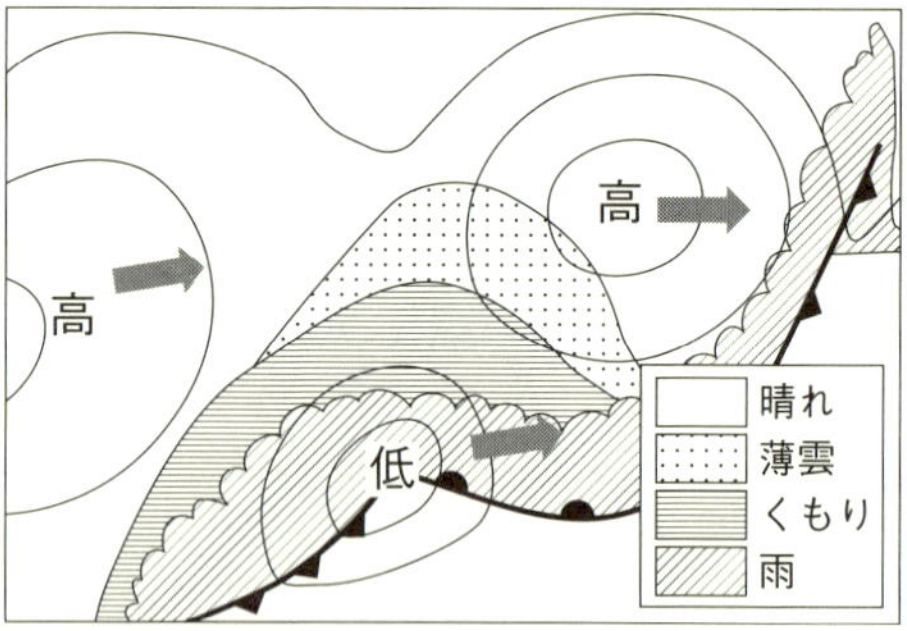

図５－５　低気圧と高気圧

風の流れの違いを見てみよう

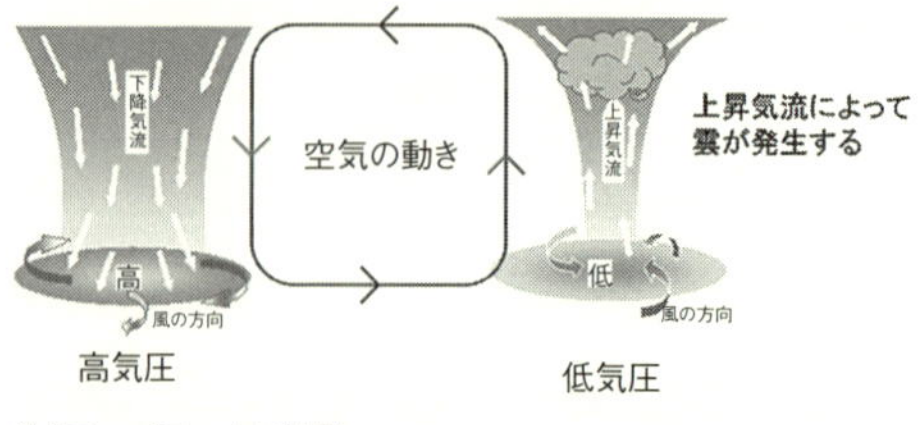

ボイス・バロットの法則
「人が風を背に受けて立つとき低気圧の中心は北半球では左手の方向のやや前方に、南半球では右手のやや前方にある」

図５－６　低気圧と高気圧

乱層雲）になって地雨性（しとしと長く降り続く雨）の雨が降り始めます。温暖前線の北側約三〇〇キロメートル以内では雨や雪が降っています。

図５－８は、寒冷前線を横から見た図です。寒冷前線は暖かい空気の下に冷たい空気がくさび状に潜り込み、暖かい空気を強制的にもち上げるために積乱雲が発生します。それによって強い雨（雪）を降らせ、雷、突風、竜巻、雹《ひょう》などを伴うことがあります。

最後は雲です。雲が発生するために必要とされる上昇気流ですが、それにはさまざまなケースがあります。温暖前線付近で暖かい空気が冷たい空気の上をはい上がることによって発生するもの、そして寒冷前線付近

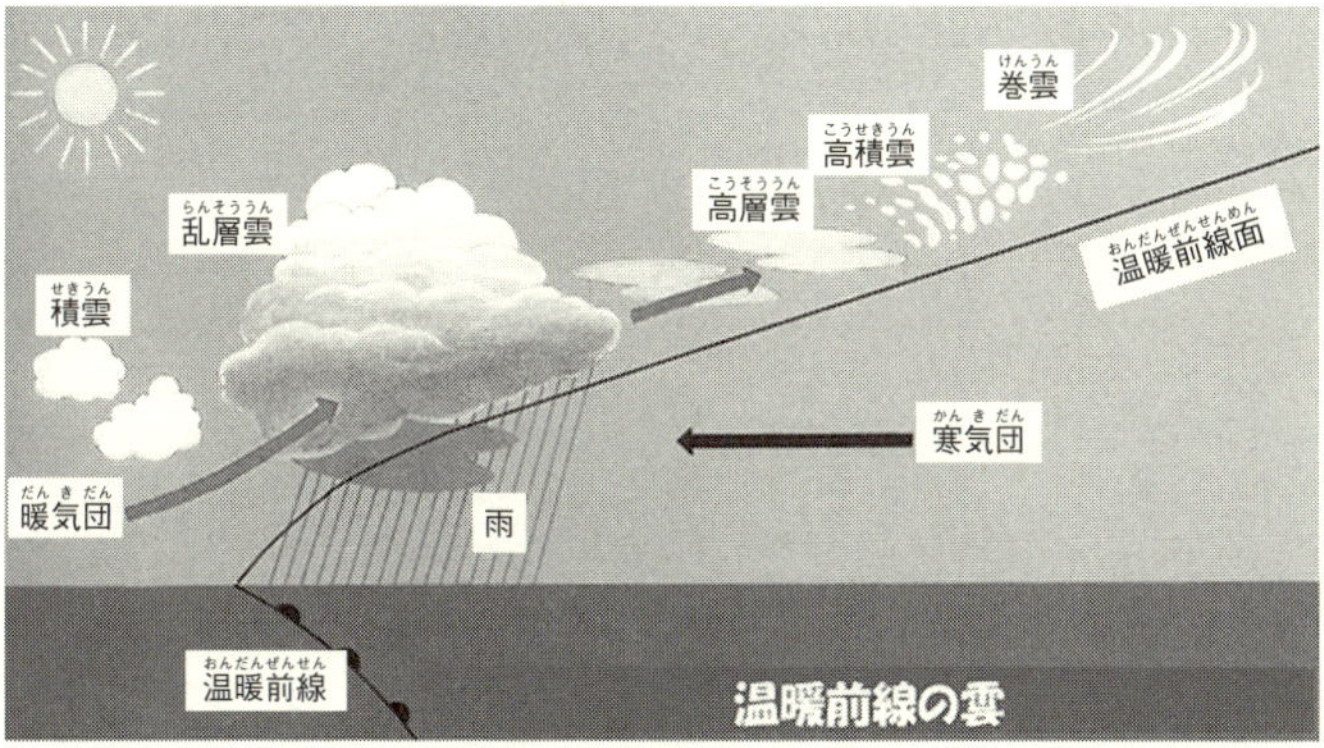

図５－７　温暖前線の構造

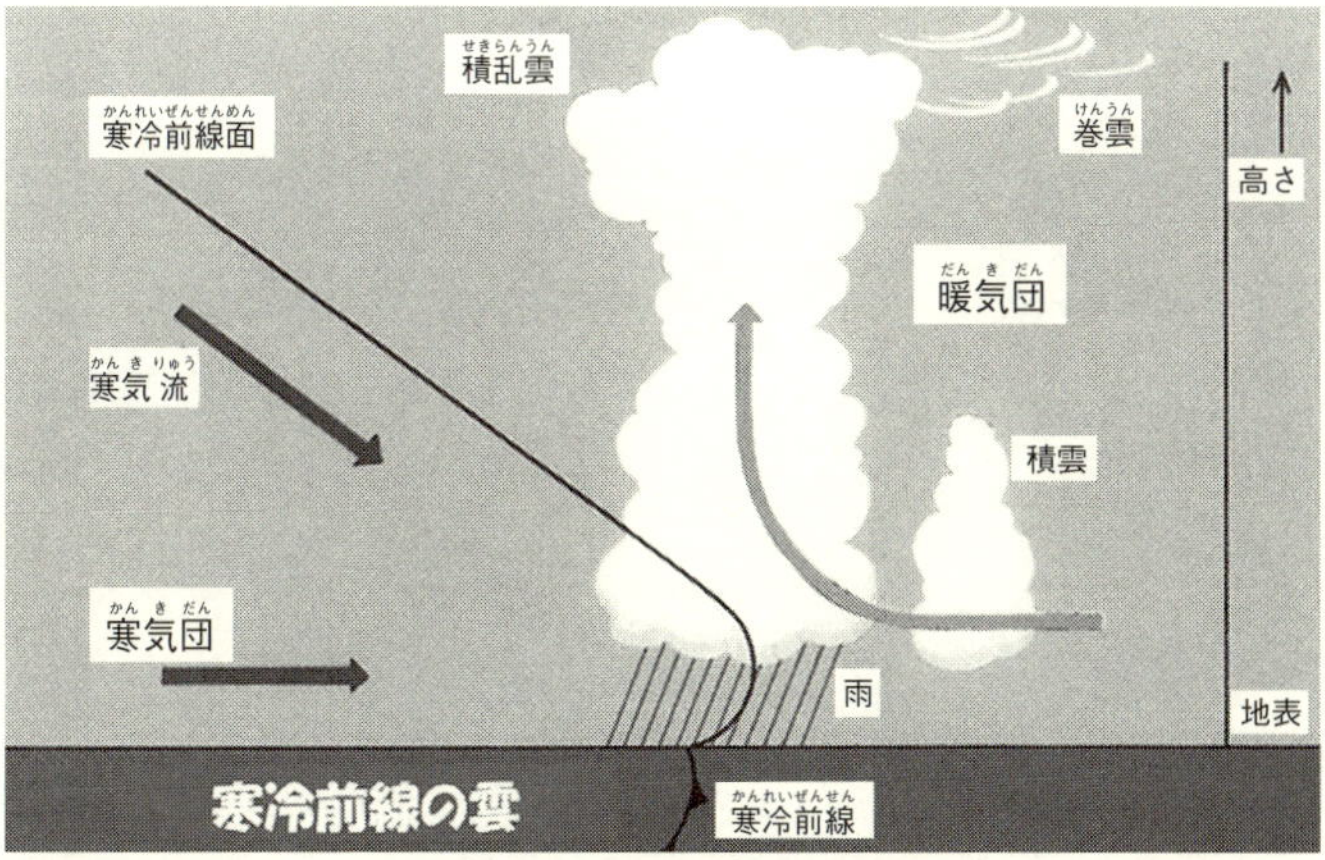

図５－８　寒冷前線の構造

で暖かい空気の下に冷たい空気が潜り込んで強制的にもち上げるのも上昇気流です。ほかにも、山の斜面をはい上がる場合や、太陽の熱によって暖められた空気が軽くなって上昇するのも上昇気流です。

上昇する空気の塊を「空気塊」と言います。暖められた空気塊は、周囲の空気より軽くなるので上昇しますが、上空ほど気圧が低くなるので、上昇に伴って空気塊の内部の気圧は相対的に高くなって空気塊は膨張します。膨張するためにはエネルギーが必要なのですが、空気塊は周囲と熱のやり取りをせずに（断熱変化）自らの熱をエネルギーとして使うために空気塊の内部の温度は下がります。さらに上昇を続けると空気塊はさらに膨張し、内部の温度もさらに下がることになります。

空気は、温度によって含むことのできる水蒸気量が決まっています。たとえば、〇℃では四・八グラム、二〇℃では一七・二グラム、三〇℃では三〇・四グラムとなっています。空気塊は上昇に伴って内部の温度が下がるため、次第に含むことのできる水蒸気量が少なくなります。地上付近では三〇℃あった空気塊が冷えて二〇℃になると、含むことのできる水蒸気の量は三〇・四グラムから一七・二グラムとなり、一三・二グラム余ることになります。この余った水蒸気が雲となって、目に見えるようになるわけです。

夏場に冷えた飲み物をグラスに注いでおくと、グラスの周りに水滴が付きます。これは、飲み物によってグラス周辺の空気が冷やされて、空気内に含むことができなくなった水蒸気が水滴となって現れたものです。また、冬には窓に結露が見られますが、これも暖かい部屋の空気が外気によって冷やされたガラス窓に触れることによって温度が下がり、含むことができなくなった水蒸気が水滴となって現れたものです。

滋賀県の気象特性

滋賀県の地勢は、周囲を野坂山地、比良山地、鈴鹿山脈、伊吹山地と一〇〇〇メートル前後の山に囲まれる盆地となっていることが分かります。そして、中央部には滋賀県の面積の六分の一を占める琵琶湖があります。また、本州の最狭部となっており、伊勢湾からは南東の風、大阪湾から南西の風、若狭湾からは北西の風が吹き込む「風の三叉路」となっています。この地形や風が、滋賀県の天気に影響を与えています（**図5－9**を参照）。

滋賀県は近畿地方予報区に入り、滋賀県南部は近畿地方中部、滋賀県北部は近畿地方北部に分けられます。ただし、暖候期（四月～九月）は滋賀県北部も近畿地方中部に入ります。天気予報では南部と北部に分けて発表し、注意報・警報は市町ごとに発表しています。そして、注意報・警報は「市町村をまとめた地域」として、近江南部、甲賀、東近江、近江西部、湖北、湖東の六地域に分けて発表することがあります。また、南部、北部や滋賀県として発表することもあります。

図5－9　滋賀県の地勢的特徴と風の三叉路

滋賀県内には地域気象観測システム（アメダス：全国で約一三〇〇か所）が一二か所あり、四つの要素（風向・風速、気温、日照時間、降水量）の観測を今津・南小松・大津・信楽・土山・東近江・彦根・米原・長浜で行い、雨量のみの観測を朽木平良・近江八幡・柳ケ瀬で行っています。また、今津・彦根・米原・柳ケ瀬では雪の観測も行っています（図５－12参照）。

滋賀県の風の特徴

先にも述べたように、滋賀県は周囲を山に囲まれた盆地地形をしていますが、琵琶湖があるために、湖と陸地との間で熱的原因による局地循環である「湖陸風」が発生します。また、伊勢湾からの南東風が鈴鹿山脈を越えるときにフェーン現象が発生することがあります。フェーン現象が発生すると風下側では気温が急上昇し、空気が乾燥します。

夏季、中部地方の山岳地帯では日射による温度上昇で上昇気流が発生し、局地的な低気圧が発生する場合があります。この低気圧に吹き込む風と湖風が重なって、湖東岸では夕方から夜の初めごろにかけて強い北西の風が吹くことがあります。まず、滋賀県で吹く四つの一般風（気圧配置による風）について解説します。次に、滋賀県における特徴的な三つの風（湖陸風・比良八荒・三井寺おろし）について詳しく説明します。

❶一般風（気圧配置による風）が北風の場合（図５－13）——若狭湾から吹き込む風は、滋賀県内では北北西～北北東の風となって県内全域に広がり、とくに湖北・湖東で強く吹きます。比良山地からのおろし風であ

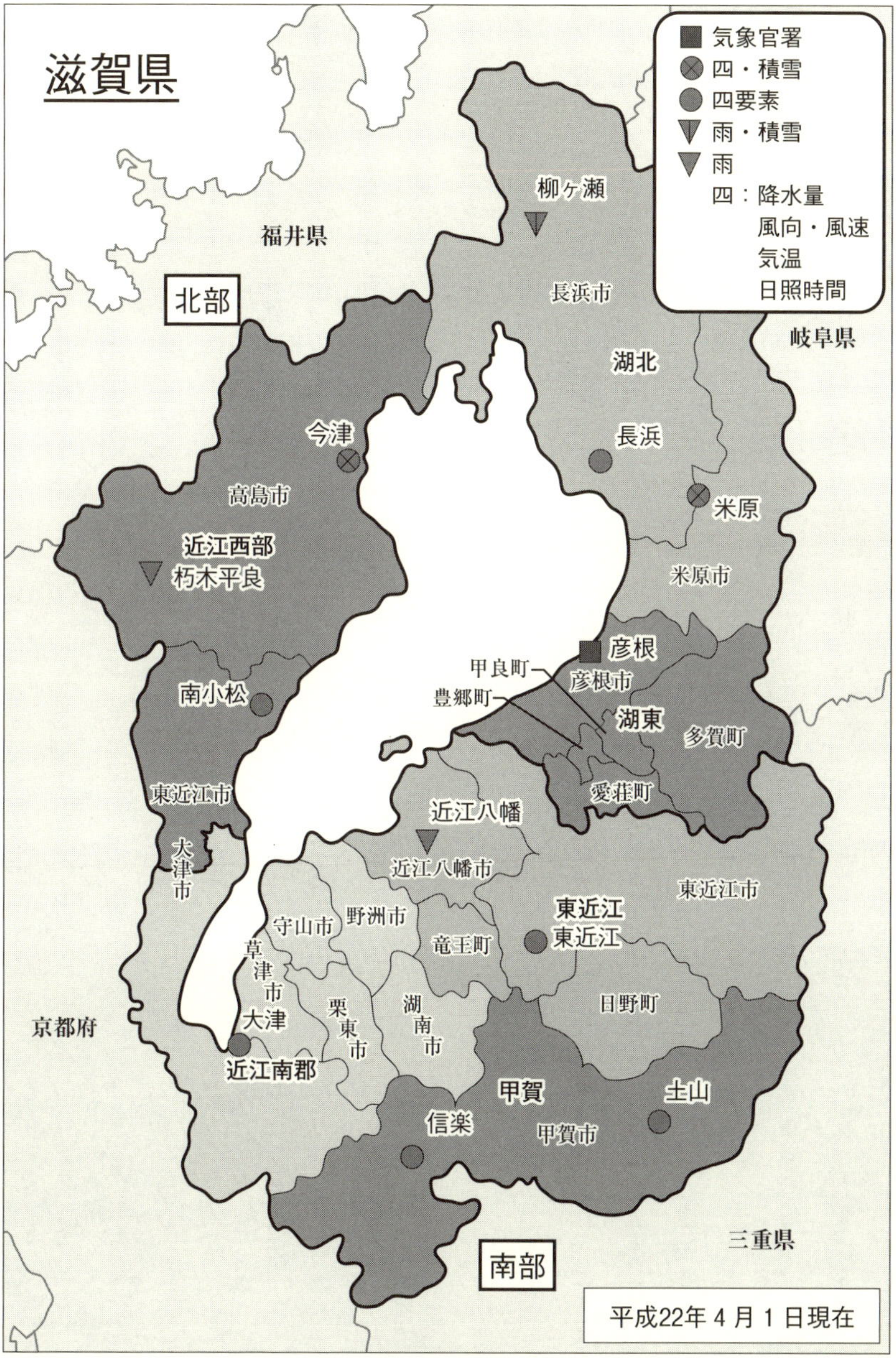

図５－12　滋賀県内の観測所

る「比良八荒」が発生することがあります。

❷**一般風が北西〜西の場合**（図5－14）――若狭湾から吹き込む風は、北部ではそのまま比良山地を越えて北西風となって吹きますが、南部では丹波高地を南に迂回した西風となって吹き込み、北西風と西風は野洲川付近で収束して南東方向に吹き出します。風向きが北寄りになるか、西寄りになるかで、収束線も南下または北上します。

❸**一般風が南西の場合**（図5－15）――大阪湾から吹き込む風は近江南部で強くなり、北部へ行くほど弱くなります。具体的には、琵琶湖大橋より南では強い風が吹いていることがありますが、琵琶湖大橋より北ではあまり強くないか、吹きはじめる時間が遅くなります。そのほかにも、逢坂山を吹き越す「三井寺おろし」

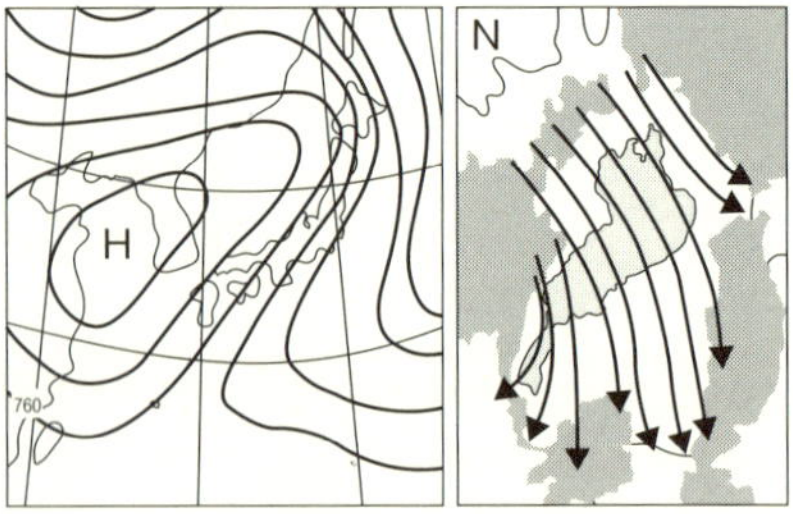

図5－13　北風

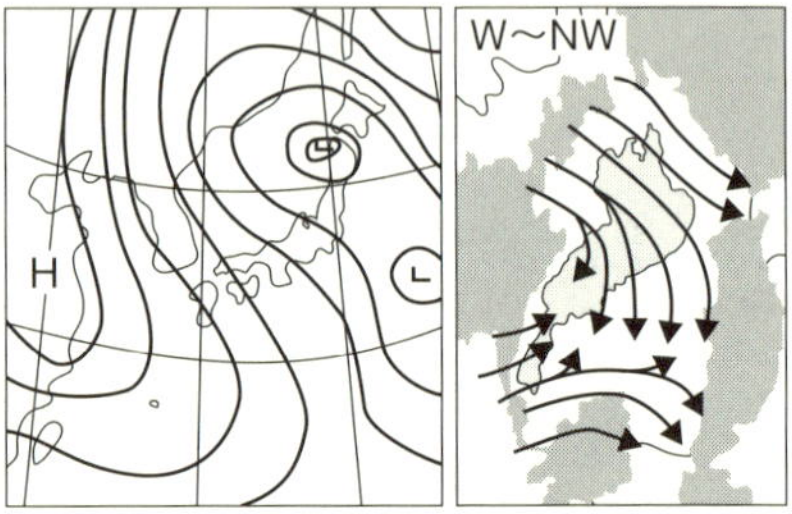

図5－14　北西〜西風

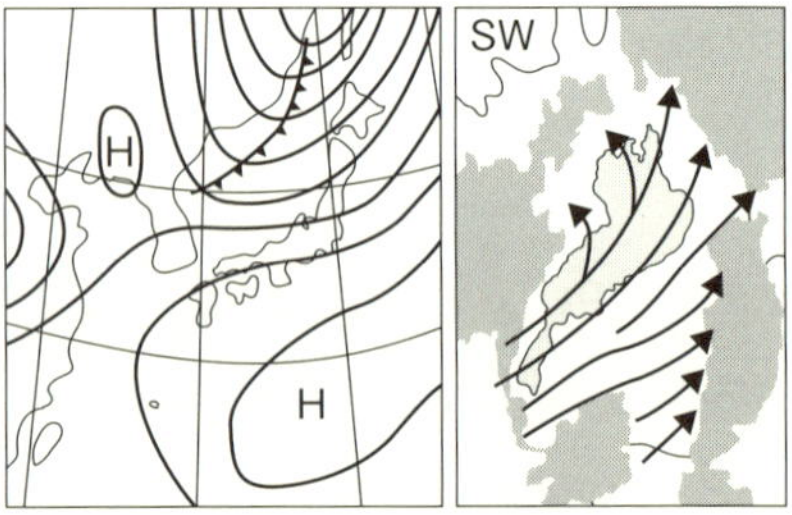

図5－15　南西風

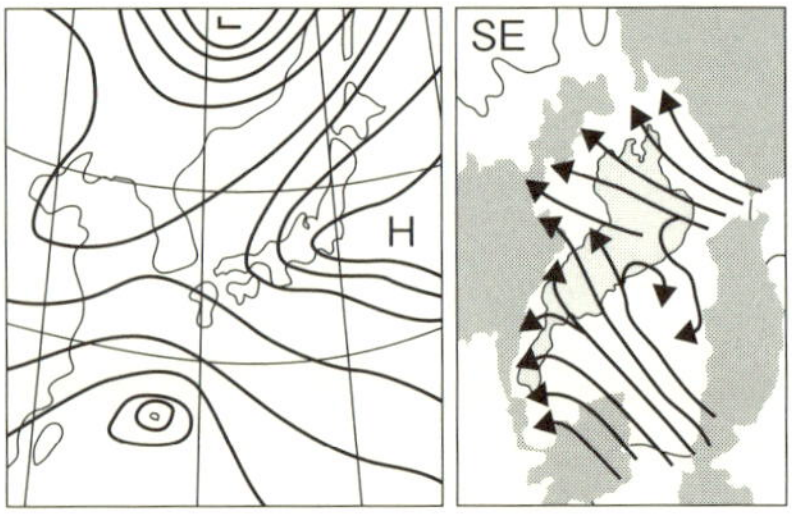

図5－16　南東

が発生することがあります。

❹一般風が南東の場合（**図５－16**）――伊勢湾から吹き込む風は、鈴鹿山脈を吹き越す風、鈴鹿山脈を西に迂回する風、関ヶ原から吹き込む風となります。鈴鹿山脈を吹き越える風は、弱くなって東近江では弱い反流が現れることがあります。しかし、鈴鹿山脈を吹きおろすフェーン現象が発生するときは風も強くなります。また、鈴鹿山脈を西に迂回する風は野洲川沿いで強くなりますが、大津方面にかけては東風となって弱くなります。そして、関ヶ原から吹き込む風は伊吹山地に沿う米原・長浜で強くなります。

湖陸風

周囲を山に囲まれた盆地となっている滋賀県は、琵琶湖があることによって、沿岸部で発生する海陸風と同じ局地循環である湖陸風が発生します。湖陸風は熱的な要因で発生しますので、温度変化の大きい晴天のときに顕著に現れます。発生する季節は主に暖候期ですが、寒候期でも、移動性高気圧に覆われるときなど季節風の影響がないときに発生することがあります。

昼間、日射の影響によって湖上より陸上が早く高温になります。このとき、地面付近の空気は暖められて上昇気流となり、陸上では気圧が低くなります。一方、湖上では、陸上の気圧低下に対して相対的に気圧が高くなるため湖から陸地に向かって風が吹きます。これを「湖風」と呼んでいます。

夜間、日射がなくなると放射冷却によって陸上は湖より早く低温になります。このとき、水温はまだ高いため湖上では上昇気流が発生し、陸上は相対的に気圧が高くなるため陸地から湖に向かって風が吹きます。これを「陸風」と呼んでいます（**図5－17**）。この二つの風をあわせて「湖陸風」と呼びます。

この現象を理解しておけば、同じ琵琶湖周辺でも彦根（湖東）と今津（湖西）では風向きが逆になるということが分かります（**図5－18**）。

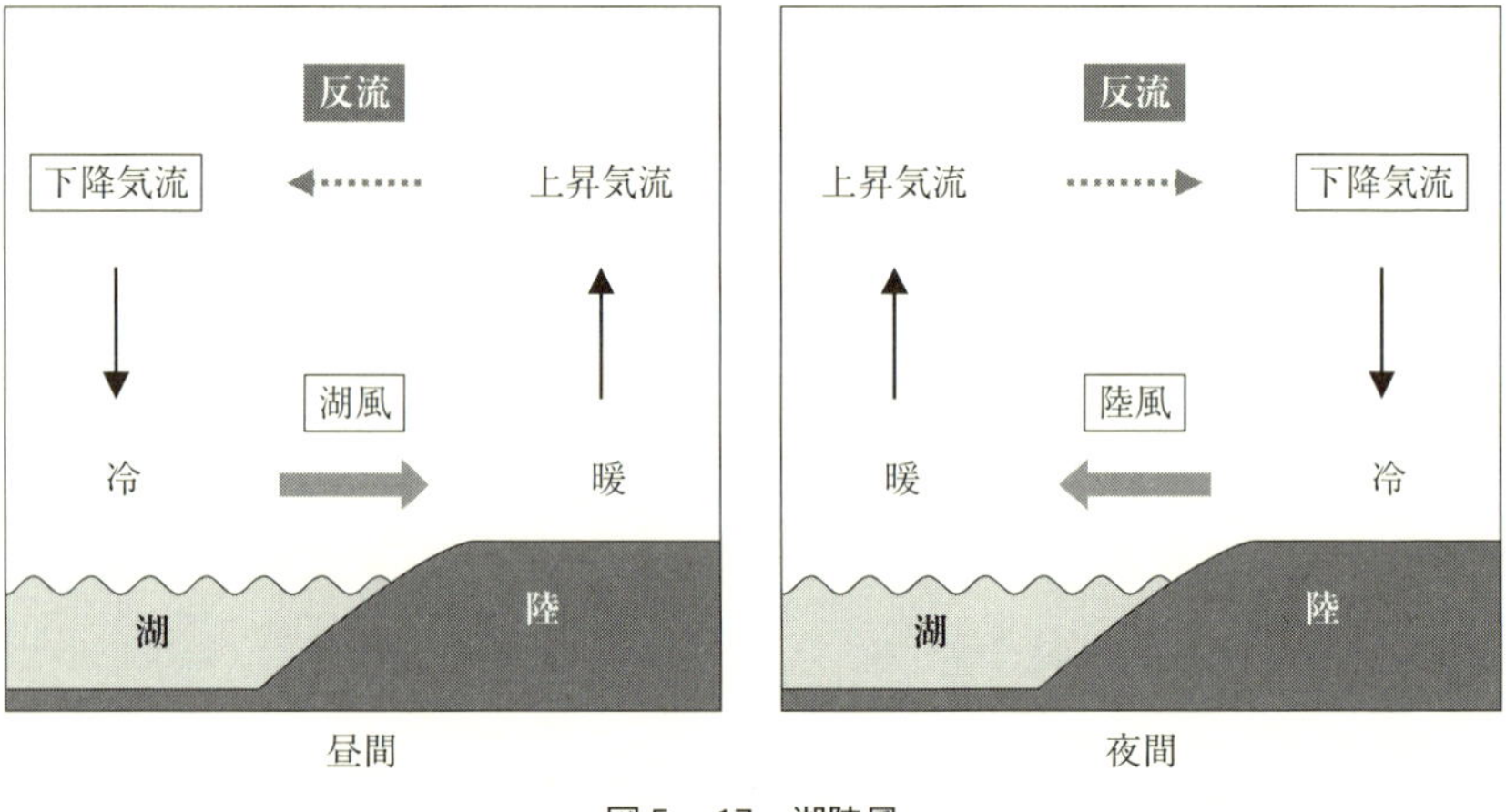

図5－17　湖陸風

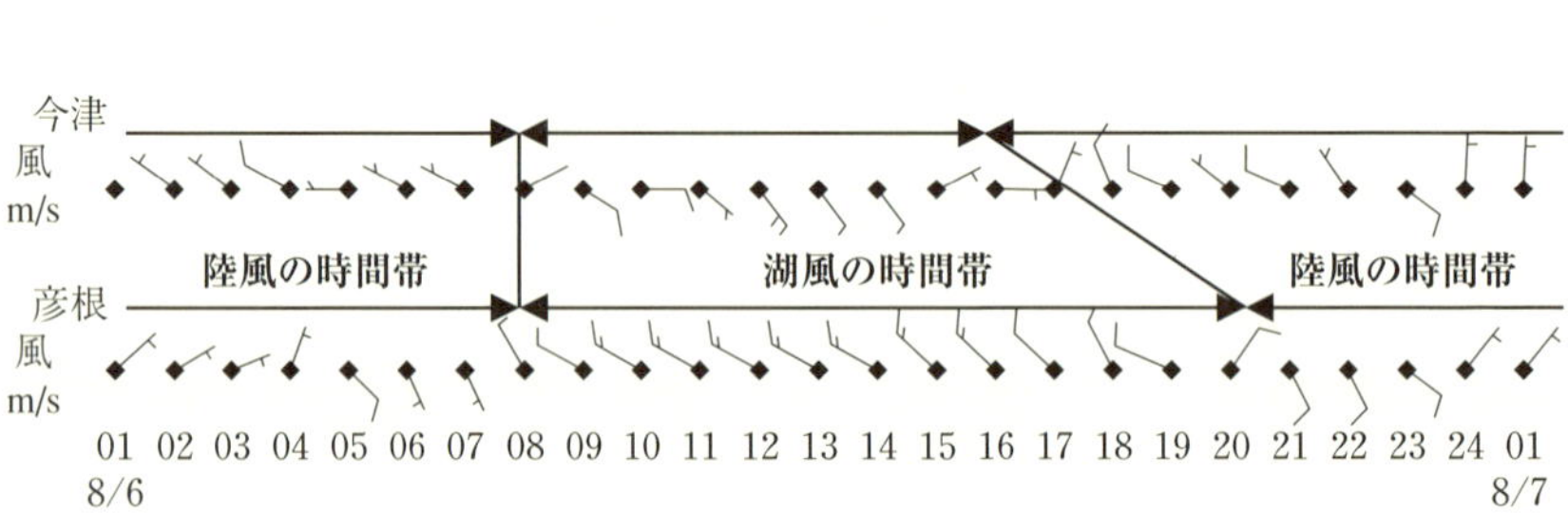

図5－18　風向の変化

比良八荒

「比良八荒」と呼ばれる比良山地からのおろし風は、山麓から湖上にかけて局地的な強い風となり、古くは『琵琶湖哀歌』（奥野椰子夫作詞・菊池博作曲、一九四一年）にも歌われている旧制四高のボート部の遭難事故、現在では強風によるＪＲ湖西線の運転見合わせなど、交通障害が発生しています。

比良の白雪　溶けるとも
風まだ寒き　志賀の浦
オールそろえて　さらばぞと
しぶきに消えし　若人よ

比良八荒が発生する気圧配置は、南岸低気圧通過時や寒冷前線通過時（**図5－19**）で、冬型の気圧配置移行時や台風通過時に多く、とくに等圧線の走向が北東から南西になって、下層（八〇〇～九〇〇hPa層）に逆転層が形成さ

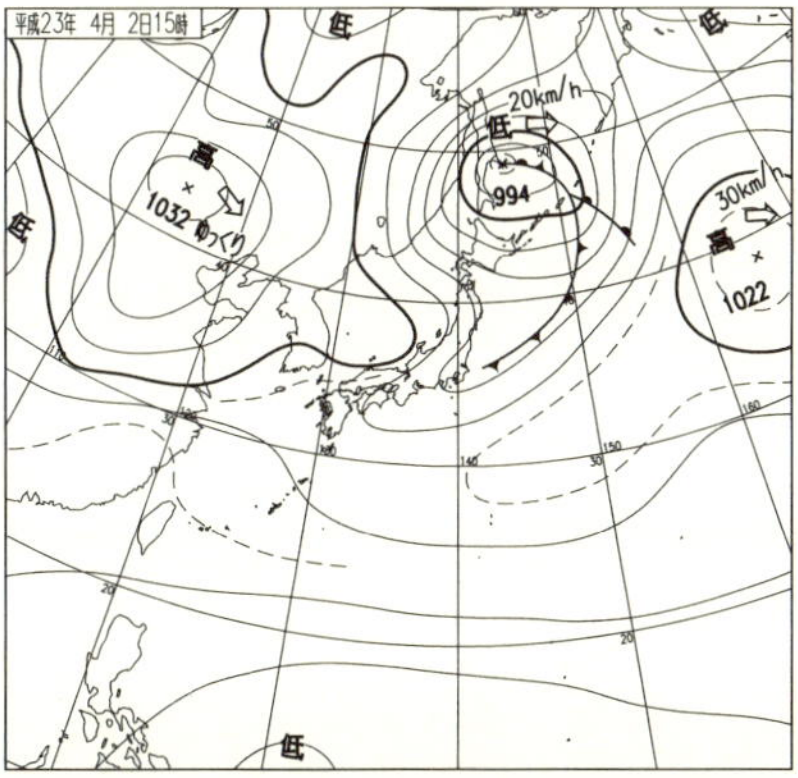

図5－19　比良八荒発生時の気圧配置

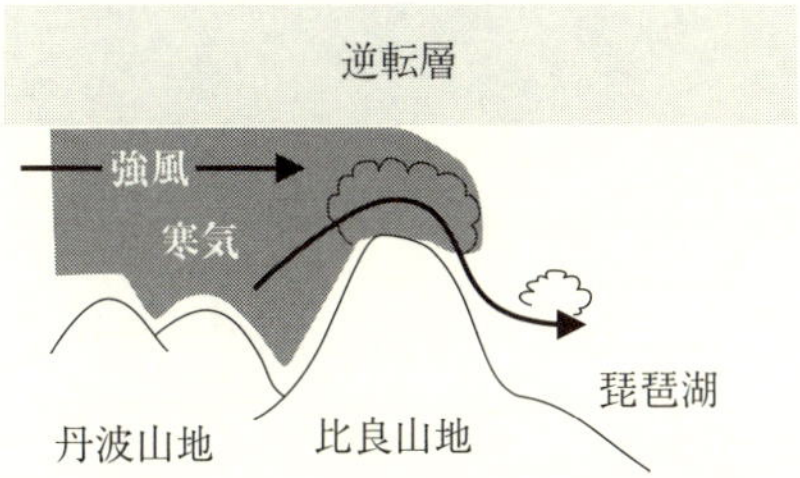

図5－20　比良八荒発生の概念図

れ、その逆転層の下に寒気が入るときに発生します（**図5－20参照**）。

風が吹きはじめるのは、輪島（石川県）の風向が北～北東のときとか、敦賀や小浜の風が北寄りに変わった数時間後、さらに敦賀（福井県）と津（三重県）の気圧差がプラス（敦賀の方が気圧が高い）に変わって、おおむね二hPa以上になったときが目安になります。

比良八荒が発生するときに比良山地には「風枕」と呼ばれる積雲のような雲がかかり、湖上で風が跳ね上がったときはその場所に積雲が発生します。同じような現象が、岡山県の那岐山麓で発生する広戸風でも見られます。那岐山にかかる雲を地元では、「風枕」と呼んでいます。

三井寺おろし

三井寺おろしは、低気圧が日本海を東に進むときに発生し、隠岐諸島を過ぎるころから強くなりはじめ、東経一三五度付近に達したころにもっとも強くなります。そして、低気圧が北陸、東北地方に進むに従って風は弱くなります。したがって、強風は低気圧が隠岐諸島を過ぎて北陸に進む間となり、平均すると半日程度続きます。低気圧が寒冷前線を伴っているときなどは、寒冷前線の通過後に比良八荒が発生することもあります。

三井寺おろしは大津から南湖にかけて吹き下りる風で、湖岸を離れるほど強くなるためボートやヨットなどが転覆することがあります。琵琶湖大橋より南で強風となりやすく、大津市内でもかなり強い風が吹くことがありますが、アメダスでとらえられないことがあるので注意が必要です。

滋賀県の大雨

滋賀県での大雨は、風向きにより降水パターンが大きく二つに分けられます。

❶伊勢湾から吹き込んでくる南東気流による大雨で、低気圧や台風が日本の南海上にあるときに、その前面で吹く南東の風、または太平洋高気圧の縁を回る南東の風のときに現れます。大雨の発生場所は甲賀市と近江南部の東側と東近江市、そして湖北の山沿いおよび近江西部で降水量が多くなります。湖東から近江南部の西側では少なくなります（**図５－21参照**）。

❷大阪湾から吹き込んでくる南西気流による大雨で、日本海から寒冷前線や梅雨前線が南下するときに現れます。大雨の発生場所は大津市から近江八幡市、米原市にかけての北東に延びる帯状の地域で、「淀川チャネル」とも呼ばれています（**図５－22参照**）。

このほかにも、複数の現象が重なって大雨になることがあります。一八九六（明治二九）年九月七日、二四時間の降水量五九七ミリを観測した大雨は、日本列島に前線が停滞し、南海上には台風があり、台風から暖かく湿った空気が前線に向かって流れ込んで前線付近の大気の状態が非常に不安定になって大雨となりました（**図５－23参照**）。

台風は暖湿気流を日本列島に送り込むポンプの役割をするため、前線の動きが遅いと同じ場所に大雨をもたらします。二〇〇九年八月九日、兵庫県佐用町で発生した豪雨では、台風九号が南海上にあって暖湿気流によ

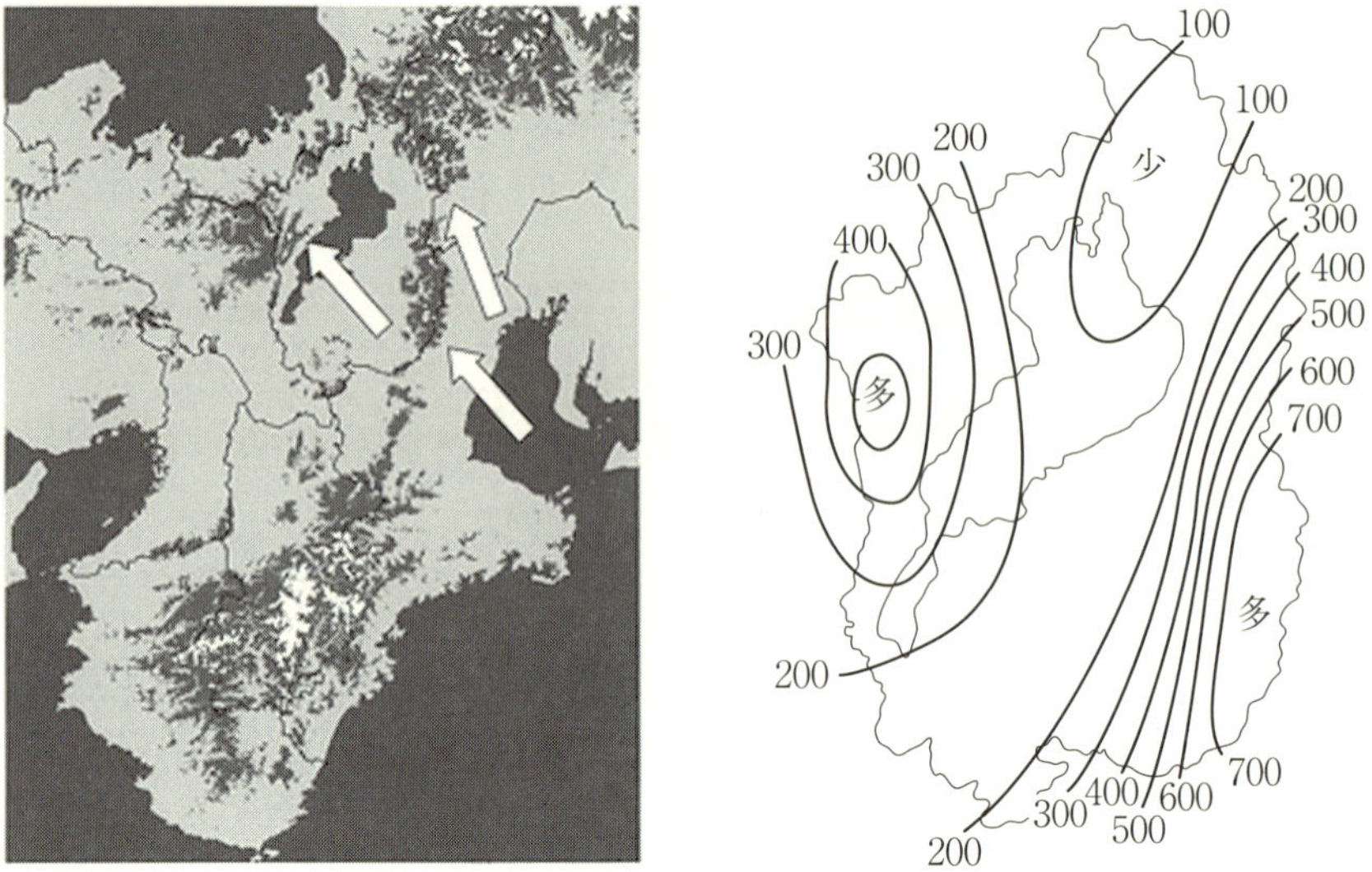

図５－21　南東気流系の大雨

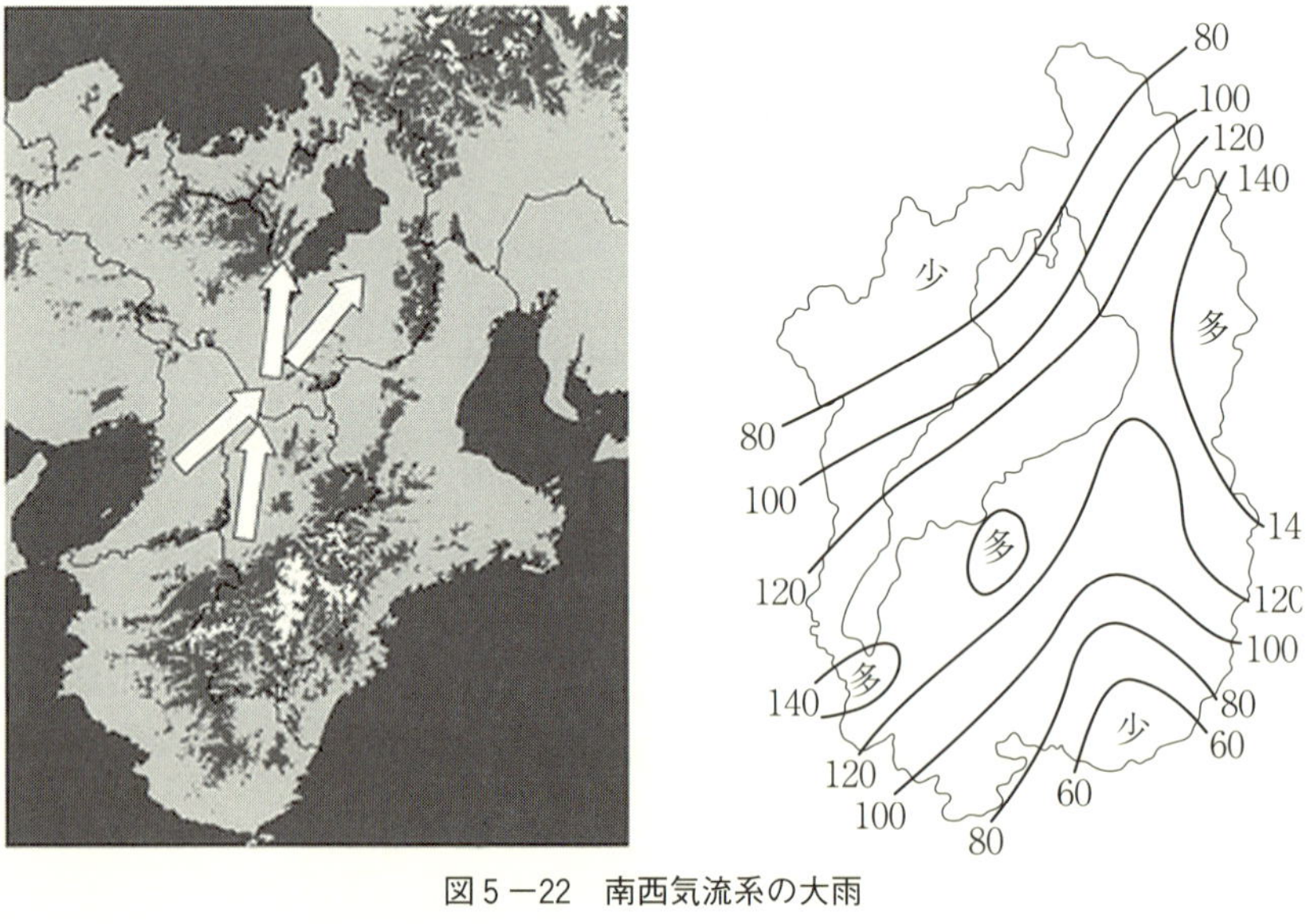

図５－22　南西気流系の大雨

って積乱雲が発達し、兵庫県から岡山県にかけて局地的な大雨をもたらしました（図5－24参照）。同じような気圧配置となったその他の例では二〇〇〇年九月一一日～一二日の東海豪雨があります。

近年、「ゲリラ豪雨」と呼ばれる短時間に非常に激しく降る雨が各地で多くなっていますが、その土地の大雨のパターンを知り、土砂災害、河川の急な増水などに対してあらかじめ対策を考えておくことが大切となります。

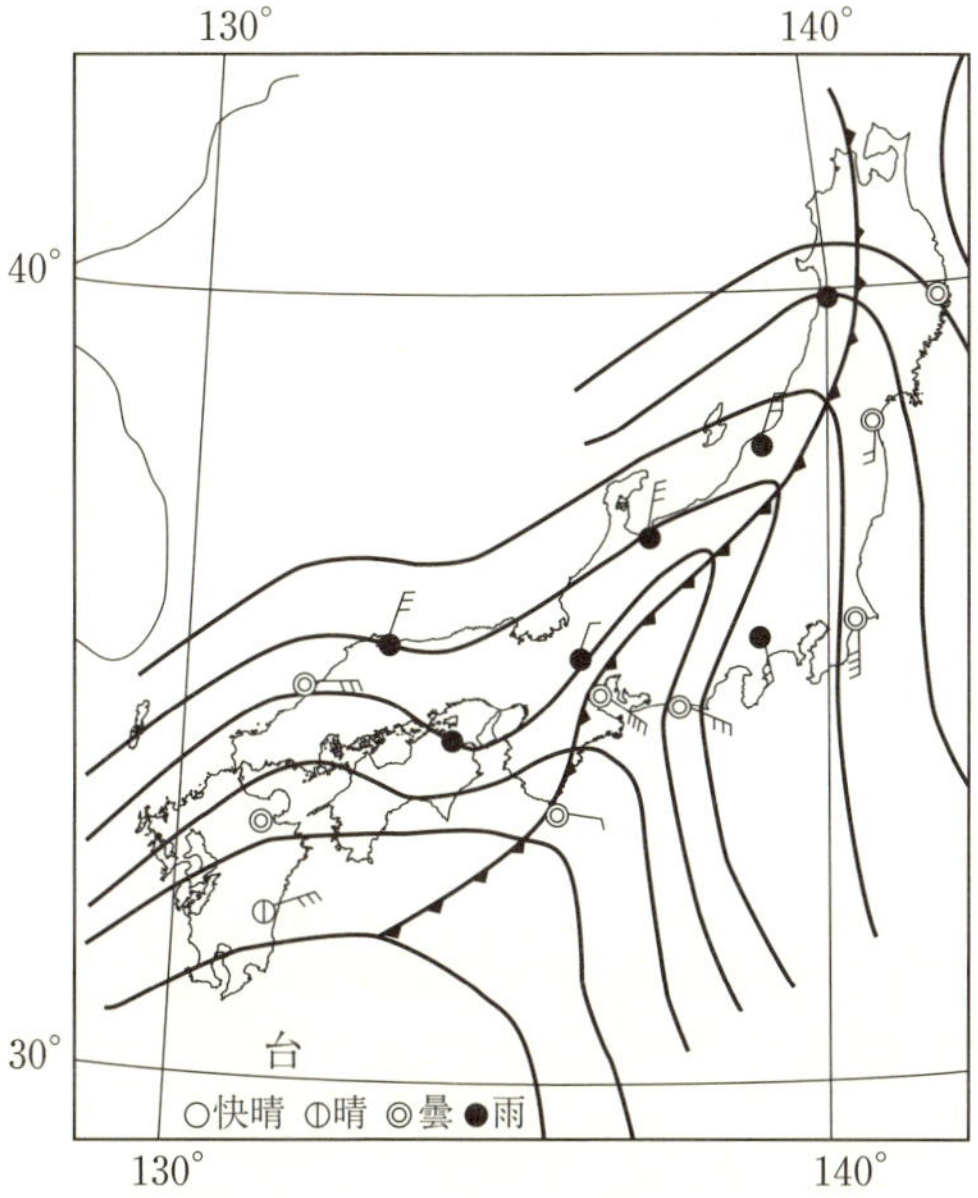

図5－23　1896（明治29）年の大雨

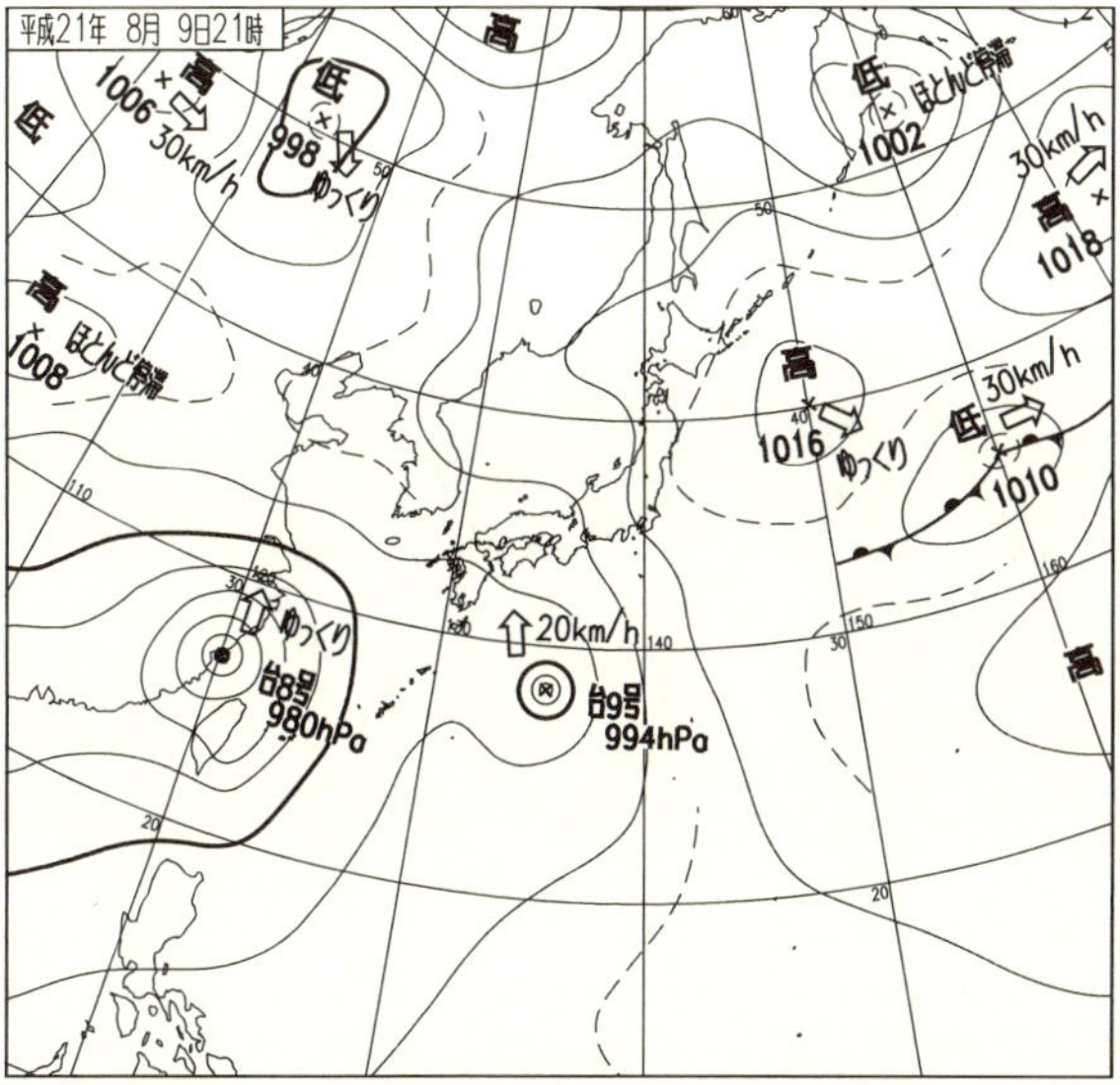

図5－24　台風9号による大雨

滋賀県の雪

西高東低の冬型の気圧配置になり、寒気が日本列島に流れ込むとき、滋賀県でも北部を中心に大雪になることがあります。気象衛星で雲の状態を見ると、大陸にはほとんど雲がありませんが、黄海や日本海には筋状の雲が並び、寒気が強いときには太平洋側でもこの雲が見られます。

日本海で雪雲が発生するメカニズムは、日本海を流れる対馬暖流の上に冷たい空気が流れ出して、暖かい海面から上昇気流が発生するからです。その雪雲は脊梁山脈で雪を降らせたあと、太平洋側に冷たく乾いた風を吹きおろします。関東地方で吹く空っ風は、日本海側に雪を降らせたあとに関東平野に吹きおろす風のことで、天気はよくなりますが気温は上がりません。

図5－25は、滋賀県でもっとも積雪の多かった値を示したものです。積雪は県北部を中心に多くなっていますが、鈴鹿山脈の北側に位置する関ヶ原付近でも多くなっています。関ヶ原は新幹線や高速道路が通り、交通の要所となっているため、雪による影響は広範囲に及ぶことになります。

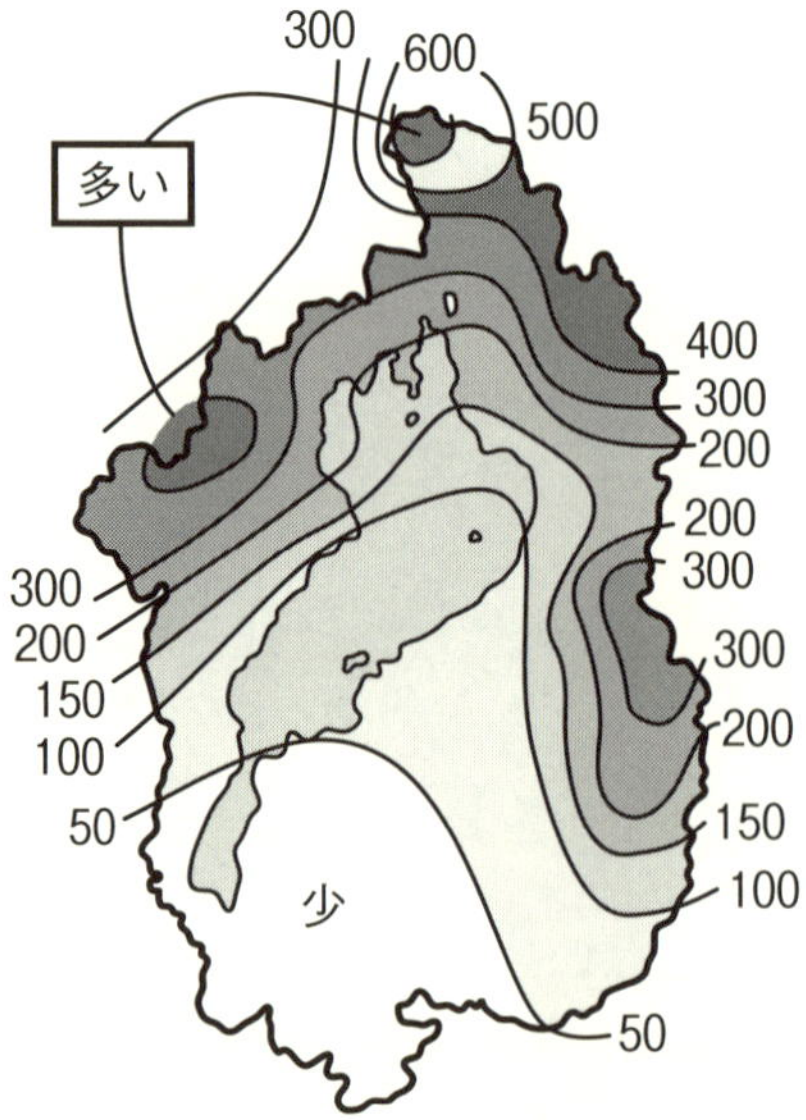

図5－25　今までに最も積雪の深かった値

県内の降雪地域は、雪雲を流す八五〇hPaの風向きによって変わってきます。風向きごとの特徴を説明します。

❶**西風のとき（図5－26）**――長浜市北部（旧余呉町）付近で多くなりますが、そのほかの地域は比較的降雪量が少なくなります。

❷**北西風のとき（図5－27）**――近江西部、湖北で多くなり、とくに伊吹山地の北側で多くなります。これは、北西の風が伊吹山地にぶつかることによって雲が発達するためです。

❸**北北西風のとき（図5－28）**――近江西部から湖東、東近江の山地（旧永源寺町）、そして高島市の比良山地沿いで多くなります。鈴鹿山脈沿いで降雪になると名神高速道路に影響が出ます。雪の降っていない京阪神から来ると、突然、積雪状態になるので注意が必要です。

❹**北北東風のとき（図5－29）**――大津市、草津市、東近江市、甲賀市に降雪地域が広がり、中部山岳地帯の山影となる湖北、湖東では雪が少なくなります。この風系は、普段雪の少ない南部も積雪となるため注意が必要です。大津市内でも、中心部には雪がなくても、比叡山など高い山では積雪になっていることがあるので安心はできません。

地球規模の大気の循環から、地域での局所的な気象現象まで、滋賀県を事例に見てきました。すでに述べられましたように、これらはすべてつながっている現象であることを忘れないでください。地球全体の動きのなかで、私たちが日々感じる風や気温の変化が位置づけられるのです。そうした広い視点と現象が生じる仕組み、そして実際の地域における体感で、その地域の気候特性を読み取ることが大切なのです。

また、それらの気候特性を生み出す地形との関係、生態系との関係、私たちの暮らしやその土地で育まれた

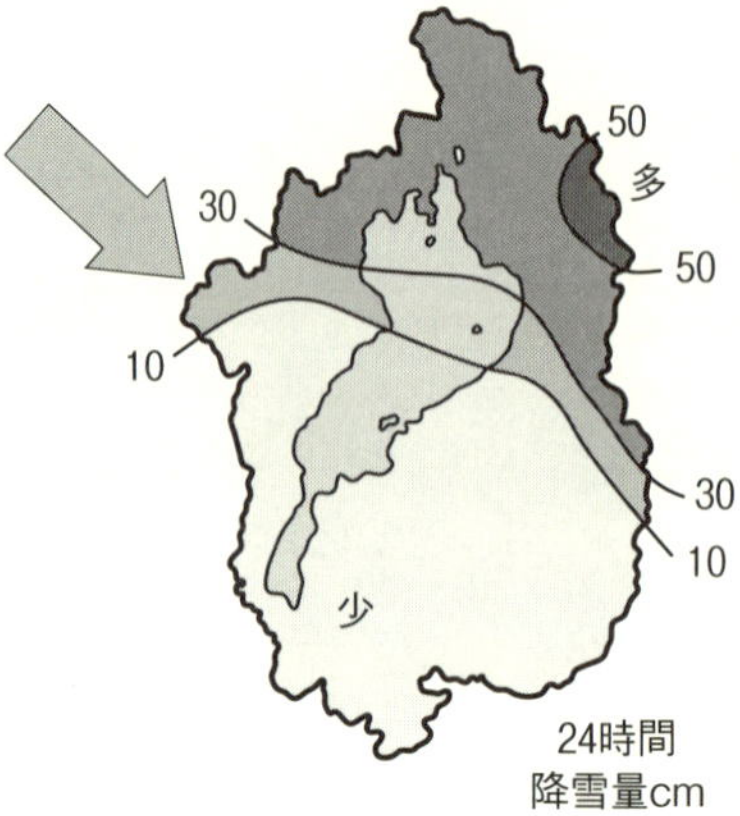

図５－27　850hPa の風向が北西

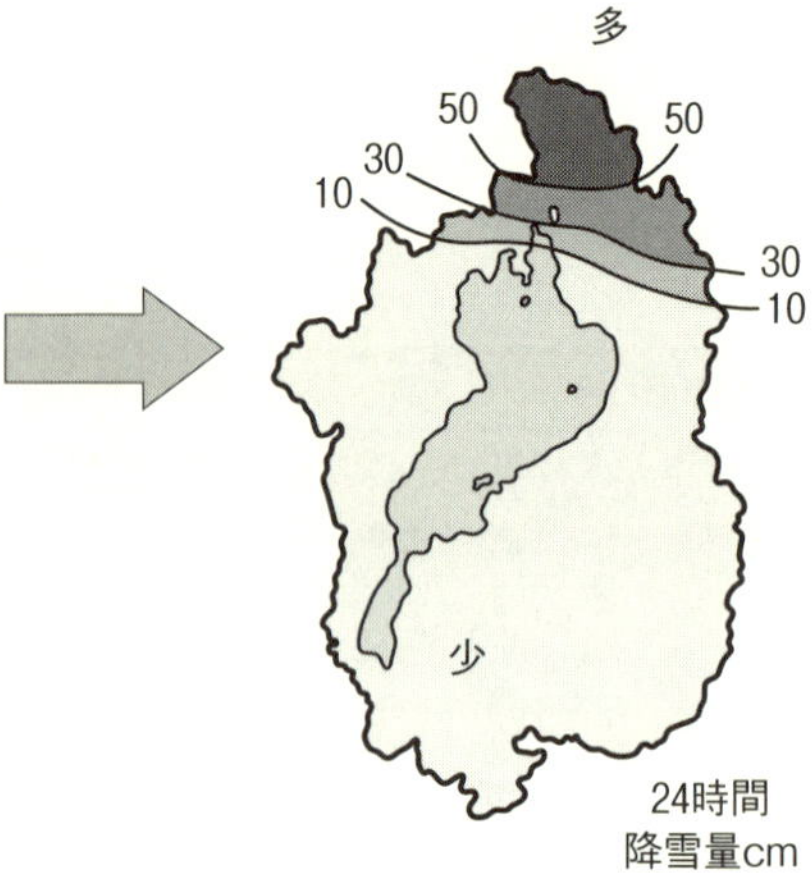

図５－26　850hPa の風向が西より

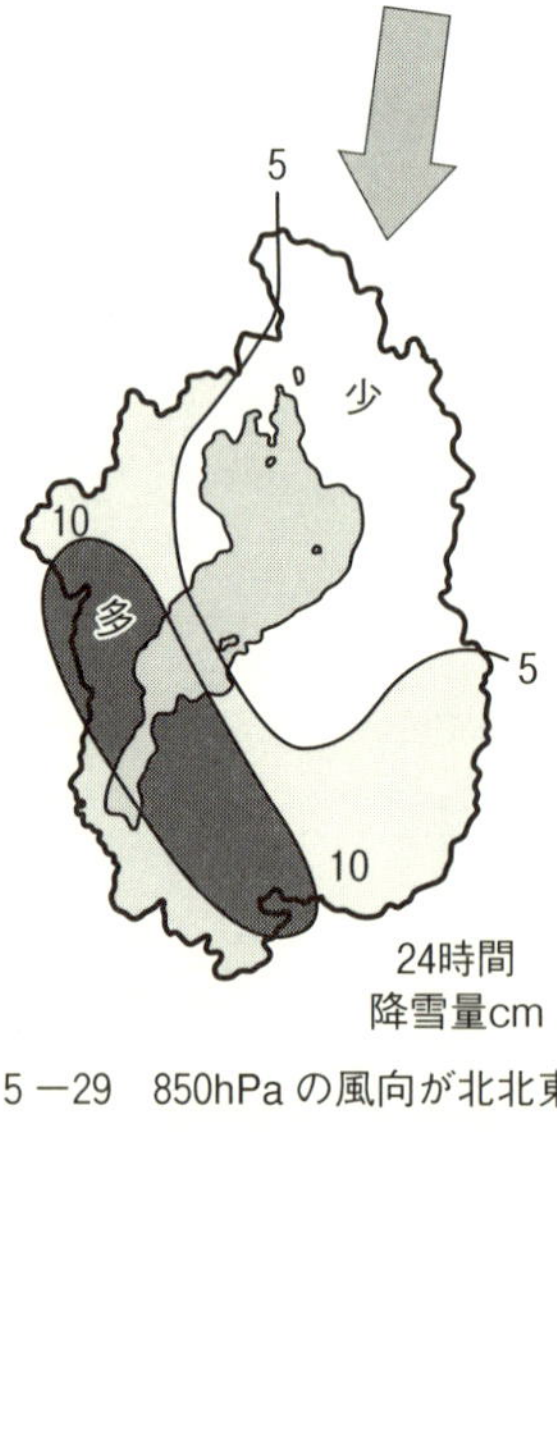

図５－29　850hPa の風向が北北東

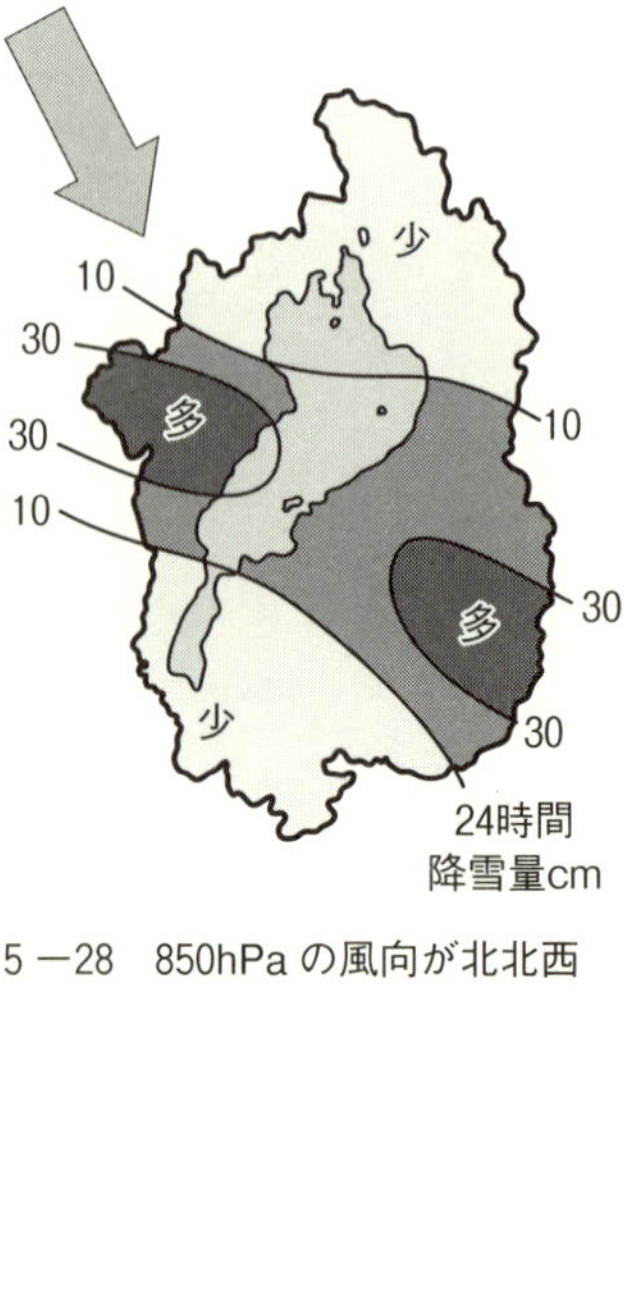

図５－28　850hPa の風向が北北西

産業・歴史との関係を読み解くことで、地域の特性を総合的に把握することができ、地域の風土に根ざした提案ができるのだと思います。

気象現象は、宇宙とつながる地球規模での科学的な現象です。その仕組みやつながりをきちんと理解することが、より良い暮らしの提案につながるのです。

第 6 章

滋賀県の動植物の特性と地域診断

中井　克樹

この章で学ぶこと

- 滋賀県における生態的特性
- 滋賀県の生物多様性に対する取り組み
- 生物多様性の仕組みとそのとらえ方

キーワード

生物多様性、生態系の多様性、種の多様性、遺伝的な多様性
滋賀県ビオトープネットワーク長期構想、レッドデータブック

琵琶湖北湖東岸の北端近く長浜市（旧湖北町）に広がるヨシ群落

はじめに

私が子どものころは、ちょうど高度経済成長の真っただ中でした。昆虫や貝や魚を追いかけていた私は、各地で大規模な開発事業がどんどん進んでいくのを見て、「自然破壊」とか「自然保護」といった言葉を子どもなりによく耳にしたように記憶しています。

そして、最近では、地域の生き物や自然を守ろうとする「自然保護」の取り組みにおいて、「生物多様性」という言葉が頻繁に用いられるようになってきました。失われようとしている生き物や自然を漠然と守ろうというのではなく、生き物の「にぎわい」や「つながり」の様子を示す具体的な指標として、この「生物多様性」という考え方が次第に裾野を広げてきています。

二〇一〇（平成二二）年は、「国際生物多様性年」に定められていました。そして、一〇月には愛知県名古屋市で「生物多様性条約第一〇回締約国会議（ＣＯＰ10）」が開催さたこともあり、ニュース番組や新聞の特集記事でも「生物多様性」が紹介される機会がかなり増えてきたように思えます。

この講座のテーマは「地域診断」ですが、動植物の特性に基づいて地域を診断するにあたっては、この生物多様性という概念とその背後にある考え方が非常に重要になってきます。ここでは、最近滋賀県で行われた生物多様性に基づいた地域の環境評価の例として、「滋賀県ビオトープネットワーク長期構想」をまず紹介します。その次に、生物多様性とはどのような概念であるかを説明し、その背後にある滋賀県の自然環境の特性や生物多様性の考え方について解説していきます。

滋賀県ビオトープネットワーク長期構想

滋賀県という県域を「ビオトープ」、つまり生き物にとっての生息・生育環境の観点から評価した試みとして、滋賀県が二〇〇八年度（平成二〇年度）末に定めたのが「滋賀県ビオトープネットワーク長期構想」です。これは、既存の地理的情報を収集・分析することで、滋賀県における生き物の生息・生育環境を診断・評価したものですので、みなさん自身が地域診断を行う際にも参考になります。

その分析の対象となる滋賀県の県域には、中心に琵琶湖があり、平野部、市街地がその周りに広がり、その背後は山で囲まれているというふうに、自然環境が同心円状に分布しています。山の地域と琵琶湖岸の地域とを結んでいるのが川で、その様子を模式的に示したのが**図６－１**です。水が流れ、河原が広がる川そのものと、その川に沿って河原や堤防に発達した河畔林《かはんりん》が広域的に環境をつないでいるのです。

この構想では、滋賀県内の陸域において、生

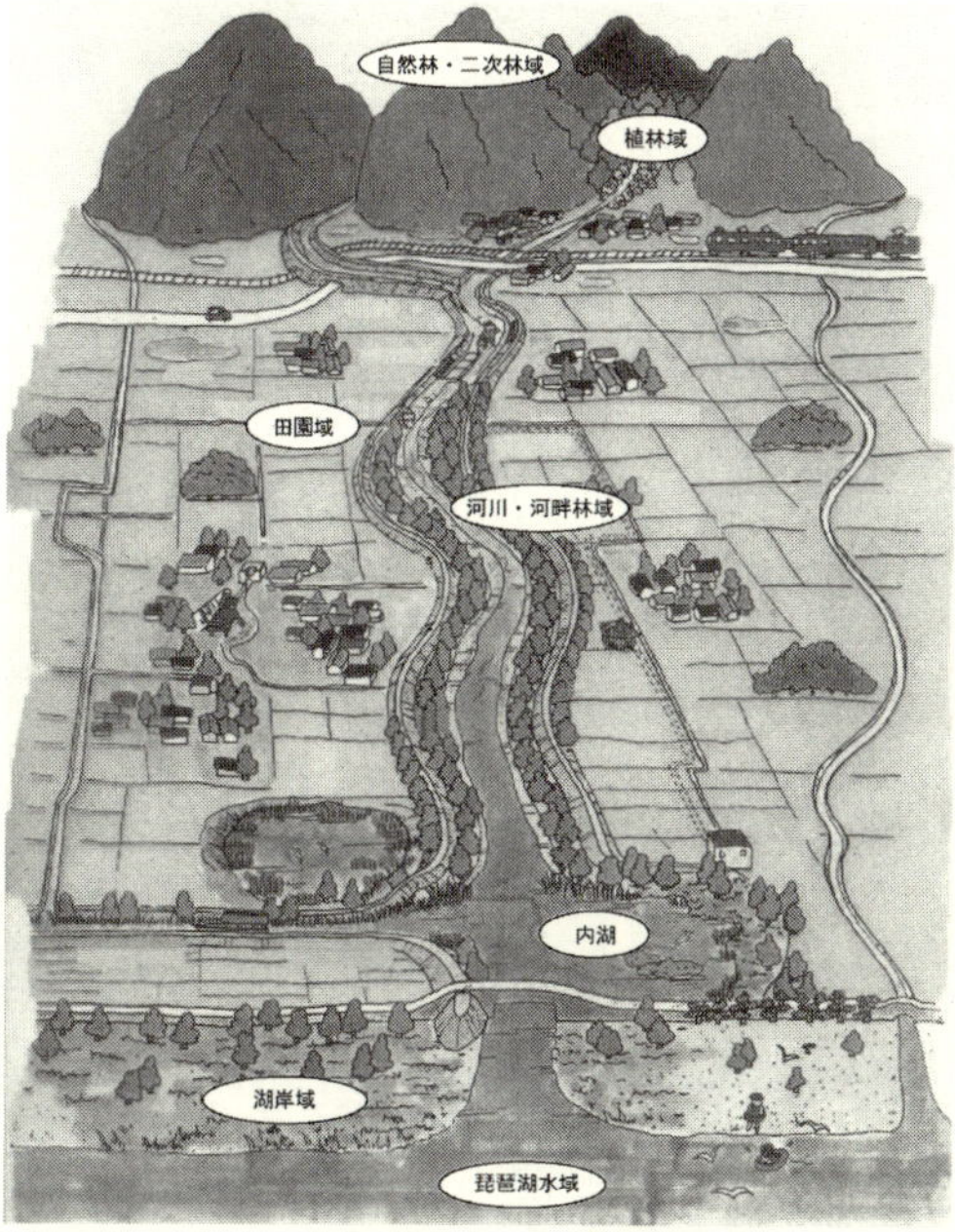

図６－１　川でつながる琵琶湖と山

き物たちが棲む場所として良好で、自然環境や生き物を守っていくうえで重要であると評価される場所を「重要拠点区域」として抽出しました。そして次に、それらをつなぐルート、つまり「生態回廊（エコロジカル・コリドー）」としての河川の役割に注目しました。

現在、多くの川にはさまざまな種類の河川横断構造物が設置されており、魚の自由な往来が妨げられていま す。また、河原や堤防に発達している河畔林も、陸上の生き物の移動にとって重要でありながら各所で寸断されてしまっているのが現状です。したがって、この構想では、重要拠点区域の抽出とその保全の必要性はもちろんのこと、河川についても、水の流れだけではなく樹林帯を含めて連続性を確保していくことの必要性を提言しています。

重要拠点区域と重要河川を選定するための作業としては、野生動植物の生息・生育地として重要であると考えられる動植物の生息・生育地や自然公園、水系など、各種の地理的情報を地図上に重ねていきました。

まず、環境省が作成した植生図を参考にして、自然植生と代償植生としてのブナ林を重要な植生として選択しました。植生は、地域の環境を決定するもっとも基礎となる情報です。続いて、環境省が重要な植物群落として定めた全国一〇〇〇か所を超える「特定植物群落」を調べたところ、滋賀県には約一五〇か所があり、同じく環境省が定めた「日本の重要湿地５００」も滋賀県には数か所ありましたので、これらを地図上に落としていきました。湿地には、植物の重要生育地も含まれている場合が多いというのが選択の理由です。さらに林業分野では、全国規模で「保護林」や「緑の回廊」が設けられているように、県レベルでも「保安林」が水源涵養などの目的で指定されていますので、それらの森林を地図上に書き入れていきました。

次に行ったのが鳥獣の重要生息地の確認です。鳥獣保護法で狩猟が禁止された鳥獣保護区、そして自然公園として価値の高い、県内の国定公園と県立自然公園を拾い上げました。これらには、特別保護地域と第一種特別地域があります。自然公園の保護地域では自然の改変につながるさまざまな行為が禁止・制限されているため、生き物たちの生息環境が守られています。そして、希少種の生息・生育地については、のちに述べる滋賀県版の「レッド・データ・ブック」に選定されているものを拾い上げました。

また、重要な水域として、前述した日本の重要湿地のほか、県が実施した河畔林の分布調査の結果や、内水面漁業（湖沼、河川、池などで行われている漁業。海面漁業に対する語）で定められた保護水面、琵琶湖を中心に定められたヨシ群落の保全区域などを地図に書き入れていきました。これらの水域情報は、とくに重要な河川を選定する際に重要となります。

そして最後に、良好な景観や自然とのふれあいを推進する地域、そして県民に親しまれている自然地域の確認です。自然地域のうちで比較的規制のゆるやかな第二種、第三種特別地域と普通地域、鳥獣保護区のなかでは身近な鳥獣生息地、そして都市計画における緑地および風致地区を書き入れたあと、県民に親しまれている自然地域として、二〇〇八年に選定された「守りたい育てたい湖国の自然１００選[1]」や緑地環境保全地域なども関連情報として地図上に重ねていきました。

このようにして、地理的情報を一つの地図に重ね書きした結果が**図６－２**です。この図から、各種の重要地域の重なりやまとまりの大きな地域を一六か所選び出し、それを「重要拠点区域」としました。また、これら

（1）　http://www.pref.shiga.jp/hodo/e-shinbun/dg00/files/20080430100senn.pdf

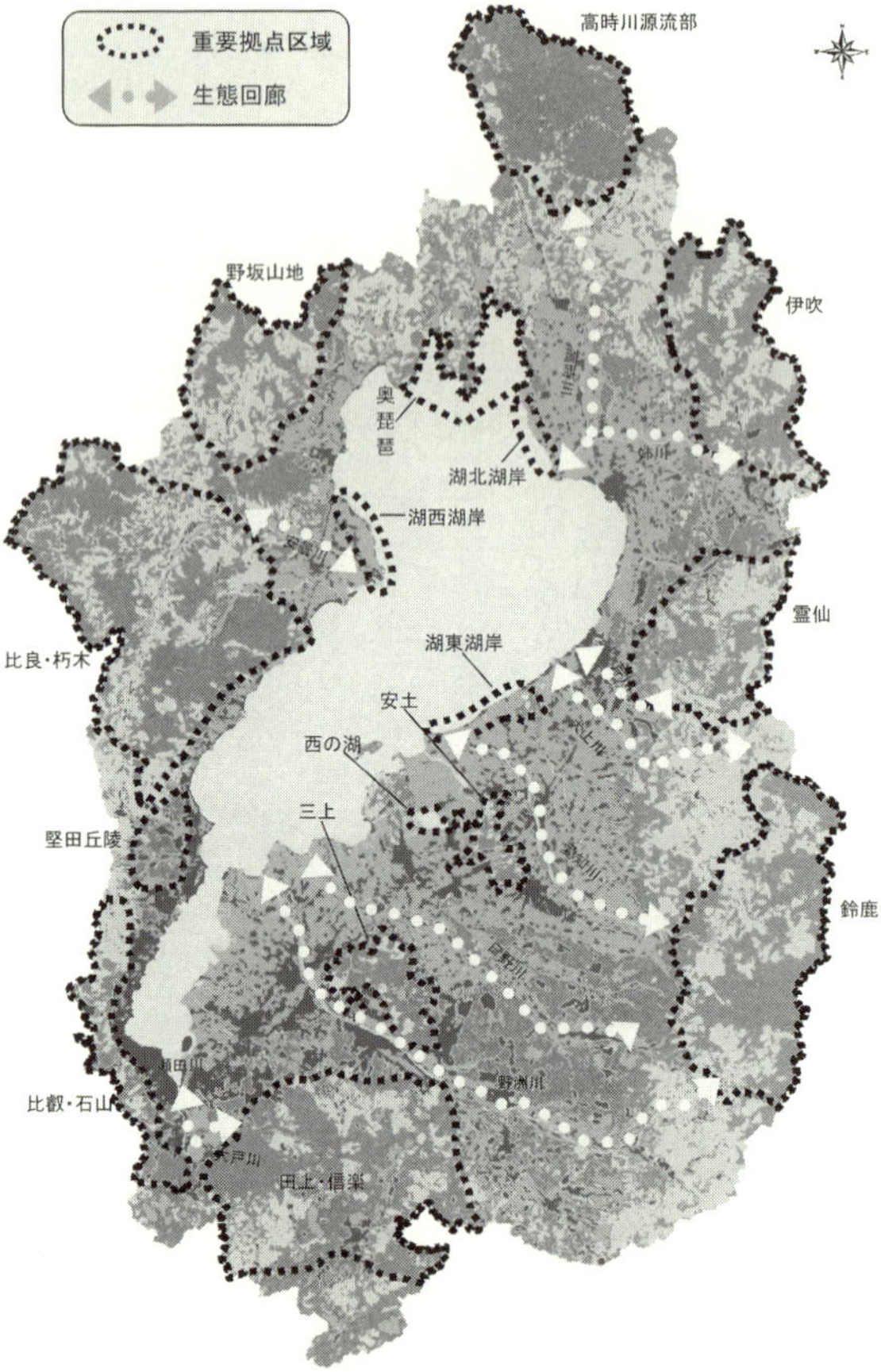

図6－2　重要拠点区域（16地域）と生態回廊として重要な河川（10河川）

重要拠点区域

1．高時川源流部	2．伊吹	3．霊仙	4．鈴鹿
5．安土	6．田上・信楽	7．三上	8．比叡・石山
9．堅田丘陵	10．比良・朽木	11．野坂山地	12．奥琵琶湖
13．西ノ湖	14．湖北湖岸	15．湖西湖岸	16．湖東湖岸

生態回廊として重要な河川

1．野洲川	2．日野川	3．愛知川	4．犬上川
5．芹川	6．姉川	7．高時川	8．安曇川
9．瀬田川	10．大戸川		

重要拠点区域を結ぶ位置にあり、重要な水域として次に示す一〇河川を「生態回廊として重要な河川」として抽出しました。

動植物の移動と分布

滋賀県における生き物の生息環境を、地理的情報を重ね合わせるという機械的な作業によって評価する試みを紹介しましたが、相手は生身の生き物ということを忘れてはいけません。つまり、移動しているということです。そこで次に、地域の生物多様性について考えるうえで重要となり、生き物のもつ特性でもある移動・分散について紹介したいと思います。

生き物がもつ移動・分散の能力は、地理的分布を決定する主要な要因です。ただし、実際に生き物が移動・分散した先でうまく生き延びて定着できるかどうかは、もちろんそれぞれの生き物がもつ生理・行動などの特性や病気・天敵の存在などの要因がかかわってきます。

まず、移動する動物について少し詳しく説明していきましょう。

渡り鳥は遠く離れた場所を季節によって移動し、それぞれの場所で繁殖したり、越冬をしたりしています。渡り鳥ほどではなくとも、身近な鳥のなかにも季節によって居場所を替えるものがいます。たとえばウグイスは、夏になると山のほうに上がり、夏が終わると里に下りてきます。このような季節的移動をする鳥のことを「漂鳥」と言います。

魚について見ると、大規模な回遊を行う代表例として、最近、完全養殖が成功したことで話題になっているウナギと、みなさんがよくご存じのサケを挙げます。ウナギは海流に乗って沿岸にやって来た幼魚が、川を遡って淡水の川や湖のなかで成長します。しかし、体が十分に成長したものでも、淡水にいるうちは卵巣や精巣が成熟することはなく、海へ下って、はるか南へと大移動をする間に成熟し、太平洋の真ん中の深い海で産卵することが分かってきました。

一方、サケは、自分が生まれた川へ産卵のために戻ってくる魚としてよく知られています。川で生まれた幼魚は海へと下り、広大な北太平洋を大規模に回遊しながら何年もかけて成長し、産卵ができる大きさに成長すると川に戻ってくるのです。渡り鳥のように、非常に大規模な移動を行う魚もいるのです。

次は、漂鳥のように、もう少し近い範囲を移動する魚を紹介しましょう。たとえばアユは、成長・産卵の場である河川と、稚魚の間育つ河口付近の海との間を行き来していますが、琵琶湖のアユの場合は、琵琶湖を海代わりとして、川と琵琶湖との間を行き来するという一生を送っています。また、滋賀県で実施されているニゴロブナなどを田んぼで育てる「魚のゆりかご水田(2)」という取り組みは、ニゴロブナやナマズなどのように琵琶湖やその周りの内湖や水路にいる魚たちが産卵のために田んぼに遡っていた現象を、人の手で手助けしているものです。

ところで、このような移動性をもった生き物たちは、その大小にかかわらず、それぞれが特定の環境条件を備えた場所を選んで生息しています。そして、育つ場所、寝る場所、食べる場所、子どもを残す場所がみな違っていることもあるのです。たとえば、気候風土が適していて、潜在的に分布・生息が可能なような所でも、実際に生き続けられるかどうかは、それ以外の複雑な要求が満たされているかどうかによって決まってくるのです。

地域で生き物を守ろうとするのであれば、こうした生き物の移動性を忘れてはなりません。守りたい生き物の移動性を考え、対象となる生き物が利用する複数の環境を守り、しかも相互間の移動ができるようにする必要があるのです。しかし、自然のなかで生き物たちがさまざまな環境を利用していることについて、私たちは無頓着なものです。生き物を守ろうとする場合でも、特定の場所だけに注目してしまって、生き物が必要としている環境を備えた場所の間を遮ったり、ある特定の環境を破壊したりもしています。生き物たちが一生を過ごす、あるいは日々の生活を送るにあたってどのような環境を複数で使っているのかを十分に理解し、それを損なわないような配慮が必要となります。

分布・生息に関する情報

地域にどのような生き物が住んでいるかを知るには、分布・生息に関する情報も重要となります。ここでは、滋賀県版の「レッド・データ・ブック（Red Data Book：RDB）」の二〇〇〇年版に掲載されている分布図を使って情報を収集してみましょう。例として紹介するのは、ツキノワグマ、イヌワシ、ゲンゴロウ、セタシジミで、それぞれ情報の出され方が違うことが分かると思います。

（2）田んぼや排水路を魚が行き来できるようにし、かつての命あふれる田園環境を再生し、生き物と人が共生できる農業緒・農村の創造を目指す活動。

まず、ツキノワグマの分布図（**図6－3**）ですが、なめらかな曲線で囲まれたエリアが分布想定域として示されています。これは、目撃情報や捕獲情報などから、生息していると推測される所の一番外側を含むようになめらかな曲線で結んだものです。ツキノワグマの場合、接近遭遇による人的被害もあるため、実際の生息状況に近い分布域が公開されています。

次に、イヌワシの分布図を見てみましょう（**図6－4**）。イヌワシの分布図は、画素数の粗いデジタル写真のように四角の凸凹で表現されています。滋賀県では、保全的価値と環境指標性がとくに高い猛禽類であるイヌワシとクマタカについては「保護指針」を定めており、そのなかで、イヌワシ、クマタカが潜在的に分布する可能性のある分布想定域を定めました。どのように定めたかというと、環境省の地図システムにおいて一番小さな三次メッシュ（約一キロメートル四方）を単位として、そのメッシュ内の標高、傾斜、植生などをもとに分布可能な条件が備わっているかどう

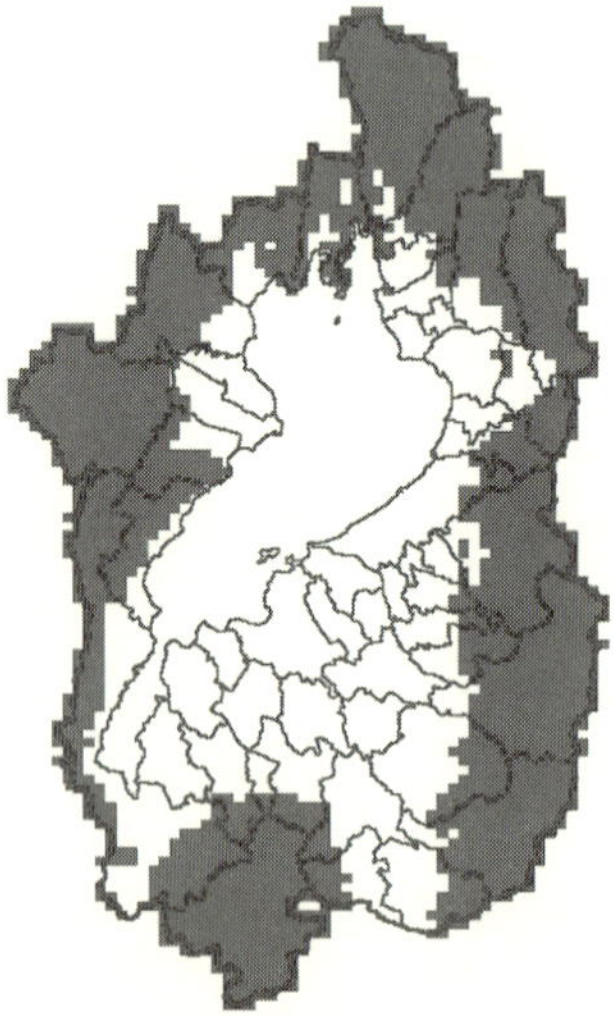

図6－4　分布想定域：イヌワシ

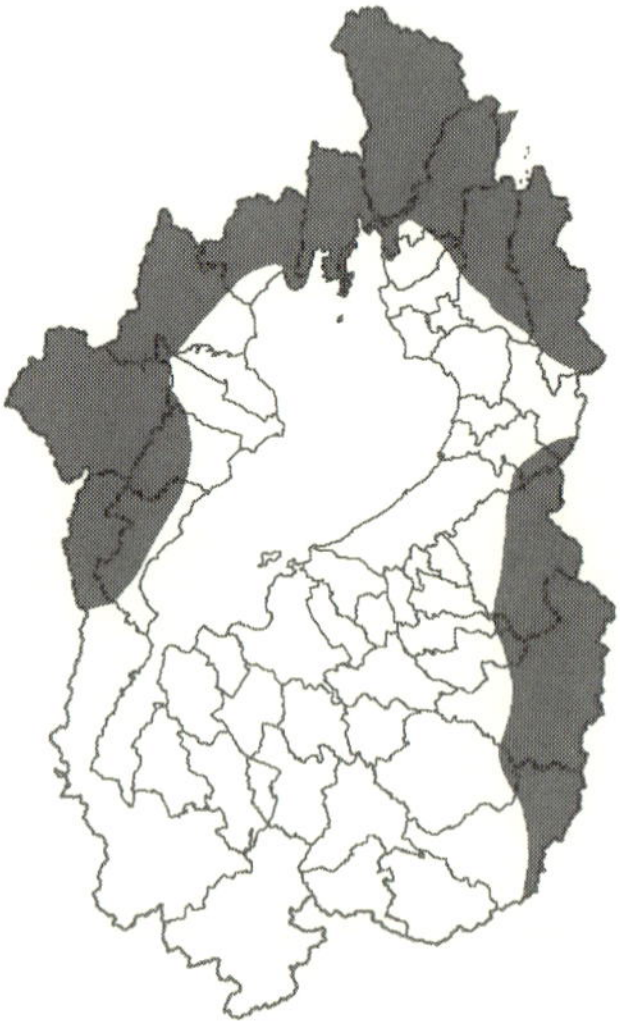

図6－3　分布想定域：ツキノワグマ

かを判断し、分布可能なメッシュをつなぎ合わせて分布想定域としたわけです。イヌワシの場合、食物連鎖の頂点に立つ猛禽類として非常に指標性が高く、環境影響評価（アセスメント）をする際に最大限配慮しなければいけない生き物であることから、潜在的に生息可能な範囲までを示しておく必要があるのです。

　次に示すのは、水生昆虫の一種であるゲンゴロウの分布図です（**図6－5**）。ゲンゴロウの仲間は、蒐集家に人気のある昆虫です。主な生息環境が池なので、捕りにくいと思われるかもしれませんが、実はペットボトルにエサを入れただけの簡単な仕掛けを使うと、ほとんど一網打尽にできるほど乱獲されてしまう昆虫です。マニアが喜ぶ昆虫ですから高く売れるので、具体的な場所が分かっただけですぐにいなくなってしまうかもしれません。ですから、情報をあいまいにして詳細な場所を示さず、生息地の情報はその場所のある市町村単位までにしています。

　あいまいな情報公開と言えば、二枚貝のセタシジミ

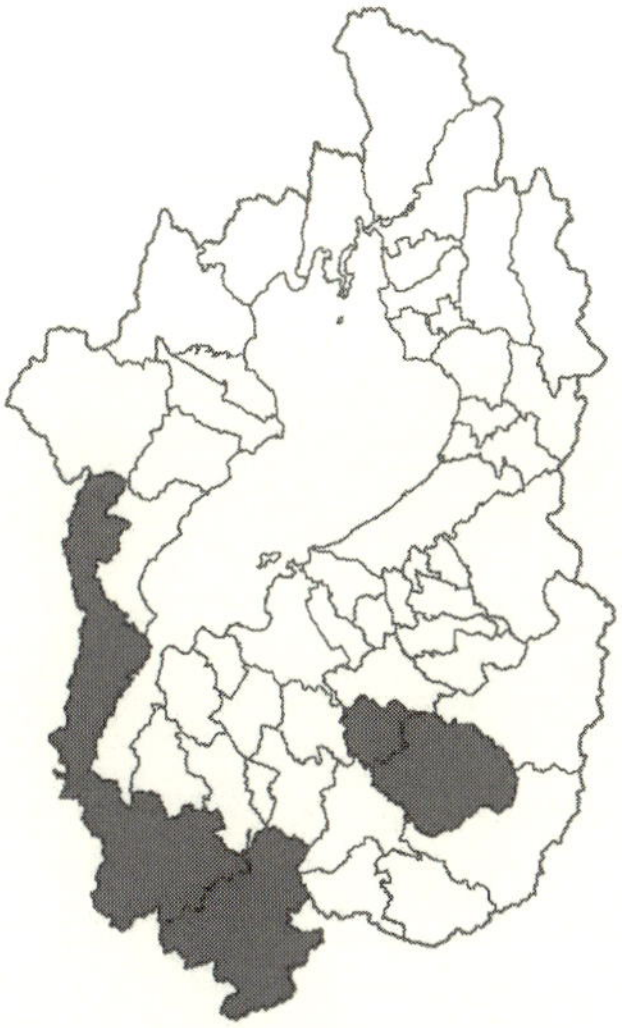

図6－5　分布想定域：ゲンゴロウ

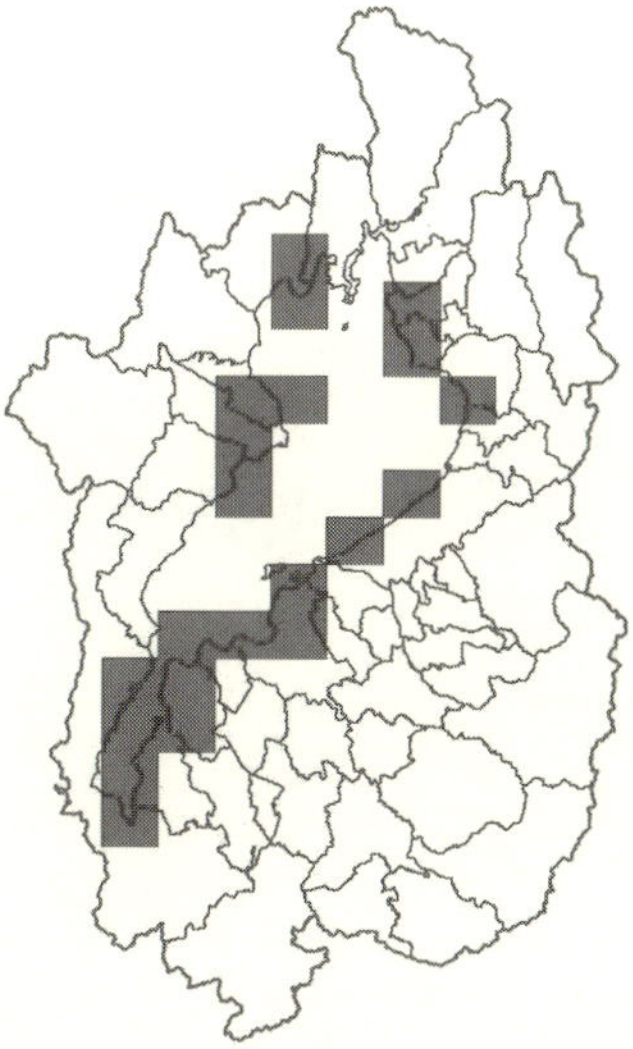

図6－6　分布想定域：セタシジミ

も同様です（図６－６）。貝類も愛好家が多いので、ゲンゴロウと同様に具体的な場所が分かるとすぐに荒らされてしまう種類は少なくありません。そこで、貝類全体の分布情報は、生息地を含んだ環境省の地図システムの二次メッシュの単位（二万五〇〇〇分の一の地形図の範囲）での公開となっています。

このように、一般的な資料を用いて、特定の生き物の分布・生息域がおおよそ分かります。とはいえ、地域に生息する生き物にはどのようなものがいるのか、またそれはどんな特徴をもっているのかを調べることは意外と難しいという事情があります。とくに、絶滅危惧種については、生息地に関する情報は書籍などを調べてもあまり詳しく出ていません。実際、滋賀県版の「レッド・データ・ブック」も、各種について分布図がつくられた二〇〇〇年版に続いて刊行された二〇〇五年版では、出版形式が非売品のＣＤ版から市販の一般書籍に変わったこともあって分布図は掲載されなくなりました。

このような事情の理由は、ゲンゴロウについて紹介したように絶滅を心配される状況にある生き物が増えてきており、しかもそのなかには、人間による捕獲・採取のされやすい種類も少なからず含まれているからです。つまり、どこにどんな種類の生き物が生息しているのかという情報は、本来、絶滅危惧種を守るために必要不可欠でありながら、その一方で、その情報が不特定多数の人々に公開されてしまうとその生き物の地域的消失に荷担してしまう恐れがあるのです。したがって、生き物の分布・生息情報の取り扱いには最大限の慎重さが求められるようになりました。

せっかく地域で絶滅危惧種を守ろうとしていても、その情報が公開されたら逆のことが起こるかもしれないというのは皮肉なことです。鳥や獣であれば法律（鳥獣保護法）で捕獲が禁止されているからまだ救いがありますが（それでも、珍しい鳥が飛来したという情報で愛鳥家が殺到してしまうこともあります）、昆虫や貝など、自由に捕獲・採取のできる生き物の場合は、絶滅危惧種であっても野生にいる個体は法律上無主物ですから、たとえ生息・生育地で積極的に保護していたとしても所有権などを主張することはできず、捕られ放題になってしまうという状況なのです。

このような状況への対応策の一つとして、法律（種の保存法）や条例（滋賀県では、「ふるさと滋賀の野生動植物との共存に関する条例」があります）で、特定の種については、捕獲・採取を禁止する旨が定められています。とはいえ、このような法令の対象となっているのは、ごく一部の種にすぎず、種の保存法の規制対象となる「国内希少野生動植物種」に指定されているのは八二種[3]、滋賀県条例の規制対象となる「指定希少野生動植物種」は二二種[4]しかありません。

このように、保全価値が高いとされる希少な生き物については分布・生息に関する情報がほとんど公開されていないため、一般的な文献資料だけで地域の生物多様性を評価していくことは非常に難しいのです。

しかし、このような状況下でも、生き物の分布・生息情報を得る方法があります。限定的にしか利用できない方法ですが、非常に有効なものです。それは、開発事業の計画地で事前に実施される環境影響評価（アセスメント）の報告書です。環境影響評価は、開発計画が一定の規模以上であれば実施が義務づけられているものです。

環境影響評価の手順は、最初にいろいろな既存の文献を調べ、事業調査地周辺に生息・生育が確認されてい

（3） http://www.env.go.jp/nature/yasei/hozonho/list_domestic.pdf

（4） http://www.pref.shiga.jp/d/shizenkankyo/furusato_toushin/index.html

る動植物の記録や、可能性のある生き物の種のリストを作成します。次に、実際に現場に行って現地調査を実施し、その結果、文献で予測されたものを含めて実際に確認された生き物の種のリストがつくられ、希少性が高いなど重要な種については重要種としてリストアップします。そして、重要種については生息・生育状況が詳細に調査され、開発された際の影響予測などについての検討がなされます。

このような報告書は一般書籍ではありませんが、公的な資料として公立図書館などで公開されています。滋賀県の場合、県庁の新館にある「県民情報室」でも閲覧やコピーが可能です。

環境影響評価の報告書は、それぞれの地域に棲む生き物の種類を知るには非常によい資料です。ただし、開発予定地域での調査情報しかありませんので、自分が調べようとしている地域についてこのレベルの情報が入手できるかどうかは分かりません。生物多様性の地域診断を実施する際には、その地域の周辺で環境影響評価が行われたのかどうかを確認しておくことも大切です。

生物多様性の階層

「生物多様性（biodiversity）」という言葉は、比較的新しくつくられたものです。一九八〇年代半ばに「生物学的多様性（biological diversity）」という言葉が初めて用いられ、有名な社会生物学者のE・O・ウィルソン(5)が著書の題名として『Biodiversity』を用いるなどしたため、次第に認識が広がっていきました。国際的には、一九九二年、ブラジルのリオデジャネイロで開催された地球サミットにおいて生物多様性に関する国際条約である「生物学的多様性に関する条約（Convention of Biological Diversity：CBD）」が採択されたことがきっかけとなって広がっていきました。日本もこの条約を批准していますが、この条約の枠組みで、生物多様性を守るためのさまざまな取り組みが世界各地で進められています。そして、冒頭で述べたように、「国際生物多様性年」にあたる二〇一〇年には、生物多様性条約の締約国会議（ＣＤＢ－ＣＯＰ10）が愛知県名古屋市で一〇月に開催されたわけです。

さて、この生物多様性にはいくつかの階層があります。とくに重要な階層は、「生態系の多様性」、「種の多様性」、「遺伝子の多様性」という三つです。それぞれについて、簡単に説明しておきましょう。

❶**生態系の多様性**――地形や陸上植生など巨視的なスケールの環境構造によって形づくられる森林、草原、湖沼、河川といった典型的なタイプの生息・生育環境に展開する生態系の多様性のことで、別の言い方をすれば「景観レベルで見られる多様性」のことを言います。

❷**種の多様性**――特定の地域や水域にどのような種類の生き物がいるかに着目した、「生き物の顔ぶれ」という意味での多様性です。この「種の多様性」は、よく「多様性指数」（あるいは「多様度指数」）という指標を用いて表されることが多く、その指標は、構成する種の数だけでなく、それぞれの種が出現する割合によっても影響を受けます。

❸**遺伝子の多様性**――遺伝子レベルで見ると、同一種内の個体群が地域によって異なるという個体群レベルの

（５）（Edward Osborne Wilson・一九二九～）アメリカの昆虫学者、社会生物学と生物多様性の研究者。バイオフィリア、コンシリエンスなどの理論提唱者、環境保護主義の支援者であるとともに、世俗的ヒューマニズムとブライト運動への支援、および宗教、倫理への対話的な姿勢によっても知られている。

多様性と、同じ個体群内のなかでも個体レベルで見ると違いがある、つまり個体群を構成する一匹一匹、一人一人が違っているという多様性があります。生き物の個体レベルの違いは、生まれてから育つプロセスにおいて後天的に影響を受けて形づくられる部分もありますが、すべての生物は遺伝子を設計図として体がつくられているため、生理的な特性などは決まっています。そのような、遺伝子が決定するさまざまな特性にかかわる多様性のことです。

地域に生息する生物の多様性を考える場合には、このような生物多様性の三つの階層を知っておく必要があります。そして、とくに地域によって動植物の顔ぶれが異なるという種の多様性や、同じ種類であっても地域ごとに遺伝的特徴が違うという遺伝子の多様性が、地域の生態系を評価して保全していくうえでのポイントとなります。以下では、三つの階層について、具体的に見ていくことにします。

生態系の多様性①——植生がつくる陸上景観

生態系レベルの多様性の基盤をなすものの一つが、その場所に生育する植物がつくりだす植生です。陸上の生態系においては、生育している植物の違いによって、森林、草原、竹林、湿原といった非常に異なった景観ができあがっています。さらに、同じ森林であっても針葉樹、落葉広葉樹、常緑広葉樹というように、森林の大枠を形づくる樹木（優占する高木樹）の種類によって、見かけの様子だけでなく樹冠の下に展開する生態系も大きく異なっています。

植生の分布は、気候や地形、地質、土壌といった環境条件によって、優先的に生育できる樹種が決まってくるため、地域によって特徴的な分布パターンができあがります。地域による植生の分布は、環境省が「植生図」としてデータをまとめています。この植生図の情報は、環境省生物多様性センターのウェブサイト「生物多様性情報システム」に入り、「植生図の閲覧」をクリックするだけで見ることができるように順次整備が進められています。(6)

残念ながら、現在のところ滋賀県は、県立大学のある彦根市を含む北東の三分の二ぐらいが「未整備」の状況で、県内すべての植生図をウェブ上で見ることができません。しかし、整備前の少し古いデータであれば印刷されたものがありますので、大学や地域の図書館、もしくは滋賀県庁の担当部局である自然環境保全課で閲覧することができます。

植生は、地域の生態系の基盤をなすものです。冒頭で紹介した「滋賀県ビオトープネットワーク長期構想」を検討する際にも、最初は植生の分布状況から考えていきました。その理由は、陸上の場合は気候条件や地形・地質によって育つことができる植物の種類が決まり、それによって植生も決定され、その種類によって棲むことのできる動物も決まってくるからです。このことは、植物は生き物であるとともに多くの動物にとっては生息環境の一部であるということを意味しています。

このような考え方に基づき、地域の生物多様性を評価するうえでは「まず植物ありき」と考えるわけです。

---

(6)　http://www.vegetation.jp/

ですから、植生図が示す植生のデータは、地域の生物多様性を考えるにあたっては基盤をなすデータとなるわけです。

図6－7は、滋賀県におけるビオトープネットワークについて長期構想を決めていくにあたり、オリジナルの植生図をもとにして、自然林、二次林、植林地、水田等、畑・果樹園、開放水域、自然裸地、ゴルフ場、市街地という九つのカテゴリーにまとめて整理し直したものです。この図で自然度の高い環境を示すカテゴリーは、「自然林」が該当します。こうして可視化する作業によって、自然林が集まっている部分が生態系的には重要な地域と考えることができます。

滋賀県の山地における典型的な自然林としてはブナ林が挙げられます。左に掲載した写真は、高島市、旧朽木村の山奥に位置する生杉《おいすぎ》のブナ林です。一方、滋賀県の最高峰・伊吹山の山頂周辺には、森林ではなく「お花畑」として知られる草原が広がっています。同じ山の上に見られる植生でも、高木の生える自然林もあれば、草本で覆われる草原もあるのです。つまり、場所によってまったく違う景観が展開していることがあるのです。

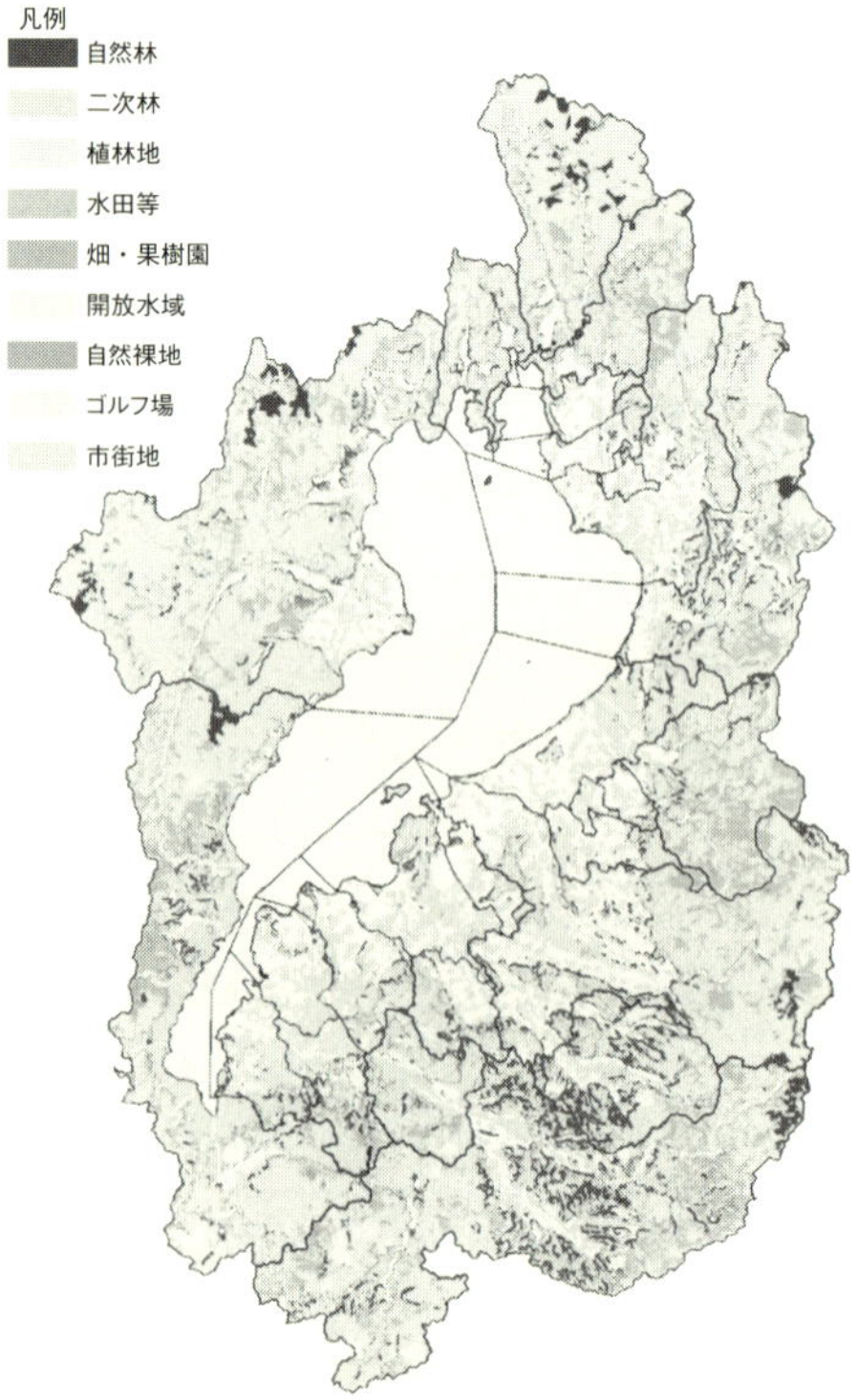

図6－7　滋賀県の植生図　環境省のオリジナルを九つのカテゴリーに整理した（図は自然林のみを強調）

もちろん、伊吹山の山頂にも丈の低いブナが生えているなど両者に共通する種もありますが、植生の構成種の多くが異なっているため生息する動物の種類も違っています。

この例からも分かるように、森林と草原とを比較して、どちらのほうが「よい」かと問うこと自体が不適切であることが分かります。大切なことは、それぞれのもつ本来の特徴が守られていることなのです。

生態系の多様性②——河川・湖沼の水域景観

陸上の景観と同じように、河川や湖沼といった水域環境においても場所によって変化に富んだ景観が広がり、それぞれが異なった生態系を展開しています。最近の琵琶湖では、水草が大量に繁茂して水中の景観に大きな影響を与えていますが、そうした水中の植生の発達にも大きな影響を与えているのが水域環境における水の存在です。そして、水の性質や動き方を決定する地形や地質が水域環境の景観

高島市（旧朽木村）にある生杉のブナ林

を大きく左右しているのです。

河川の場合は、山深く険しい地形のために滝や小さな淵が連続する水温の低い源流域、イワナやアマゴといった冷水魚が泳ぐ上流部、少し下りてきて、川幅が広がり山の間を蛇行しながら流れ、川筋には淵や早瀬、平瀬があり、アユが藻をはんでいるような中流部、そして周辺に平野が広がり、川幅がさらに広くなってゆったりと流れる下流部といったように、水源から河口まで流れ下る流程に沿って変化するさまざまな景観があります。

川の環境が上流、中流、下流で違っているのは、水温や川の流れの速さ、河床の底質の状態などが大きく異なっているからです。それに対応して、棲んでいる生き物も上流、中流、下流では相当に違っています。さらに、ごく近接した場所でも、流れの速い瀬と水がよどむ淵とでは生息する生き物の種類が驚くほど異なっていることが普通です。それゆえ、瀬と淵は地域の生き物を調べる際の基本単位になっています。瀬には、岩の表面やその裏側に、水の抵抗を受けにくい体の形をした生き物が棲んでいます。一方、流れが緩やかな淵では、底に泥や砂が溜まって柔らかくなっているので水底に潜るのが得意な生き物が見られます。

次に、湖沼について考えてみましょう。滋賀県が誇る日本最大の湖である琵琶湖の湖岸には、地質や地形、波の当たり具合によって岩礁、転石浜、砂浜、ヨシ原といった多様な景観が連なっています。その景観ごとに、棲んでいる生き物が違うというのは河川の場合と同じです。

さらに琵琶湖の場合は、沖合いに広大な水塊(7)が広がっています。そこでは、表層近くをアユが群れをなして動物プランクトンをついばみ、ゲンゴロウブナが口を大きく開けて泳ぎながら植物プランクトンを鰓《えら》で濾しとって食べています。そして、一年を通して冷たい水が蓄えられた水深二〇メートル以上の深い所では、冷水魚

長浜市（旧湖北町）の内湖岸に広がるヨシ群落。背後中央に竹生島が見える

琵琶湖の周辺水域として重要な内湖である西の湖。大規模なヨシ群落が発達している

のビワマスが回遊しています。

沖合いの深い所に広がる深底部も独特の環境です。琵琶湖の最深部は水深一〇四メートルもあり、そこは光がほとんど届かないために暗く、柔らかい泥の底が広がっており、水温は年間を通じてほぼ一定で、八度ぐらいしかありません。このような深底部には、種類は多くありませんが、ビワオオウズムシなど氷河時代から生き残っている独特な生き物が見られます。

ところで、前ページに掲載した二枚の写真が示す景観はどちらも湖岸のヨシ群落ですが、見たとおりかなり違った環境になっています。別の場所なので当たり前ですが、実際調べてみると、同じ湖岸に発達するヨシ原であっても、棲んでいる生き物がかなり違うことが分かります。このように、よく似た環境でありながら生息する生き物の顔ぶれが違うという現象は、次に紹介する「種の多様性」というレベルの生物多様性だと言えます。

種の多様性

「種の多様性」は、特定の地域・水域において生息・生育する生き物の種類組成に基づくものです。既存の情報として挙げられるのが、都道府県レベルの「レッド・データ・ブック」で、その地域内の生き物が危機に瀕している状況を伝えてくれていますが、先に述べたとおり個別的な分布情報についてはなかなか公開されておらず、地域診断に使える情報を得ることが難しいです。それゆえ、開発事業を行う際に先んじて実施される環境影響評価の報告書のことを一五三ページで紹介したわけです。対象が調査地に限定されるとはいえ、絶滅危惧種を含めた生き物の生息情報がある程度掲載されているので、必要に応じて参照してください。

ここでは、種の多様性に関係の深い生き物が存続を脅かされている状況について少し詳しく触れておきます。まず、これまでにも断片的に触れた「レッド・データ・ブック」に関連した説明を行います。この書籍は、国や都道府県が野生の生き物の現状について調査し、それぞれの種の絶滅のおそれを評価した結果、絶滅のおそれがあると判断された種をリストアップした「レッド・リスト」に基づき、それぞれの種について現状を解説したものです。

このリストづくりの第一段階は、分布・生息に関する情報や、個体数・生息密度に関するデータを収集・整理し、それをもとに各生物の専門家がどの程度絶滅が心配されるかをランク付けします。その結果、植物とか昆虫とか、生き物のグループごとに絶滅のおそれの高さに応じたカテゴリー毎に判定された種のリストができあがります。レッド・リストに掲載された種が具体的にどういう状況なのかを、情報公開がどこまでできるのかといったことに配慮しながら、それぞれの種について解説したものが「レッド・データ・ブック」です。これを見ることで、どのような原因でその種が追い詰められているのかが具体的に分かります。環境省では、国レベルの評価としてレッド・リストをおよそ五年ごとに発表して、その何年か後に「レッド・データ・ブック」を出しています。

（7）（water mass）海水温、塩分、溶存酸素、栄養塩類などが一様な海水の塊のこと。この範囲では、水色、透明度、プランクトンなどの特性もほとんど同様で、この区間の境界は、これらの性質が比較的急激に変化する不連続帯となっている。水塊の成因として、日射と放熱、蒸発と降水などの大気との熱や水分の交換作用のほか、陸地付近では陸水の流入や氷結現象などが関係している。

都道府県でも「レッド・リスト」や「レッド・データ・ブック」づくりが行われていますが、都道府県の場合は、何年かに一度レッド・データ・ブックを刊行して、それに掲載されている種が「レッド・リスト」ということになっている場合が多いようです。滋賀県の場合は、先に述べた「ふるさと滋賀の野生動植物との共生に関する条例」によって生き物の現況調査とその結果の公表をおよそ五年ごとに実施することになっており、これまでに二〇〇〇年度、二〇〇五年度、二〇一〇年度に「レッド・データ・ブック」が刊行されています。

それから、レッド・リストを公表する際に重要な情報として、同じ地域内に分布・生息する生き物の全種のリストがあります。これがあることで、全体のなかで絶滅のおそれのある種がどの程度の割合で含まれているのかなど、危機の状況を相対的に理解することが可能となります。この全種リストをきちんと出している県もありますが、残念ながら滋賀県はまだできておらず、県内にどれくらいの生き物の種類がいるのかを述べることができません。しかし、生き物のグループによっては全種のリストがすでにできているものもあり、近いうちに全リストができる予定と聞いています。

ところで、それぞれの地域に今ある生き物の顔ぶれは、長い歴史のなかでそこにやって来たもののうち、仲良く調和的に暮らせるようになったものたちが選ばれた結果であり、当然、ほかの生き物とうまく折り合いが

滋賀県のレッド・データ・ブック
（右：2000年度版、左：2005年度版）

つかず、消え去ってしまったものもあるはずです。

そのような、過去何千年、何万年にわたる自然の実験結果が、現在私たちの周りに生息・生育している地域在来の生き物たちが織りなす自然の世界なのです。そうした自然は、長い歴史のプロセスのなかで仲良くできないものが抜け落ちていった選りすぐりの顔ぶれとなりますから、その場所の環境条件に適した調和的な組み合わせと言えるでしょう。

遺伝的な多様性

同じ種類の生き物が地域によって固有の遺伝的特徴をもつという「地域性」が見られる現象や、特定の集団を構成する個体を見たときの個体差、個体性（あるいは［遺伝的な］個性）が見られる現象を、遺伝子レベルの多様性と言います。

同一種の生き物が地域性を示す例として、身近な

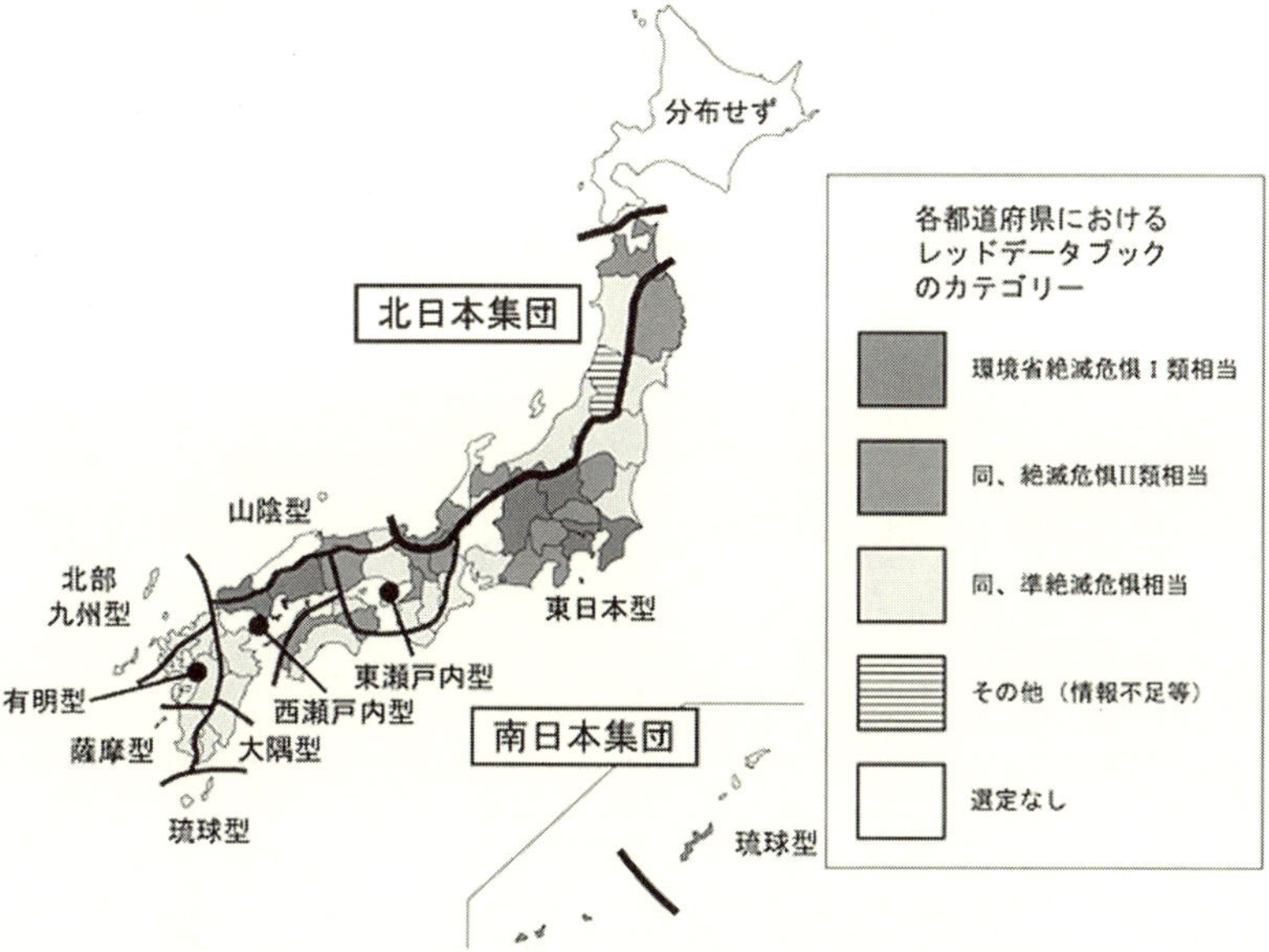

図6－8　メダカの地理的変異と都道府県別の絶滅危惧状況

魚の代表格とも言えるメダカを取り上げます。現在、環境省の絶滅危惧種（絶滅危惧Ⅱ類）に指定されているメダカは青森県から沖縄県にまで自然分布しており、各地でいくつもの遺伝的な集団に分けられます。

図6－8は、メダカの遺伝的特徴の地理的変異と、都府県別に見た絶滅危惧の状況を示した地図です。まず、メダカは「北日本集団」と「南日本集団」とに大きく分かれ、南日本集団はさらに「東日本型」、「東瀬戸内型」、「山陰型」などと、遺伝的な特徴によってさまざまに区別されています。遺伝的に区別できるということは、歴史的に見ると、何万年、何十万年という時間的スケールでの隔たりがあるということを意味します。そして、このように地域で暮らしてきた生き物の性質はその地域の環境条件に適したものが選ばれてきたはずなので、気候などの環境条件の違いを反映して、それぞれの地域で獲得された性質が異なっていると予想されます。逆に言うと、ある地域に適した性質は、ほかの地域では適していない可能性があるということです。

たとえば、沖縄メダカは暑さに対する耐性を獲得していても、寒さに対する耐性については獲得する機会が不十分である可能性があります。仮定の一例として、沖縄メダカを青森に放流したとしましょう。放流された沖縄メダカと青森メダカが交配した場合、青森メダカがもともともっていた特長が薄れてしまう可能性があります。そこへ大寒波が来たらどうなるでしょうか。青森メダカがもっていたはずの寒さへの耐性が沖縄メダカと混ざったことで損なわれ、そこに生息するメダカが全部がダメになるかもしれません。

このように、メダカの場合、遺伝的な差があっても、別の地域のもの同士が出会ってしまうと簡単に交配して混ざってしまうくらい近い間柄なので厄介です。最近では、ホームセンターなどで赤いヒメダカをはじめとしてさまざまな品種が安く売られていますが、祖先がどこか分からない販売個体を野生に放つと地域性を損なう結果となることを知っておいてください。

地域在来の生物多様性の大切さ

これまで見てきたように、地域の生き物を守るのであれば、同じ種類でありながら別の地域のものが侵入して交配することによって元からいた生き物の特長を薄めてしまい、悪影響を与えるという側面を理解しておかなければなりません。ある地域に生息する生き物は、その地域で何千年、何万年にもわたって歴史的なさまざまな試練を経て生き延びてきたものです。長い時間をかけて獲得してきたその地域に適した性質は、将来にわたって生き延びていくうえでの安全性を保障してくれるものとも考えられます。

この安全性の保障は、種類の組み合わせについても同様です。その地域で何千年、何万年にもわたって選ばれてきた生き物たちの組み合わせは、調和的に安定した持続できる組み合わせだと考えられます。だからこそ、将来にわたってその組み合わせも守っていかなければならないのです。

地域の生き物がなぜ大切で、守らなければならないのかというと、「遺伝子の多様性」の面にせよ、「種の多様性」の面にせよ、非常に長い地史的時間を経た結果であるというかけがえのない「自然の遺産」だからです。そして、この自然の遺産は、その地域の気候風土のもとで歴史的な試練を経た結果選ばれてきたものなので、同じ場所で将来にわたっても存続が保障されなければならないのです。

ただ、このように地域在来の生き物を大切に思う気持ちは、生き物好きの人や自然保護に携わる人がもっているだけでは不十分です。地域の住民や行政の関係者も、その大切さに共感することが必要なのです。そのためのヒントとなるのは何か？　私は次のように考えています。

古いもの、歴史の試練を経たものには、誰しも大切にしようという気持ちを抱く人間の本能的とも言える性向があります。歴史的な遺物など、古いものを無条件に大切だと私たちが思ってしまう背後には、「時間」というものに対して、どうすることもできないがゆえにある種の畏敬の念を抱いてしまうことがあるのでしょう。だから、古いもの、年老いたものを、時間のやり直しのきかないものとして大切に扱っているのではないでしょうか。

そういう意味でいくと、地域の生き物の組み合わせや同じ種類のなかに見られる地域性は、私たちが日常的に触れる「古いもの」の時間尺度よりもさらに古い、何万年あるいは何十万年という時間を経た結果だということが分かります。ですから、それくらいの長い時間を経た存在だということを感覚的に知ることさえできれば、人間の性向ゆえに大切にしなければならないと理解してもらえるのではないでしょうか。一般の人々にそのことをどのように知ってもらえるか、その方法を開発することも今後の重要な課題だと思っています。

幸い滋賀県では、「多くの固有種がいる琵琶湖」が生物多様性の地域性として、また、その背後には「世界有数の古代湖」としての歴史性があることを多くの人々が認識しています。こうした歴史性は、古代湖という特殊性だけでなく、琵琶湖を取り囲む陸域・水域の生物多様性の地域性についても、程度の差こそあれ言えることです。このようなとらえ方が、自然遺産を守る方法だと思います。

また、それぞれの地域で私たちの祖先とともに歴史を共有しながら今日までずっと過ごしてきた生き物たちを将来にわたって大切にしていくことは、生き物たちが織り成す自然から得られるさまざまな恵みを享受する権利を将来世代にも保障するということです。このことは、世代間倫理の観点からも非常に重要です。

　みなさんがいろいろな形で地域診断を行っていくなかで、あくまでも生物多様性を育む自然環境は一つの指標でしかないでしょう。この一つの指標がどのように重みづけられるかは、その地域がもっている方向性によるのかもしれません。いずれにしろ、この身近な生き物たちの棲める状況を守ることは、長い時間をかけて生き物とともに人間がつくってきた地域の歴史の継承につながるということを忘れないでください。それさえ忘れなければ、生物多様性が地域ごとに違っていて、地域ごとの特性を崩すことが不自然だという結論に至るはずです。

第7章

滋賀県（近江）の歴史の特性

水野　章二

この章で学ぶこと

- 近江国の地理的特質
- 琵琶湖においてなぜ湖上交通が発達したのか
- 近江で特徴的な集落の形態

キーワード

琵琶湖集水域、湖上交通、京への物資供給
村の重要文化財、惣村、人口当りの寺院数

葛篭尾崎。かつては舟が主要な交通手段であった

近江国の形

近江国の特色の一つとして、完結性の高い地理的・歴史的な空間であるという点が挙げられます。近江国は、琵琶湖の集水域とほぼ一致しており、それが現在の滋賀県の骨格を形づくっています。現在、四七都道府県がありますが、その多くは古代以来の国となんらかの連続性をもっており、まったく無関係に県域ができているケースは少数と言ってよいでしょう。しかし、一つの水系が一つの国・県の単位となる非常にクリアなケースは、全国的に見ても稀です。

図7－1は、かつて近江国を構成した一二郡の配置を示したものですが、琵琶湖を中央に置き、国境は分水嶺となっています。ちょうどバウムクーヘンを切ったように、放射状に郡が設定されています。甲賀郡や野洲郡のように例外はありますが、原則的には国境の山地・平野・琵琶湖、そしてそれを貫流する河川が郡の基本的な構成要素になっています。

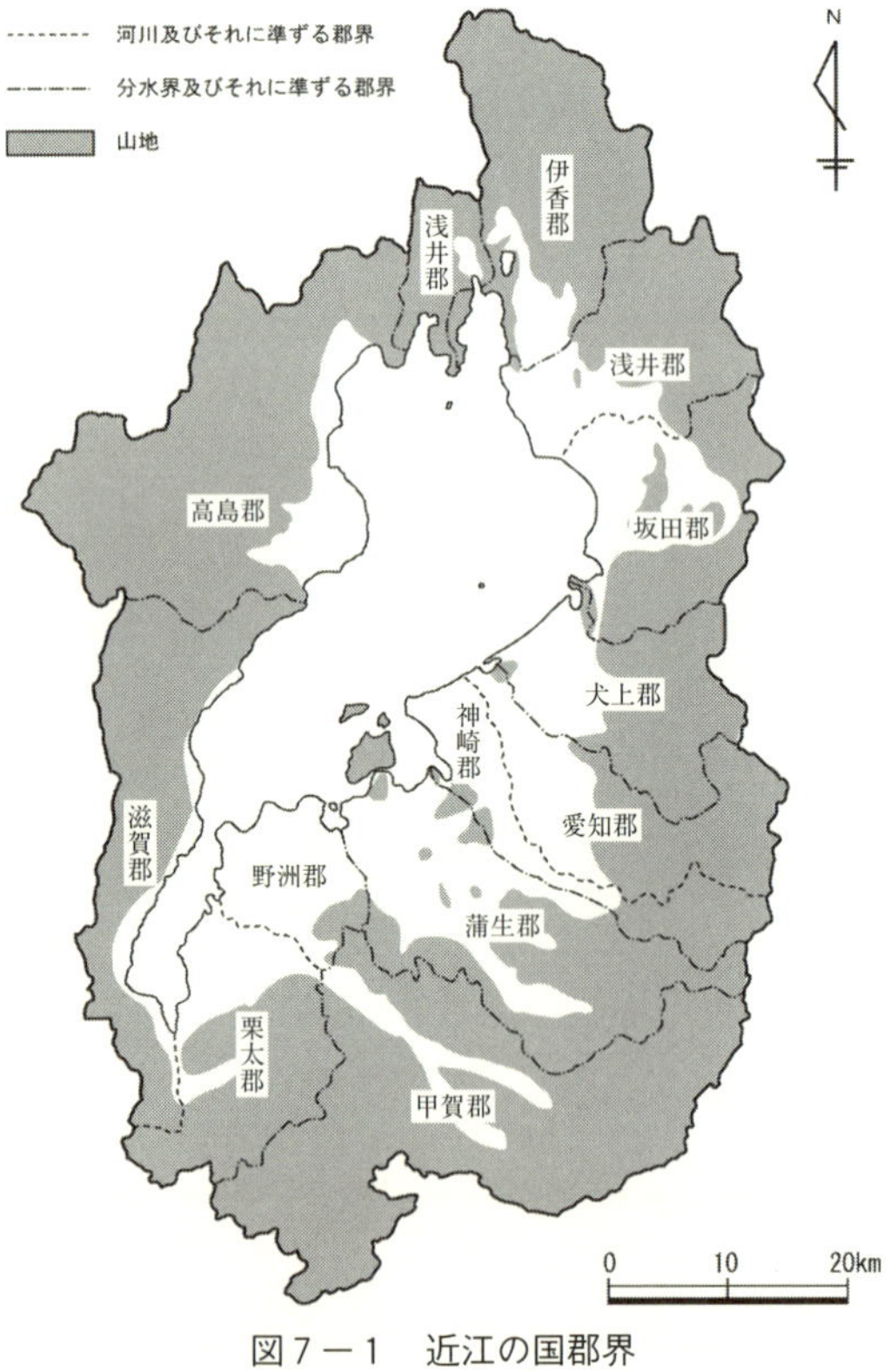

図7－1　近江の国郡界

京を支えた湖上交通

近代以前の社会では、近江国は都のすぐ近くに位置して、北国や東国のものはすべて近江を通過する交通の要所でした。また、都に求心していく、さまざまな社会的分業が発達した地域でもあります。

たとえば、北日本のさまざまな物資はどのように運ばれたかというと、重貨は船が中心でした。人力や牛馬では非常にコストがかかるからです。古代国家が規定していた日本海側の物資の公式輸送ルートは、各地から船でまず敦賀に運ばれ、そこから陸路で塩津に入ります。そして、塩津からは船で大津に着き、そこから再び陸路で京都へ運ばれたのです。また、若狭の場合は別のルートを通ります。こちらの場合は、西津（現・小浜市）から陸路を通って湖西高島の勝野津に入りました（**図７－２**を参照）。

このように物資輸送には琵琶湖水運が重視されていたのですが、これは船のほうがコスト的に有利だったからです。このルートは、

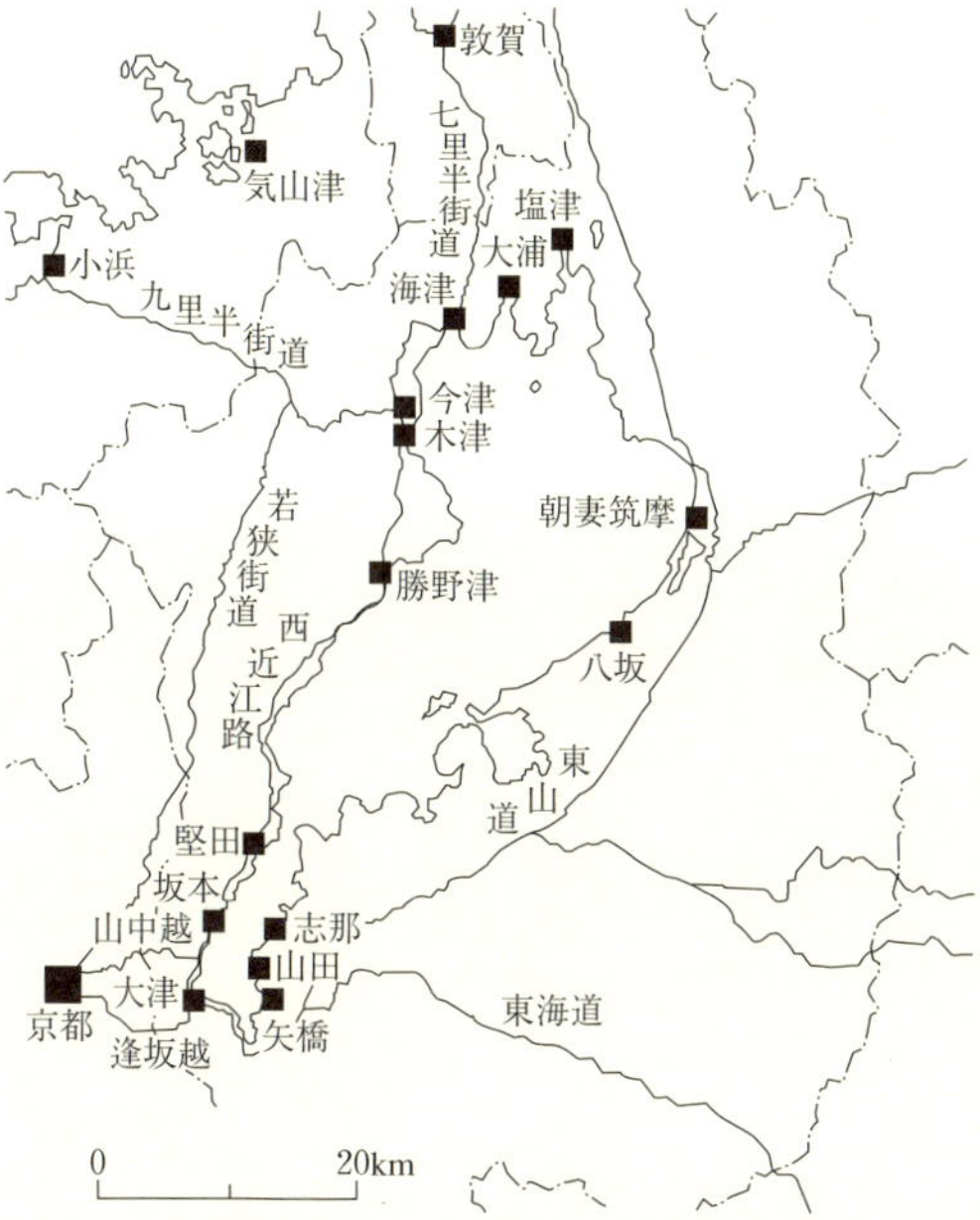

図７－２　中世の琵琶湖の津

日本のもっとも重要な人とモノの行き交う交通路の一つとして、長くその役割を果たしました。やがて江戸時代の中頃に西廻り航路が開かれ、北日本から日本海、瀬戸内海を経て大坂に至り、淀川を遡って京都へという、遠廻りではあるけれども、積み替えコストのかからない新しいルートが成立します。それまで塩津は最重要物流拠点の一つでありましたが、現在、その面影はありません。琵琶湖は日本最大の水上交通路であり、かつて敦賀から塩津にかけては、物流の大動脈となっていた地域だったのです。

湖上交通と郡の形

図7-1をよく見ると、浅井郡が二か所に分かれています。これは、二つの地域が湖上交通によって深く結び付いて、一つの郡を形成していたことを示しています。浅井郡の一部を拡大したものが**図7-3**です。浅井郡は一八七八（明治一一）年の郡区町村編制法にともなって「東浅井郡」と「西浅井郡」に分割され、その後、一八九七（明治三〇）年に西浅井郡は伊香郡に編入されています。

近代以前の帆船では、琵琶湖上をそのまま南下し、大津に直行することは困難でした。順風を待ちながら津を点々と伝っていく必要があり、そのための湖上交通網が形成されていたのです。湖北でも、塩津・大浦・菅浦・尾上・早崎など、古くから湖上交通によって緊密な関係が生み出されていったのです。

塩津や菅浦・大浦は、『万葉集』（巻九－一七三四）の「高島の阿渡の水門を漕ぎ過ぎて塩津菅浦いまか漕ぐらむ」などをはじめとして、多くの古歌にも詠まれた古くからの重要な津でした。東西浅井郡の接点には、湖の女神を祀る竹生島が位置し、浅井郡全域からの信仰を集めています。陸上交通で北陸と結び付いた伊香郡に対し、湖上交通で結び付いた郡が浅井郡という地域単位になっていたのです。

また、**図7－3**は塩津湾を挟んだ飛び地関係も示しています。現在のように陸上交通を中心に見ると、片山の飛び地が葛篭尾崎東部にあるのは奇異な感じがしますが、近代以前の社会では、湖上交通こそがもっとも有効な交通手段でしたので何ら不思議なことではありません。葛篭尾崎の先端部は延勝寺の飛び地になり、竹生島は早崎の飛び地になっています。これは、湖上交通がもたらした所有関係ということになります。湖上交通を前提に、直接目視でき、もっとも容易に資源にアクセスできる形態に村落の空間が成立しているのです。

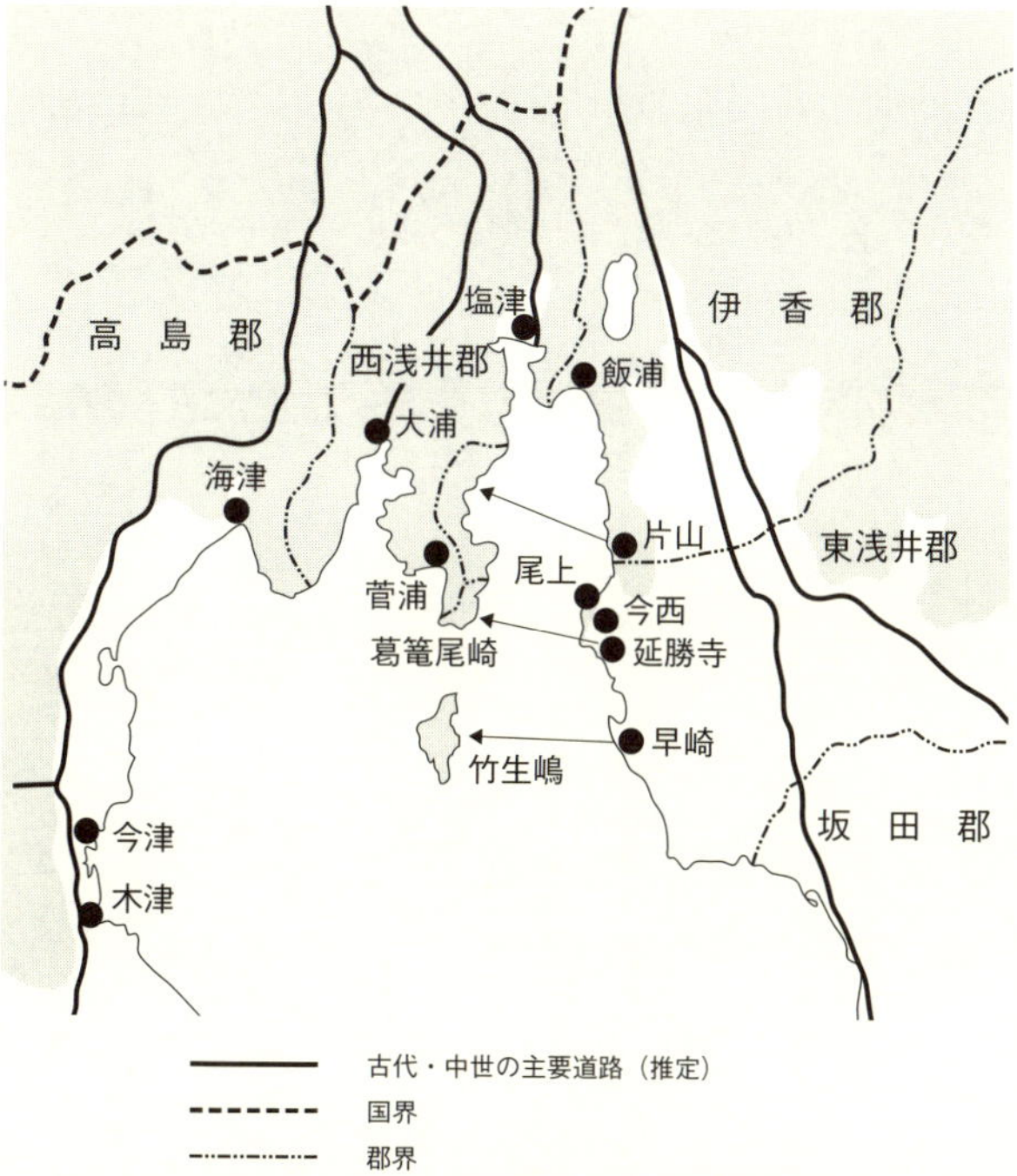

図7－3　明治前期の湖北地域

現在の感覚から琵琶湖岸に沿って道を造れば、より簡単に資源が利用できると思う人もいるでしょう。しかし、近代以前においては、琵琶湖の水位は大きく変動していました。現在でも、南郷洗堰で琵琶湖の流出量をコントロールしなければ、季節によっては一メートル以上も水位が変動しますし、ときどき台風・長雨などによる増水や異常渇水に遭遇することもあります。前近代社会では、それらがもっと激しく出現するのです。湖北のような沈降地形で、すぐに山が迫り、平地の少ない地域では、湖岸に道を造ったとしても水没の危険に曝されてしまいます。ですから、琵琶湖岸には安定した道はつけられなかったのです。現在のような琵琶湖を廻る快適な湖岸道路が建設されたのは、ごく最近のことなのです。

なお、琵琶湖岸には、水位変動によって水域になってしまうゾーンが広がっていました。一部は、近年までヨシ帯などとして残されていたのですが、近代以前では、このような陸域と水域が入れ替わるようなあいまいなゾーンが多く存在していました。当然、そのような地域では、湖上交通が有効でした。浅井郡の特異な郡域が成立し、**図7－3**のような土地の領有関係が生まれたのは、このような湖上交通が優越する地域の特色からと思われます。

しかし、近代以降になって湖上交通が機能を低下させ、陸上交通に取って代わられていくと、浅井郡は分割され、西浅井郡は消滅してしまいます。伊香郡と合併したほうが便利となり、東西の浅井郡をつなぐ必要性がなくなったのです。

このような郡の形を見ても、近江国・滋賀県のもつ性格がよく分かります。近代以前の社会は農業が中心なので、山地と平野と湖、そしてそれらを貫く水系が重要であり、河川あるいは分水界が郡の境界になっていました。近代に入ると生活圏が拡大し、日常的な人の移動も激しくなっていきます。郡は意味を失い、市町村は合併を重ねながら、以前とはまったく異なったものとなりました。

都への物資供給

近江は京都への通過点というだけではなく、都にさまざまな物資を供給する重要な地域でした。たとえば材木は、現在は主にトラックで輸送されていますが、かつては大きくて重量のあるものは水路で運ぶしか方法がなかったのです。近江は材木を供給する重要拠点として早くから注目され、奈良時代には甲賀や高島・田上などに、材木を切り出すための杣《そま》が設置されていました。また、のちには、飛騨・木曾などから切り出された材木も、琵琶湖を通って京都へと運ばれたのです。

漁業でも同じです。現在、琵琶湖の漁業はあまり盛んとは言えません。現在流通している魚の多くは海のものですが、海産物が流通するようになったのは冷凍や輸送技術が発達したからです。現在食べるような握り寿司が普及するのは、江戸時代の終わりからです。それは、大都市が発展し、都市住民の需要のためのさまざまな漁法・流通が発達し、大量に鮮魚が供給できるようになった結果なのです。

それまで海産物は、産地近辺を除けば、乾燥・塩漬け・発酵などの加工品が普通で、生《なま》の新鮮なものは淡水魚が基本でした。琵琶湖の魚は、都でもっとも喜ばれた生鮮食品の一つだったのです。近江は農・林・漁業が発達し、都へさまざまな物資を供給する一大産地でした。

豊かな村落文化

現在、国の重要文化財を一番多く保持しているのは東京都で、二番目に多く保持しているのは京都府です。東京には大きな博物館がいくつもあり、それらが多くの収蔵品を有しているためですが、もともと東京にあったものは非常に少ないです。京都には歴史ある寺社などが多くありますから、これは当然でしょう。次が奈良県や滋賀県ですが、彫刻や建造物では滋賀県が日本で第三位となります。

滋賀県の重要文化財の特徴は、東京や京都とはまったく異なります。東京や京都では博物館や大寺社などに集積されたものが中心であるのに対し、滋賀県の文化財の多くは村落が伝えたものです。たしかに、滋賀県にも比叡山延暦寺や園城寺などといった有名な寺院があるのですが、焼き討ちの影響などもあって、文化財が集中しているというわけではありません。滋賀県の文化財の多くは、村落によって代々守り伝えられてきた「村の重要文化財」と言えるものなのです。

たとえば、湖北地域には、渡岸寺《どうがんじ》の国宝十一面観音立像をはじめとして、優れた十一面観音像が多く伝えられています。九世紀〜一〇世紀のものが多いのですが、前述したように、湖北の交通上の重要性に起因しています。十一面観音像以外にも、奈良時代以来の多くの文化財が残されており、「式内社《しきないしゃ》」と呼ばれる律令国家が祭祀した神社が全国的にももっとも濃密に分布しています。また、甲賀地域にも十一面観音像が多く残されていますが、やはり有名寺院に集中しているのではなく、村々の寺社で保管されています。これが、滋賀県・近江の文化財の残り方なのです。

古文書についても同じで、村落が伝えた文書の宝庫になっています。また、さまざまな民俗資料などもよく残っています。それとともに忘れてはいけないのは、伝統的・歴史的な景観や環境が良好に保存されていることです。東京や大阪・京都のような大都市周辺では村落社会は都市化に飲み込まれていったわけですが、近江の場合はさほど都市化は進んでいません。これが歴史に携わる人間にとって、大きな魅力となっています。村々が非常に発達した文化的環境を守り伝えていること、このことが近江のきわだった魅力です。

惣村

全国的に見て近江は、もっとも発達した地縁的な村落結合を成立させた地域です。村落の中心には鎮守や村堂があり、各村の入口・境界が明瞭に意識され、その境をめぐるさまざまな儀礼が発達してきました。それはカンジョウカケ（勧請掛け）であったり、お地蔵さんやさまざまな宗教施設であったりします。カンジョウカケは、年頭に集落の出入口に大縄を掛け渡し、村内の安全・疫病祓いや五穀豊穣を祈願する行事で、その歴史は南北朝期まで遡ることができます。

村落が縄張りをもつということは我々には非常に分かりやすいのですが、中国の場合そういう意識はあまり強くありません。中国の人たちにとっては、血縁のもつ論理が非常に強く、血縁のネットワークがさまざまに機能しています。東アジアでは、血縁論理が強い順に中国、韓国、沖縄、日本本土となりますが、「遠くの親戚より、近くの他人」は日本的な論理ということができます。その日本本土のなかでも、もっとも地縁的集団が発達したのが近江なのです。

　中世の発達した自治的な村落を「惣村《そうそん》」と言います。村落が掟をもち、武装し、裁判を行い、自分たちの共有地をもったりします。

　実は、惣村研究の対象となっているのは、圧倒的に近江の村落なのです。惣村が広く成立した結果、村落に多くの文書が伝えられていたのです。国の重要文化財に指定され、一般に「三大惣村文書」と呼ばれているのが、湖北の「菅浦文書」、湖東の「今堀日吉神社文書」、「大島奥津島神社文書」ですが、これら以外にも近江にはいくつもの惣村文書が残されています。このような村落の文書は、大阪や和歌山などの近畿地方である程度見られるだけで、九州や関東・東北地方などではきわめて稀です。

　近江は生産力が高く、またさまざまな社会的分業や交通・流通を発達させて都の文化を吸収していったため、このような惣村が展開したのです。京都の祇園祭を模した甲賀大原の祇園行事など、都の儀式のミニチ

東近江妙法寺の勧請掛

ュア版が近江の村落行事に多く残っています。

滋賀県では、多くの場合、村落の中心に寺院や神社があります。複数の村で一軒の寺院をもつことがないわけではありませんが、小さな村落でもその多くが寺社をもち、村内に寺院が二、三軒あることも決して稀ではありません。滋賀県は、人口当たり最大の寺院数を保有している県ですが、南九州などでは村落単位の寺院・神社はほとんどありません。広い地域信仰圏をもつ寺院・神社がないわけではありませんが、滋賀県のように村落の寺院・神社がごく当たり前にあるのは、全国的には必ずしも一般的なことではないのです。これも、近江の村落文化の発達の度合いを示しています。

現在は形を変えてきていますが、近江は、村人が神社を管理・運営する宮座組織(1)がもっとも発達した地域の一つです。宮座では、専任の神職は置かれず、村人のみを構成員として、年番で神主役を務める当屋《とうや》制などがとられていました。

このように、近江の惣村は武力や掟などをもち、さまざまな伝統文化の母胎となりましたが、場所によっては「環濠集落」と呼ばれ、集落の周りに濠や土塁を構え、集落そのものが戦う城になっていたこともあります。前述した今堀でも、史料から集落に堀がともなっていたことが知られていますし、一向一揆の拠点になった守山市金森なども、環濠集落であったことが明らかです。現在では道路が拡げられ、濠が埋められてしまった環濠集落も多いのですが、丹念に地形を調べてみると、濠が廻っていたことが証明できます。

（1）現在でも、神社の氏子さんの「氏子総代」、「社守」と呼ばれている人たちが管理して、特別なときだけプロの神主が来ている。もともと、村民が自分たちの神々を祀るのはごく普通のことであった。

惣村の成立

惣村のような発達した村落を育んだのが近江なのですが、その成立過程を見てみましょう。

古代社会には、このような村落はありませんでした。耕地は公有であり、夫婦関係・家族関係も流動的で、村落そのものがあまり固定的ではありませんでした。同じ場所で屋敷地を継承し、建物を造り替えて長く住むという関係が生まれてくるのは平安時代の終わりぐらいからになります。そして、鎌倉時代を過ぎるあたりから、村落の形態も変化していきます。

鎌倉時代以前の遺跡を発掘すると、各家の建物はそれぞれが離れています。屋敷を構える場合、水はけや日当たりがよく、強風にもさらされない、また流水や井戸水などの生活用水が確保できる場所を選びます。できれば水害に強い微高地で、しかもすぐ近くにまとまって耕地を保有できるような土地が理想と言えます。できるかぎり条件のよい場所を選びながら、初めは散在的に住み着いていきます。

しかし、徐々に開発が進んでいくと、条件のよい所だけに居住するわけにはいかなくなり、耕地所有も次第に入り組んだものとなります。生産・生活条件の改善は、個々の家単位の努力だけでは限界があり、村落全体で対応していかねばならない段階に至ります。居住地を改変する一方で、水がかりの悪い微高地を削平して水田化し、あるいは新しく用水路をつけ直したり、溜池を造成しなければなりません。それには、個々の利害を超えた規制力が不可欠で、村落全体の生産・生活条件を再編・高度化していくことが必要になります。

その結果生まれたのが集村で、一か所に屋敷地を集中させて村落の共同体規制を強め、用水や山などを効率的に管理していったのです。集村の核になったのが寺院や神社、あるいは領主・土豪の居館でした。前述したように、場合によっては集落の周りに濠や土塁を構え、防衛力を高めていったのです。このような集村化は、近畿地方では鎌倉時代の終わりから徐々に進行していきますが、そのもっとも顕著な運動をここ近江で確認することができます。

なお、集村化の進行にはかなりの地域差があり、関東地方では、近畿地方に比べて一〇〇年以上も遅れています。山間部などで、村落空間の再編が不可能な地域では、現在においても集村は成立しません。また、富山県の砺波《となみ》地方などは、屋敷林に囲まれた家々が平野一面に点在する散村地帯としてよく知られていますが、この地域では江戸時代に扇状地の開発が開始されて散村が成立し、そのまま維持されてきたのです。

南北朝・室町時代になりますと、現在とほぼ同じ場所に重なって集落が展開します。工事などのために水田を発掘すると、平安時代やそれ以前の集落遺跡が検出されることがよくありますが、鎌倉時代末期以降の遺跡の数はぐんと減り、室町時代後半の遺跡となると、発掘してもほとんど出てきません。集落遺跡の数が減るというのは、集落がなくなったという意味ではなく、現在の集落と重なっていくため、発掘調査の対象とならないからです。

現在、われわれが見ている村落の景観は、このような運動を経て、一五～一六世紀以降に成立したものなのです。

地域の歴史を知る方法

時間軸で人間や社会を分析する方法が歴史学です。そのなかで、文字史料を対象とするのが「文献史学」、発掘によって出てくるモノ（遺跡・遺物・遺構など）を扱うのが「考古学」になります。また、現在に伝えられた伝承や習俗・行事などを分析対象としていく研究が「民俗学」ですが、それぞれに有効性や限界がありま す。文献史学は文字史料を対象とするため、年代や事件・人物を特定できる強みを有しますが、時代が古ければ古いほど文字史料の絶対数は減っていきますし、誰が書いたのかが問題となります。

平安・鎌倉時代以前なら、文字史料を残すのはほぼ支配者にかぎられており、文字による歴史は、古い時代ほど支配者の視点による史料に限定されてしまいます。前述したように、鎌倉時代を過ぎるあたりから村落が文書を残しはじめるため、民衆の視点による史料が少しずつ増加していきます。そして、江戸時代になると、日本は世界でもっとも識字率の高い国となり、都市周辺にかぎって言えば、半分近くの人が文字を書けたようです。しかし、身分や場所によっては、識字率がかなり下がってしまうという状況でした。

このように、江戸時代以前、とくに鎌倉時代以前の民衆のことになると、支配者が残した文書から間接的に知ることしかできません。平安・鎌倉時代の徴税のための荘園領主の帳簿などに、当時の村落や耕地の状況が記載されていることがありますが、圧倒的多数の地域においては古い時代の史料が残されていません。したがって、現在では文字史料だけに頼らず、地域社会が残したさまざまな歴史史料を活かしながら、地域の歴史を明らかにしていく方法が模索されています。

文字史料のない地域、あるいはあってもかぎられたことしか分からない地域で、より民衆に接近した歴史を書くにはどうしたらよいでしょうか。考古学は文字史料の乏しい時代を対象とする場合は非常に有効ですが、現在は文字のある時代も対象にするようになっています。沖縄では、第二次世界大戦の状況を考古学的に明らかにしようという研究もあります。江戸時代の都市をはじめとして、明治以降にまで考古学の対象が広がってきています。民俗学などの活用も盛んですが、条里や古道・地割など、現在の土地に刻みつけられた痕跡から過去の景観を復原していく歴史地理学の成果も重要です。また、地名や水利慣行など、生活のなかで継承されてきた歴史情報も貴重な素材となります。

調査事例1　木津荘

土地に刻まれた歴史的な情報を掘り下げて地域の歴史を描いた事例として、湖西旧新旭町の北部地域で、かつて「木津荘」という荘園だった地域の調査を紹介したいと思います。調査にあたっては、各大字（地区）ごとに地元の年配の方々に公民館に来てもらい、土地にかかわる情報を提供していただき、それに基づいて報告書と論文集を作成しました。

まず、一〇〇〇分の一の大縮尺地形図をベースにして、圃場整備のため、今から三〇年ほど前に消えてしまった地割とそれにともなう地番、土地の標高、水田一枚ごとの水がかり、大字・小字・俗称レベルの地名や民俗などを記録しました。聞き取り調査を行った段階ではすでに消滅し、古老たちの頭の中にだけあった記憶を

応永29年検注帳・引田帳地名表記	現在対応する地名など
12カハフチ	地名開溝
14鳥カハフチ	少し離れて地名鳥
17ヲアラ田	近接して地名大割田
18ヲアラ田	近接して地名大割田
19中ノ丁	近接して地名ナカノマチ
20トヒノ木	地名飛ノ木
22ヲアラ田（引）	地名大割田
25中ノ丁	地名ナカノマチ
28五てう	少し離れて地名上ノ五条
30ヒエ新庄サカエ	木津荘東境
35タカタ（引）	近接して地名高田
16条２里35坂ノシリ	近接して地名坂ノ尻
３里 4小ハヤシ	地名小拍子
5坂ノシリ道ヨリ東	地名坂ノ尻
10大丁井口	近接して地名大町
17ヒロ庭ノ口	近接して小字広場
27ヒツメ領（引）	日爪大字界
31シヲ神西三丁メ川ヨリ南	三町東に地名ショウガミ
32町田	小字松田
４里 1町田	地名南松田
6たかうセ	近接して地名タコゼ
30ヒトツヤ領（引）	小字一ツ屋・地名北一ツ屋
34大ヤフ	地名大藪
35丁一	地名丁一
５里 1馬アライノ北	
2中島	
3シャウフノ丁	地名北菖蒲ノ町
4大ヤフ	近接して地名大藪
15大森	近接して地名大森
５里28	地名八ノ坪
17条１里 3大ツカ	近接して地名大塚
7坂ノシリ南	少し離れて地名坂ノ尻
15五反田	
16杉サハ	小字杉沢
19新名	地名新明
20新名	地名新明
25川クホ	近接して地名クボタ・今川沿い
26竹丁	
28杉サハ	近接して小字杉沢
33新名	近接して小字新明
34新名	小字新明
35中ハタケ	
２里 3カケノ前	地名カケノマエ
4カケノ前	近接して地名カケノマエ
5中ハタケ	
10カケノ□	近接して地名カケノマエ
11中ハタケ	
12栗毛南	栗毛社（建速神社）
17栗毛辰巳	栗毛社（建速神社）
18栗毛東	栗毛社（建速神社）
20山サキ	近接して地名ヤマサキ
18条２里36庄サカエ	木津荘北境・現町界
３里19大里ヒツシ申・定佃	小字佃
20小佃	小字佃

注：（引）は引田帳の記載。

表７－１　木津荘地名表

応永29年検注帳・引田帳地名表記	現在対応する地名など
13条３里12的庭道（引）	近接して地名的場
23竹ノ町領（引）	小字竹ノ町
33夷立	地名蛭子
４里９	地名九ノ坪
４里10	地名十ノ坪
30二宮前領（引）	近接して日吉二宮神社
34タカ畠（引）	少し離れて地名高畠
14条３里６今宮山西坪（引）	今宮神社南西山沿い
３里32	地名二ノ坪
４里２	地名二ノ坪
25小森阿弥陀堂	近接して地名小森
５里３ホリノ西（引）	
25ヒラサワ領（引）	
５里34	近接して地名四ノ坪
35針江川末	近接して針江大川
36川末	少し離れて針江大川
15条２里21新堀南	少し離れて地名シンボリ
３里６岡中山道ヨリ□	小字中山
17岡南	小字岡中
18岡東	小字岡中
19今宮馬場	地名馬場
23五十川風呂□	五十川集落
26今宮前	小字宮前
30五反田	地名五反田
31白雲東	白雲天神社の東
32鳥井前	大国主神社（今宮）の正面
36馬アラ井	
４里１中フカ	少し離れて地名中深
６馬アラ井東	
７石田	地名西石田
８中フカ	近接して地名中深
９江かしら	少し離れて地名江頭
10江かしら	近接して地名江頭
14まかセこし	
15まかセこし	
19うなの口南ヨリ、コン田ノマチ（引）	近接して地名ウナノクチ
20うなの口北ヨリ、コン田ノマチ（引）	地名ウナノクチ
21まかセこし	
22はかの丁南	近接して小字墓ノ町
25小ミソ	地名西小溝
26小ミソ北ヨリ	近接して西小溝
27はかの丁南ヨリ	小字墓ノ町
28はかの丁	小字墓ノ町
30ミソシリ	
31小ミソ東	地名東小溝
32はかの丁	小字墓ノ町・地名南墓ノ町
34ヲイ川	地名南追川野
５里１イトカシラ	近接して井戸子川・地名井戸子
３エンリャク寺	近接して地名延若寺
５鳥井ミソ	地名鳥
６鳥井ミソ	地名鳥
７イトカシラ	近接して地名井戸子、井戸子川
11カハフチ	地名開溝

記録したのです。年配の方々が亡くなってしまったら、地域が伝えてきた歴史情報は完全に消えてしまいます。これこそが生きた文化財で、どの地域でも存在する、普遍的な歴史情報なのです。これだけでも、地域の歴史の一部を解き明かすことが可能です。

前ページに掲載した**表7―1**は、木津荘の地名表です。木津荘は、山門（比叡山延暦寺）の最高責任者である天台座主が直轄支配する重要荘園でした。また木津は、平安から鎌倉時代には若狭からの物資が集積され、大津・坂本に積み出される湖西の拠点となった津でした。

木津荘に関しては、地元に室町時代の膨大な帳簿が残されています。

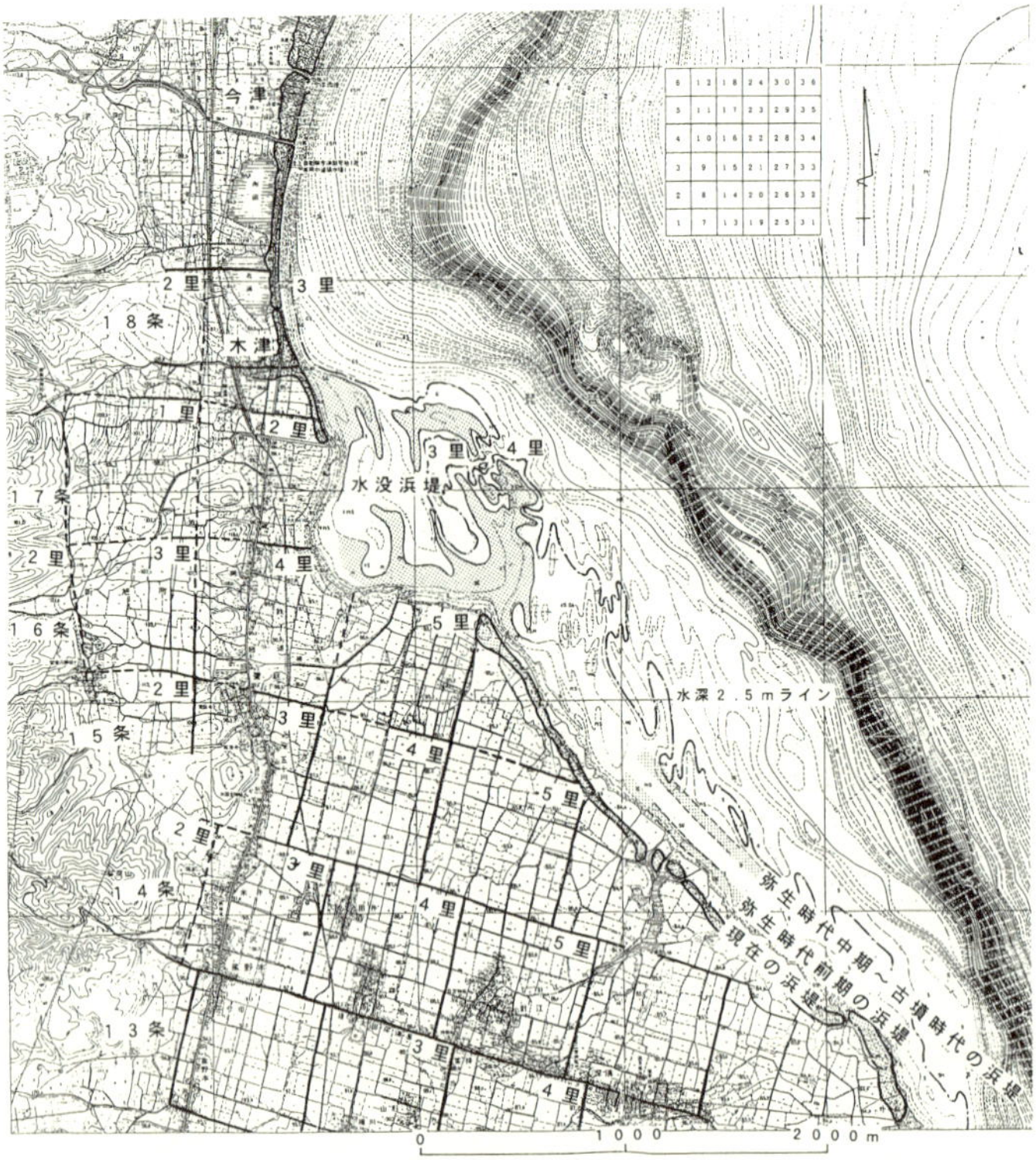

図7―4　木津荘域の条里と水没浜堤

条里表記に基づいて、何条何里何坪にどれだけ耕地があったかが詳しく記されており、その一部には地名も書かれています。帳簿に記されている地名を調査したところ、実にその八五パーセントが現在の地名として伝えられていました。

聞き取りによって地名が確定済みだったので、条里の復原が可能となり、室町時代の何条何里何坪が現在のどの場所であるのかを明らかにすることができました。その復原図が**図7－4**で、帳簿上での土地利用や現在残る地名が矛盾なく一致するのは、この復原図しかありません。

室町時代の帳簿は二つありました。「検注帳」と記されたほうは、「応永二九年（一四二二）」という作成年が明記されているのですが、もう一つの「引田帳」と書かれた帳簿には年代が記されていません。この二つの帳簿には、それぞれの耕地の耕作者名なども記されており、耕作者が変わるたびにその名が追記されていきます。その耕作者名を検討したところ、引田帳での耕作者が何度か変わって、一番最後に追記された人名が検注帳作成時の人名と一致したのです。このことから、引田帳の作成は検注帳より数十年ほど古いということが明らかです。

二つの帳簿を、琵琶湖の湖岸部分に限定して対比したものが**表7－2**です。ここから、琵琶湖の水位変動が証明できることになりました。たとえば、一七条三里一九坪は引田帳では一反三四〇歩の耕地があったのですが、検注帳ではそれがなくなっているように、一七条三里・四里では耕地が消滅しているのです。では、一七条三里・四里は現在のどこに当たるのでしょうか。**図7－4**に明らかなように、現状では琵琶湖中となり、ちょうど水没浜堤がある地点が一七条三里・四里なのです。この水没浜堤は、地元では「かくれ道」と呼ばれ、子どもでも渡れるほどの浅瀬となっています。

条　里	引田帳面積	検注帳面積	増減・その他
19	7.230（10.340）	6.300（9.180）	
20	6.000（9.290）	6.180（8.180）	
21	9.160（10.050）	9.050	
22	7.220（10.000）	7.240（9.240）	
23	8.240	3.180	減少
24	9.020	なし	耕地消滅
25	7.200	7.240（9.260）	
26	8.210	4.120	減少
27	9.340	0.288	減少
28	9.090	4.266	減少
29	8.290	なし	耕地消滅
30	9.340	なし	耕地消滅
31	7.200	8.000（10.000）	
32	8.300	8.068	
33	6.190	0 (0.150)	減少
34	7.330	なし	耕地消滅
35	5.270	なし	耕地消滅
36	2.330+α	なし	耕地消滅

このように、室町時代初期には水田だった一七条三里・四里が、一五世紀初頭前後の数十年の間に水没してしまったことが証明できたのです。引田帳でも、この一七条三里・四里は税がもっとも安く、非常に低湿で耕地としては条件がよくなかったことが分かりますが、それが水位の上昇に伴って放棄されていったのです。

木津荘が成立したのは平安時代の終わりで、他の事例からも、その時期は琵琶湖の水位は今より数メートル低く、木津には発達した浜堤に囲まれた内湖が存在していました。琵琶湖の津の多くは、堅田や塩津・今津などのように、強風などから船を守るため、内湖を船溜としていました。

前述したように、木津は平安から鎌倉時代には湖西の中心的な津で、若狭からの物資はすべてここに集められていたのですが、南北朝以降からは、その機能が今津に移っていきます。その後は今津が拠点となり、現在に至るまで湖西の中心地です。このような津の変動が起きた原因は、琵琶湖の水位上昇による内湖消失による機能低下だったのです。なお、地震による湖岸沈下の可能性ですが、一五世紀の初頭には記録に残るような大地震はなく、想定は困難です。

表７－２　資料にみえる湖岸

条　　里	引田帳面積	検注帳面積	増減・その他
18条３里５	7.000	6.216	
6	なし	なし	
10	10.040	10.180	
11	なし	なし	現内湖
12	なし	なし	現内湖
15	8.240	10.010	増加
16	なし	なし	現内湖
17	なし	なし	現内湖
18	なし	なし	現内湖
19	4.000	4.000（10.000）	
20	4.000	6.240（10.000）	増加
21	なし	なし	現湖岸線
22	なし	なし	現湖岸線
23	なし	なし	現湖岸線
24	なし	なし	現湖岸線
25	なし	なし	現湖岸線
26	なし	なし	現湖岸線
17条２里25	6.190	6.244	
26	7.080	5.300	減少
27	4.050	4.000	
28	8.220	8.060	
29	5.350	6.036（10.036）	
30	なし	なし	
31	10.060	10.036	現湖岸線
32	なし	なし	現湖岸線
33	なし	なし	現湖岸線
34	なし	なし	現湖岸線
35	なし	なし	現湖岸線
36	なし	なし	現湖岸線
３里19	1.340	なし	耕地消滅・現湖底
20	6.320	なし	耕地消滅・現湖底
25	9.270	なし	耕地消滅・現湖底
26	6.010	なし	耕地消滅・現湖底
27	3.240	なし	耕地消滅・現湖底
31	7.120	なし	耕地消滅・現湖底
32	7.220	なし	耕地消滅・現湖底
33	5.230	なし	耕地消滅・現湖底
４里１	7.310	なし	耕地消滅・現湖底
2	3.120	なし	耕地消滅・現湖底
3	0.180	なし	耕地消滅・現湖底
7	4.310	なし	耕地消滅・現湖底
16条４里29	6.330（10.000）	7.000（10.000）	
30	5.350（10.000）	6.000（10.000）	現湖岸線
35	9.080（10.000）	9.300（10.120）	
36	0（10.000）	なし	現湖底
５里５	1.090（10.040）	1.090	
6	10.000	なし	耕地消滅・現湖底
10	0（10.000）	0（5.252）	
11	5.150（10.290）	0.180	減少
12	6.280（11.030）	なし	耕地消滅・現湖底
16	8.280（10.000）	7.108（8.108）	減少
17	5.280（10.040）	なし	耕地消滅
18	9.270	なし	耕地消滅・現湖底

調査事例2　祇王井《ぎおうい》

次は、近江の用水伝承について紹介します。**図7－5**に記した野洲の「祇王井」という用水には、『平家物語』に登場する、白拍子という芸能者であった祇王にかかわる伝承が残されています。

『平家物語』によれば、平清盛に寵愛された祇王は、新しく現れた仏御前に清盛の愛情が移ったのを悲しんで、京都のはずれの嵯峨野に隠棲し、出家したことになっています。地元では、祇王の出身がこの地で、用水不足で苦しむ故郷のために、清盛に依頼して造成させた用水が祇王井であり、他の地域が利用することを許さない特権を有するのだという伝承と用水慣行をもっています。しかし、祇王というのは女性芸能者が名乗る一般名詞で、決して実在した特定の人物のことではありません。

なぜこの地に、「祇王井」と呼ばれる普通とは異なる特権的な用水が生まれたのでしょうか。祇王井が灌漑しているのは、平安末に堀河天皇（一〇七九～一一〇七）が建立した尊勝寺の所領であった江部荘《えべのしょう》域にあたる地域です。この尊勝寺の造営責任者が当時の近江国司平時範《たいらのときのり》（一〇五四～一一〇九）であり、尊勝寺の運営経費を捻出するために、尊勝寺領の荘園は近江に多く設定されていました。江部荘もその一つで、水利条件の悪い開発の遅れた地域を新しく荘園にしたのです。

ちょうどそのころは大規模な開発が進められた時期で、近江国司の命令で特権的な用水が開削され、荘園が立てられたと推測してよいでしょう。ちなみに、地元の伝承では、祇王は江部荘司の娘ということになっています。

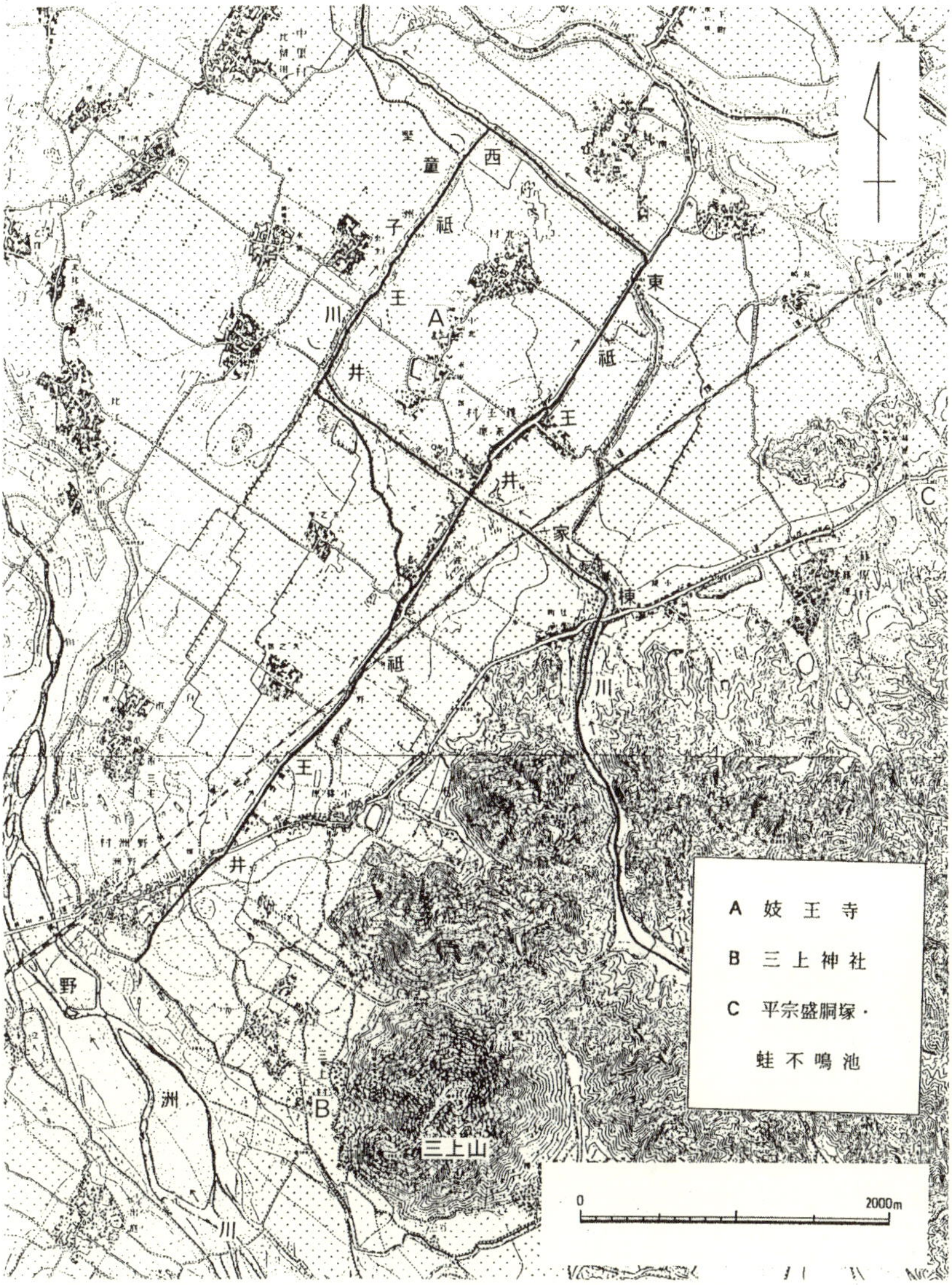

図７－５　祇王井と周辺地域

この地域は東山道（江戸時代の中山道）が近くを通っており、「篠原」という大きな宿場がありました。そこは、東国から畿内近国に入っていくときの関門になるポイントで、清盛の後継者となった平宗盛（一一四七～一一八五）の処刑地という、『平家物語』の舞台でもあります。このような事実と、宿場の遊女たちが自らの境遇を語るときに使う祇王という女性芸能者の伝承や、平安末期の江部荘で特権的な用水が造成された歴史的な開発過程とが重なり合って結び付き、やがて祇王井の伝承が生まれたと考えられるのです。

地域診断の切り口

これまで説明しましたように、近江には新しい歴史学を発信できる可能性があります。とくに環境史、なかでも水環境を正面から取り上げることのできる、全国でももっとも恵まれた研究対象地域です。これらの歴史を描くにあたっては、地域社会が非常に多くの情報を伝えてくれます。近江は村落文書の宝庫ですが、それ以外にもさまざまな歴史史料の宝庫です。これらを丹念に調査していけば、地域の歴史を深く掘り下げることができ、地域の自己認識、村おこし・まちづくりにも役立つはずです。このような意味において近江は、歴史研究の最高のフィールドと言ってもよいでしょう。

第 8 章

滋賀県の経済・産業動態の特性把握と地域診断

秋山　道雄

この章で学ぶこと

- 経済の統計データから地域を読み取る
- 滋賀県の経済的特性を把握する
- 経済的側面から地域を診断する際のポイントを把握する

キーワード

実感と統計数値、地域所得、産業構造、産業立地と立地条件、第二次産業と第三次産業、生活空間と産業空間、京都都市圏

大津市内。京都市と県・府庁所在地が隣接する

経済にかかわる事象にはさまざまな数字が登場します。われわれの行動に身近な数字もあれば、かなり離れた数字もあり、それらを総合しつつ、経済全体あるいは地域経済のことを考えていく必要があります。

最初の手がかりとして、「住みよさランキング」（**表8－1**）を挙げます。滋賀県の三つの都市が、二〇一〇年に二五位以内に食い込みました。「住みよさランキング」というのは、東洋経済新報社が毎年出版している『都市データパック』という本において、都市や地域経済に関するデータを編集して掲載している評価で、二〇一〇年版では**表8－2**にある指標を用いて、全国の七八二ほどある都市の住みよさをランキングにして表したものです。

二〇〇六年版では二番目に栗東市がきましたが、その前年は一位でした。今回は二一位に後退していますが、その代わりに一〇位に守山市が、二四位に草津市が入っており、滋賀県の都市が上位二五位のなかに三つも入っているのです。

全国には四七都道府県ありますから、一〇〇位までをとると、一都道府県当たり一つあるいは二つの都市が入るのが平均となるわけですが、滋賀県の場合は四つの都市が入り、しかもそれらが比較的上位にあるのです。これら四つの都市に住んでいる人は「自分の実感としても住みやすいな」と思うでしょうか、それとも「こんなに高い順位とは思えない」と感じるのでしょうか。

この数値の根拠は、安心度や利便度など五つの指標を指数化したものです。もともとのデータは、「安心度」の項で記載されているように病院・一般診療所の病床数であるとか出生数を基準としており、ここに挙げられた数値が高いほどこの評価が高くなります。したがって、どの数値を指標として取り上げるかによって順位が変わる可能性があります。

表8－3と**図8－1**をご覧ください。これは一人当たり県民所得のデータですが、**図8－1**を見ると東京都が一番突出し、次いで愛知県がきて、滋賀県は六番目となっています。これは政府が収集・整理したデータですが、一人当たり県民所得においても滋賀県は全国六位とかなり高い位置にいることが分かります。

表8－1　住みよさランキング―総合評価

順位	市名（都道府県）	偏差値	（参考）前年ランキング	
			順位	偏差値
1	みよし（愛　知）	60.36	－	－
2	日　　進（愛　知）	59.02	5	57.91
3	成　　田（千　葉）	58.83	8	57.52
4	鳥　　栖（佐　賀）	58.30	7	57.64
5	印　　西（千　葉）	58.21	2	58.57
6	守　　谷（茨　城）	57.75	4	57.99
7	美濃加茂（岐　阜）	57.70	10	56.92
8	つくば（茨　城）	57.54	30	55.05
9	本　　巣（岐　阜）	57.33	1	59.39
10	守　　山（滋　賀）	57.20	35	54.94
11	東　　海（愛　知）	57.16	16	56.37
12	坂　　井（福　井）	56.98	6	57.75
13	刈　　谷（愛　知）	56.66	42	54.79
14	福　　井（福　井）	56.63	11	56.91
14	白　　井（千　葉）	56.63	20	56.20
16	砺　　波（富　山）	56.60	3	58.32
17	稲　　城（東　京）	56.46	33	55.02
18	芦　　屋（兵　庫）	56.44	13	56.81
19	西　　尾（愛　知）	56.35	33	55.02
20	合　　志（熊　本）	56.31	32	55.03
21	栗　　東（滋　賀）	56.30	17	56.33
22	安　　城（愛　知）	56.26	43	54.78
23	敦　　賀（福　井）	56.18	26	55.81
24	草　　津（滋　賀）	56.16	50	54.61
25	名　　取（宮　城）	56.10	55	54.48
26	本　　宮（福　島）	55.95	27	55.62
26	豊　　明（愛　知）	55.95	21	55.99
28	袋　　井（静　岡）	55.88	36	54.93
29	真　　岡（栃　木）	55.85	13	56.81
30	豊　　田（愛　知）	55.84	61	54.28

（出典：『都市データパック　2010年版』東洋経済新報社）

表８－２　住みよさランキングの算出方法

住みよさランキングの算出方法

▼算出対象
10年６月21日現在の全国の787市（786市＋東京区部全体)。

▼算出指標
安心度・利便度・快適度・富裕度・居住水準充実度の５つの観点から、14社会経済指標（下表参照）を採用。

▼通勤圏での補正
Ａ市に住む就業者の20％以上がＢ市に通勤している場合、Ａ市はＢ市と一体的な都市圏域を形成しているとみなし、下記①、②、④、⑤の４指標に関してＡ市・Ｂ市のいずれか高い方をＡ市の水準として扱う。

▼評価方法
14指標について平均値を50とする偏差値を算出し、その単純平均を総合評価とした。同様に、安心度・利便度・快適度・富裕度・住居水準充実度も、各指標の偏差値を単純平均したもの。

$$Ci = \frac{10(X - Xi)}{\delta} + 50$$

δ＝各指標の標準偏差
Xi＝各指標の平均値
X 個別指標の値　Ci=各指標の偏差値

▼上限・下限の調整
特異数値による過度の影響を避けるため、各指標の偏差値は上限を75、下限を25に調整。

▼合併した市について
合併によりデータが不明な指標は除外して算出。

住みよさランキングの算出に用いた指標

採用指標	年次	出典
安心度		
①病院･一般診療所病床数(人口当たり)	08年10月	厚生労働省「医療施設調査」
②介護老人福祉施設・介護老人保健施設定員数（65歳以上人口当たり）	07年10月	厚生労働省「介護サービス施設・事業所調査」
③出生数（15～49歳女性人口当たり）	08年度	総務省「住民基本台帳人口要覧」
利便度		
④小売業年間販売額（人口当たり）	07年	経済産業省「商業統計」
⑤大型小売店店舗面積（人口当たり）	09年４月	東洋経済「全国大型小売店総覧」
快適度		
⑥公共下水道・合併浄化漕普及率	08年３月	各都道府県
	04年３月	環境省「汚水処理人口普及状況」
⑦都市公園面積（人口当たり）	09年３月	国土交通省調べ
⑧転入・転出人口比率	06～08年度	総務省「住民基本台帳人口要覧」
⑨新設住宅着工戸数（世帯当たり）	06～08年度	国土交通省「建築着工統計」
富裕度		
⑩財政力指数	08年度	総務省「市町村別決算状況調」
⑪地方税収入額（人口当たり）	08年度	総務省「市町村別決算状況調」
⑫課税対象所得(納税義務者１人当たり)	09年度	総務省「市町村別決算状況等の調」
住居水準充実度		
⑬住宅延べ床面積（世帯当たり）	05年10月	総務省「国勢調査」
⑭持ち家世帯比率	05年10月	総務省「国勢調査」

（注）すべて、大から小で偏差値を算出している。

（出典：『都市データパック　2010年版』東洋経済新報社）

表８－３　１人あたり県民所得の推移（会計年度）

	１人あたり県民所得（千円）				東京を100とした１人あたり県民所得			
	1990	1995	2000	2007	1990	1995	2000	2007
北海道	2,409	2,754	2,673	㊴2408	58.2	66.4	61.9	53.0
青　森	2,211	2,420	2,385	㊳2433	53.4	58.3	55.3	53.6
岩　手	2,196	2,573	2,663	㊵2383	53.1	62.0	61.7	52.5
宮　城	2,451	2,724	2,745	㉜2580	59.2	65.7	63.6	56.8
秋　田	2,181	2,372	2,417	㊱2483	52.7	57.2	56.0	54.7
山　形	2,321	2,538	2,591	㉞2541	56.1	61.2	60.0	56.0
福　島	2,428	2,729	2,853	⑱2847	58.7	65.8	66.1	62.7
茨　城	3,025	3,120	3,043	⑫3007	73.1	75.2	70.5	66.2
栃　木	2,841	3,202	3,213	⑧3105	68.6	77.2	74.4	68.4
群　馬	2,748	3,049	3,019	⑰2880	66.4	73.5	69.9	63.4
埼　玉	3,135	3,263	3,148	⑮2973	75.7	78.6	72.9	65.5
千　葉	3,079	3,315	3,303	⑪3010	74.4	79.9	76.5	66.3
東　京	4,139	4,149	4,316	①4540	100.0	100.0	100.0	100.0
神奈川	3,219	3,410	3,311	④3284	77.8	82.2	76.7	72.3
新　潟	2,428	2,777	2,805	㉗2724	58.7	66.9	65.0	60.0
富　山	3,087	3,208	3,048	⑨3088	74.6	77.3	70.6	68.0
石　川	2,686	2,897	2,958	⑯2945	64.9	69.8	68.5	64.9
福　井	2,594	2,871	2,931	⑳2821	62.7	69.2	67.9	62.1
山　梨	2,813	2,896	2,950	㉕2767	68.0	69.8	68.4	60.9
長　野	2,704	2,897	3,027	㉒2808	65.3	69.8	70.1	61.9
岐　阜	2,780	2,942	2,947	㉔2770	67.2	70.9	68.3	61.0
静　岡	3,004	3,246	3,333	③3384	72.6	78.2	77.2	74.5
愛　知	3,318	3,515	3,417	②3588	80.2	84.7	79.2	79.0
三　重	2,694	2,972	2,973	⑤3229	65.1	71.6	68.9	71.1
滋　賀	3,032	3,303	3,321	⑥3138	73.3	79.6	76.9	69.1
京　都	2,882	2,987	2,945	⑬2993	69.6	72.0	68.2	65.9
大　阪	3,596	3,408	3,186	⑦3107	86.9	82.1	73.8	68.4
兵　庫	2,751	3,107	2,913	⑲2823	66.5	74.9	67.5	62.2
奈　良	2,753	2,875	2,835	㉘2681	66.5	69.3	65.7	59.1
和歌山	2,312	2,481	2,566	㉚2637	55.9	59.8	59.5	58.1
鳥　取	2,473	2,627	2,658	㊷2364	59.7	63.3	61.6	52.1
島　根	2,217	2,441	2,603	㊲2436	53.6	58.8	60.3	53.7
岡　山	2,759	2,981	2,714	㉑2812	66.7	71.8	62.9	61.9
広　島	2,850	3,017	3,001	⑩3059	68.9	72.7	69.5	67.4
山　口	2,540	2,825	2,844	⑭2982	61.4	68.1	65.9	65.7
徳　島	2,462	2,718	2,749	㉓2807	59.5	65.5	63.7	61.8
香　川	2,505	2,790	2,758	㉙2652	60.5	67.2	63.9	58.4
愛　媛	2,248	2,552	2,461	㉟2485	54.3	61.5	57.0	54.7
高　知	2,116	2,431	2,398	㊻2114	51.1	58.6	55.6	46.6
福　岡	2,533	2,701	2,722	㉖2746	61.2	65.1	63.1	60.5
佐　賀	2,208	2,532	2,555	㉝2575	53.3	61.0	59.2	56.7
長　崎	2,001	2,313	2,304	㊹2191	48.3	55.7	53.4	48.3
熊　本	2,231	2,417	2,519	㊶2381	53.9	58.3	58.4	52.4
大　分	2,375	2,664	2,794	㉛2636	57.4	64.2	64.7	58.0
宮　崎	2,068	2,330	2,462	㊺2152	50.0	56.2	57.0	47.4
鹿児島	2,066	2,230	2,346	㊸2353	49.9	53.7	54.4	51.8
沖　縄	1,892	2,033	2,117	㊼2049	45.7	49.0	49.1	45.1
全　国	2,923	3,102	3,085	3,059	70.6	74.8	71.5	67.4

2007年度は、他の年度と集計の基準が異なる。○内の数字は全国順位。
（出典：『データでみる県勢』2007年版、2011年版、矢野恒太記念会）

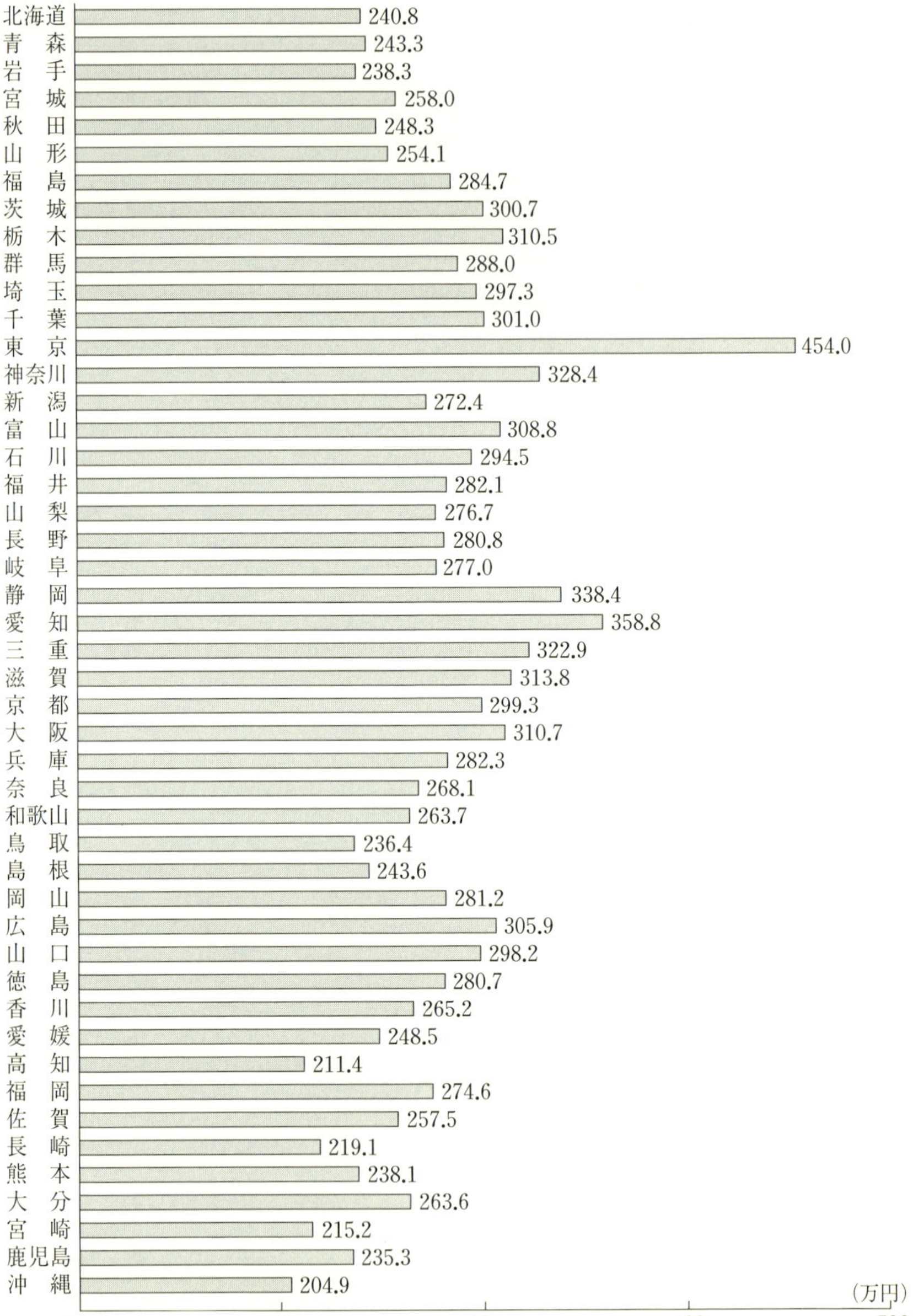

図８－１　１人当たり県民所得（2007年度）

（出典：『データでみる県勢　2011年度版』矢野恒太記念会）

一人当たり県民所得というのは、その地域で営まれている経済活動のうち、一年間の総生産を県民の数で割った値ですが、これについても県民のみなさんは実感としてどうとらえるでしょうか。果たして、全国で六番目となるような富裕な県だろうか、と考えておられるのではないでしょうか。ちなみに、表８－３は個人の所得のほかに法人の所得も含めたものですが、これから法人の所得を引くと滋賀県は一九位になります。

統計で出された数値で評価することと、実感との間には乖離《かいり》があることを知っておく必要があります。その乖離には、自分の実感のほうが正しい場合もあれば、統計数値の示しているほうが妥当な場合もあります。その両方を見ておくことが、経済データを読むときのポイントとなります。経済統計というのは、われわれの実感に近い状態をそのまま数字として出しているものもあれば、かなり合成されたものもあります。合成の仕方によっては、実態の性格をしっかりとつかむこともできるのです。

所得というのは、ある地域やある国のなかで展開されている経済活動を貨幣の値でまとめ、一年間でどれだけ活動したかを表示しているものです。「日本経済の三面等価」という内容を表８－４に示します。

所得統計は「ａ生産」、「ｂ分配」、「ｃ支出」と三つに分かれていますが、国単位で見ると、一年間の経済活動は何らかの形でこの三つに表示されます。ｂの分配のところへは、ａで生産されたものすべてが数字として移動していきます。それが雇用者の報酬や固定資産の減耗等として分配されていきます。そして分配されたものは最終的にｃの支出に移っていって、民間最終支出、政府最終支出などになります。このように、三面等価というのは一つの国を取り上げると生産と分配と支出が等しくなることを指します。

ところが、地域経済を取り上げた場合は、この生産、分配、支出という項目が一致しないという特徴が現れます。大阪府、滋賀県、鳥取県の例を**表８－５**で見てみましょう。上段が「県内総生産」、中段が「県民分配

表８－４　日本経済の三面等価

（2007年，単位：兆円）

a）生　　産	
1.産　　業	471.953
1)農林水産業	7.326
2)鉱業	0.348
3)製造業	100.090
4)建設業	31.444
5)電気・ガス・水道業	10.280
6)卸売・小売業	69.906
7)金融・保険業	34.317
8)不動産業	61.292
9)運輸・通信業	34.130
10)サービス業	113.822
2.政府サービス生産者	47.752
3.対家計民間非営利サービス生産者	10.697
4.輸入品に課される税・関税	5.712
5.(控除）総資本形成に係わる消費税	3.680
6.帰属利子	23.260
7.統計上の不突合	6.347
GDP：国内総生産	515.520

b）分　配	
1.雇用者報酬	260.013
2.営業余剰・混合所得	99.652
3.固定資本減耗	107.128
4.生産・輸入品に課される税	43.407
5.(控除）補助金	3.027
6.統計上の不突合	6.347
GDI：国内総所得	515.520

c）支出	
1.民間最終消費支出	292.523
2.政府最終消費支出	92.218
3.国内総固定資本形成	118.237
4.在庫品増加	3.911
5.財貨・サービスの輸出	90.830
6.(控除）財貨・サービスの輸入	82.198
GDE：国内総支出	515.520

（出典：内閣府『国民経済計算年報』2010年）

所得」、下段が「県内総支出」という具合に、生産、分配、支出と分かれています。大阪府を見ると、県内総生産が四〇・四、県民分配所得は二七・四、そして県内総支出が三八・九と、それぞれバラバラな数字が並んでいます。これは、国の経済に比べて地域経済が開かれているからです。滋賀県に住んでいる人が大阪・京都に働きに行っているというケースが多々あるように、人間の流動が大きければ大きいほどこの数値が乖離《かいり》していき、逆に閉じていれば比較的一致しやすいということです。

こうした所得統計を見ると、滋賀県の一人当たり県民所得が相当に高いことが分かります。近畿のなかで隣の京都府や大阪府のほうが経済規模ははるかに大きいのですが、一人当たり県民所得になると京都や大阪を凌駕しています。ここ二〇年ほどの間に、滋賀県の順位がかなり上がってきています。地域経済としてのパフォーマンスが高いことを所得統計が示しているし、加えて、先ほど挙げたように、「住みよさランキング」でも多いときには滋賀県の四つの都市が上位に入っているというデータが出ています。したがって、なぜ滋賀県の経済がこれほど高いパフォーマンスを示すのかということが、一つの問いになります。

滋賀県の経済状況をさまざまなデータで見てきましたが、経済の観点から地域を見るときには、以下の三つの視点をもつことが必要となります。

❶地域には、さまざまな構成要素がそのなかに含まれているという視点です。構成要素とは、我々個々人であり、企業ないし行政組織のことです。それ以外にも、建物や施設などハードなものも含まれます。

❷これらの構成要素はつながっているという視点です。経済活動が展開するときには、多様な要素が一定のつながりをもっています。たとえば、パソコンを製造する電気機械工業の活動であれば、それに必要な土地や建物、機械やあるいは原材料などとつながっています。

❸それらの統合された要素の集合が、一つの地域というものを構成しているという視点です。先の地域経済の所得、県民所得というデータについても、要素が統合され一つにまとまった結果、把握された数字であるということです。

表８－５　大阪府・滋賀県・鳥取県の県民所得の構成

（2007年）

		大阪府	滋賀県	鳥取県
県内総生産（兆円）		40.4	6.1	2.1
	第一次産業（％）	0.1	0.5	2.2
	第二次産業	20.2	43.8	25.2
	第三次産業	79.7	55.6	72.6
県民分配所得（兆円）		27.4	4.4	1.4
	雇用者所得（％）	71.8	64.6	70.3
	財産所得	5.0	2.8	0.2
	企業所得	23.2	32.6	29.5
県内総支出（兆円）		38.9	6.0	2.0
	民間最終消費支出（％）	50.7	45.5	56.8
	政府最終消費支出	14.7	15.4	29.3
	県内総資本形成	19.6	22.0	23.4
	移出	58.3	104.0	53.5
	移入	41.9	81.2	59.9
	統計上の不突合	−1.5	−5.8	−3.1
純要素所得の移転（兆円）		−0.8	0.1	0.0
県民総支出（兆円）		38.2	6.1	2.0
1人当たり県民所得（万円/人）		310.7	313.8	236.4

（出典：内閣府『県民経済計算年報　2010年版』）

地域経済の特徴と産業

今挙げた三つの視点をもちつつ、もう一度「三面等価」の表を見てみましょう。**表8－4**を見ると分かるように、生産の内訳は「産業」、「政府サービス生産者」をはじめとして七部門に分かれており、それぞれどの部門が高いか低いかが分かるようになっています。しかし、これでは項目が大きいため、地域経済の特性をつかもうとする場合にはこのデータをまとめて三つに統合する必要があります。統合したのが**表8－5**です。県内総生産の内訳に「第一次産業」、「第二次産業」、「第三次産業」とありますが、このように統合してどの部門が高いのか低いのかということを押さえるのが第一に行う分析です。

表8－3で一九九〇年ごろに一人当たり県民所得が全国で八位に入っていることを示しましたが、**表8－6**では、一〇位以内に突入するまでに滋賀県経済がどのような動きをしてきたか、あるいはどのような特性をもって動いてきたかを明らかにしました。一九六〇年時点での滋賀県は、労働力構成比のうち、第一次産業が四三・六パーセントもありました。全国平均を一〇ポイント以上も上回っているということは、県内の産業が農業主体であったことを示しています。大阪府を見ると、すでに一九六〇年の時点で四・一パーセントですから、経済の主軸はほとんど第二次、第三次産業になっていました。とくに、第二次産業が四一・八パーセントとなっていて、大阪に工業活動が集中していたことが分かります。

滋賀県の場合、一九九〇年に一人当たり県民所得が全国で八位になったのですが、第一次産業の労働力構成比率が五・八パーセントになっています。このときの全国平均が七・二パーセントだったので、この時点で滋

表8－6　近畿圏の経済動向

		労働力構成比率			所得構成比率			不平等係数				相対所得(Ⅰ)			相対所得(Ⅱ)
		la	lm	ls	ya	ym	ys	da	dm	ds	Σd	Ra	Rm	Rs	rsm
滋賀	1960	43.6	25.5	30.8	20.6	40.3	39.1	23.0	△14.8	△8.3	46.1	0.47	1.58	1.27	0.80
	1970	27.6	35.2	37.2	9.2	50.8	40.0	18.4	△15.6	△2.8	36.8	0.33	1.44	1.08	0.75
	1980	11.7	40.0	48.2	3.6	50.6	45.8	8.1	△10.6	2.4	21.1	0.31	1.27	0.95	0.75
	1990	5.8	42.6	51.6	1.5	56.5	42.0	4.3	△13.9	9.6	27.8	0.26	1.33	0.81	0.61
京都	1960	17.5	35.9	46.6	6.4	37.0	56.6	11.1	△1.1	△10.0	22.2	0.37	1.03	1.21	1.17
	1970	9.6	38.6	51.7	2.4	40.4	57.2	7.2	△1.8	△5.5	14.5	0.25	1.05	1.11	1.06
	1980	5.5	35.0	59.4	1.3	35.5	63.2	4.2	△0.5	△3.8	8.5	0.24	1.01	1.06	1.05
	1990	3.7	33.6	62.7	0.8	34.5	64.7	2.9	△0.9	△2.0	5.8	0.22	1.03	1.03	1.00
大阪	1960	4.1	48.1	47.8	1.5	50.3	49.5	2.6	△2.2	△1.7	6.5	0.37	1.05	1.04	0.99
	1970	2.0	45.2	52.7	0.4	45.4	54.1	1.6	△0.2	△1.4	3.2	0.20	1.01	1.03	1.02
	1980	1.1	38.8	60.0	0.2	34.4	65.4	0.9	4.4	△5.4	10.7	0.18	0.89	1.09	1.22
	1990	0.7	36.4	62.9	0.1	33.0	66.9	0.6	3.4	△4.0	8.0	0.14	0.91	1.06	1.16
兵庫	1960	20.2	37.5	42.4	6.8	50.5	42.7	13.4	△13.0	△0.3	26.7	0.34	1.35	1.01	0.75
	1970	10.8	40.2	48.9	3.0	48.9	48.1	7.8	△8.7	0.8	17.3	0.28	1.22	0.98	0.80
	1980	5.3	36.3	58.4	1.6	40.9	57.5	3.7	△4.6	0.9	9.2	0.30	1.13	0.98	0.87
	1990	3.4	34.9	61.7	0.9	40.0	59.1	2.5	△5.1	2.6	10.2	0.26	1.15	0.96	0.83
奈良	1960	31.4	30.4	38.3	23.9	25.2	50.9	7.5	5.2	△12.6	25.3	0.76	0.83	1.33	1.60
	1970	19.0	34.8	46.1	10.2	46.4	43.4	8.8	△11.6	2.7	23.1	0.54	1.33	0.94	0.71
	1980	8.2	33.7	58.1	4.1	38.1	57.7	4.1	△4.4	0.4	8.9	0.50	1.13	0.99	0.88
	1990	4.6	33.1	62.3	2.1	40.1	57.8	2.5	△7.0	4.5	14.0	0.46	1.21	0.93	0.77
和歌山	1960	34.5	27.9	37.6	24.4	33.3	42.3	10.1	△5.4	△4.7	20.2	0.71	1.19	1.13	0.95
	1970	22.2	31.2	46.5	13.3	39.9	46.8	8.9	△8.7	△0.3	17.9	0.60	1.28	1.01	0.79
	1980	16.1	29.7	54.1	5.3	38.7	56.0	10.8	△9.0	△1.9	21.7	0.33	1.30	1.04	0.80
	1990	12.7	29.1	58.2	4.9	37.5	57.6	7.8	△8.4	0.6	16.8	0.39	1.29	0.99	0.77
全国	1960	32.6	29.2	38.2	15.4	37.9	46.7	17.2	△8.7	△8.5	34.4	0.47	1.30	1.22	0.94
	1970	19.3	34.1	46.5	7.5	38.2	54.5	11.8	△4.1	△8.0	23.9	0.39	1.12	1.17	1.04
	1980	10.9	33.6	55.4	3.4	36.6	60.0	7.5	△3.0	△4.6	15.1	0.31	1.09	1.08	0.99
	1990	7.2	33.5	59.3	2.0	35.3	62.7	5.2	△1.8	△3.4	10.4	0.28	1.05	1.06	1.01

注）(1)　1960、1970年の県民所得は概念調整方式が、1980、1990年の県民所得は県民経済計算標準方式が用いられている。

(2)　la は第一次産業の労働力構成比率　ya は第一次産業の所得構成比率　da＝la－ya　Ra＝ya/la（第一次産業の比較生産性）

lm は第二次産業の労働力構成比率　ym は第二次産業の所得構成比率　dm＝lm－ym　Rm＝ym/lm（第二次産業の比較生産性）

ls は第三次産業の労働力構成比率　ys は第三次産業の所得構成比率　ds＝ls－ys　Rs＝ys/ls（第三次産業の比較生産性）

Σd＝|da|＋|dm|＋|ds|　rsm＝Rs/Rm

（出所：『滋賀県民所得推計結果報告書』（滋賀県）、『京都府統計書』（京都府）、『大阪府民所得推計』（大阪府）、『兵庫県統計書』（兵庫県）、『奈良県統計書』（奈良県）、『和歌山県統計書』（和歌山県）『国勢調査報告』（総理府、総務庁）の各年版と『県民経済計算年報　平成5年版』（経済企画庁）より作成）

賀県の第一次産業の構成比率が全国を下回ったということが分かります。また、滋賀県経済の特徴をよく示しているのが所得構成比率です。一九九〇年、第二次産業のそれは五六・五パーセント（全国は三五・三パーセント）でした。四七都道府県のなかで第二次産業の所得構成比率が五〇パーセントを超えているのは、滋賀県だけです。逆に、第三次産業のウエイトが四二パーセントと相対的に低くなっています（全国平均が六二・七パーセント）。つまり、滋賀県経済の大きな特徴は第二次産業のウエイトが高いということです。その結果として、先ほどの一人当たり県民所得が高くなるのです。

なぜ、滋賀県でかくも第二次産業が卓越しているのかということが次の解明点となります。地域と経済活動は、産業立地と立地条件という形でかかわります。つまり、どのような産業がそこに立地しているのかということが地域経済の構成内容に反映してきます。産業が立地できる条件があるから一定の産業が立地するし、さらに当該地域の立地条件がその産業にフィットしたために一定の地域経済が成立したわけです。

図8－2は、高度成長期における近畿圏の産業立地動向を示しています。敷地面積九〇〇〇平方メートル以上の大規模な工場は、それぞれの地方の通産局に届出をすることが義務づけられていますが、この時期に届け出のあった特定工場を地図上にプロットしたものがこの図です。太い実線は、主要な交通路を示しています。高度成長期の一九六一年から一九七四年までの間に近畿圏に展開した大規模工場は、大阪府に四四九件、兵庫県に三九一件立地し、滋賀県が第三位で三二六件立地しています（第四位は京都府の一四六件）。滋賀県の特定工場は、名神高速道路、北陸自動車道、国道1号（草津から甲賀に抜ける線）の沿線に立地しています。このように、実感とは遠い存在の経済データも、個々の要素レベルまでくると身近なものに見えてきます。

図8－3は、滋賀県内の工業団地の分布図です。この工業団地が、名神高速道路や国道1号、あるいは北陸

自動車道の沿線にあるということが一目瞭然です。滋賀県内の各地は、湖西と湖北の一部を除けば、高速道路のインターチェンジからほぼ三〇分以内で到達できます。

工業団地とは、工業に特化した工業専用地区として整備され、工場のみ立地が許可される地区です。一九三〇年代に、イギリスにおいて地域政策の一環として考え出されて展開してきました。日本では、第二次世界大戦後になって、当時の通産省が主導して各地に造りはじめました。

図８－４は、企業がある場所に工場を造って、操業を計画するときのプロセスを示しています。たとえば、A社がコンピュータなどの電子機器の製造工場を建設しようと計画する場合、一番上の「工業の立地」のところで規模、運営形態、資金形態を考えます。そして、地元の状況を見ながら、基本計画をつくるときに立地条件や立地位置を考えます。

一定の立地地点を選定したあとは、土地の情報を入手したり、用地取得の可能性を調査するなど、さまざまな意向を地元に対して打診することになります。地元の行政機関の同

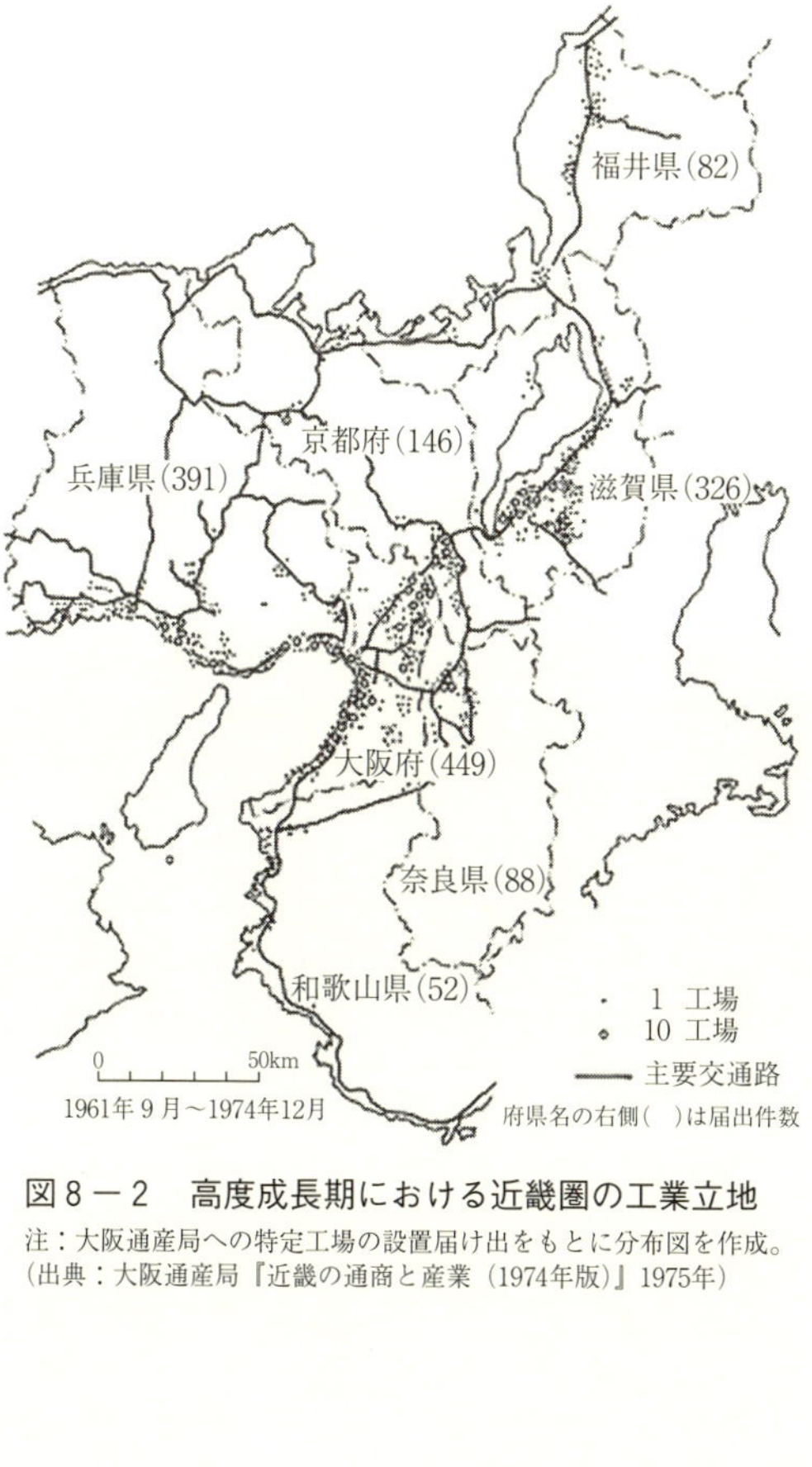

図８－２　高度成長期における近畿圏の工業立地

注：大阪通産局への特定工場の設置届け出をもとに分布図を作成。
（出典：大阪通産局『近畿の通商と産業（1974年版）』1975年）

意・協力の確認や、地権者の同意・協力の確認などといった煩瑣《はんさ》な事務がこのなかに入ってきます。このような一連の手順をクリアしたあとに特定の場所を入手し、工場が立地できるようになるわけです。

工業団地というものは、つくり手が一定規模の敷地を確保して、工場専用の団地を造ります。工業団地のつくり手というのは、県をはじめとした行政体や第三セクター的な公団、そして国の公団の場合もあります。最初に行う地元との交渉、行政との交渉、地権者との交渉といったことはすべてつくり手がやり、それに加えて敷地、道路、水道、下水道、電気、ガス、そのほかを整備しています。

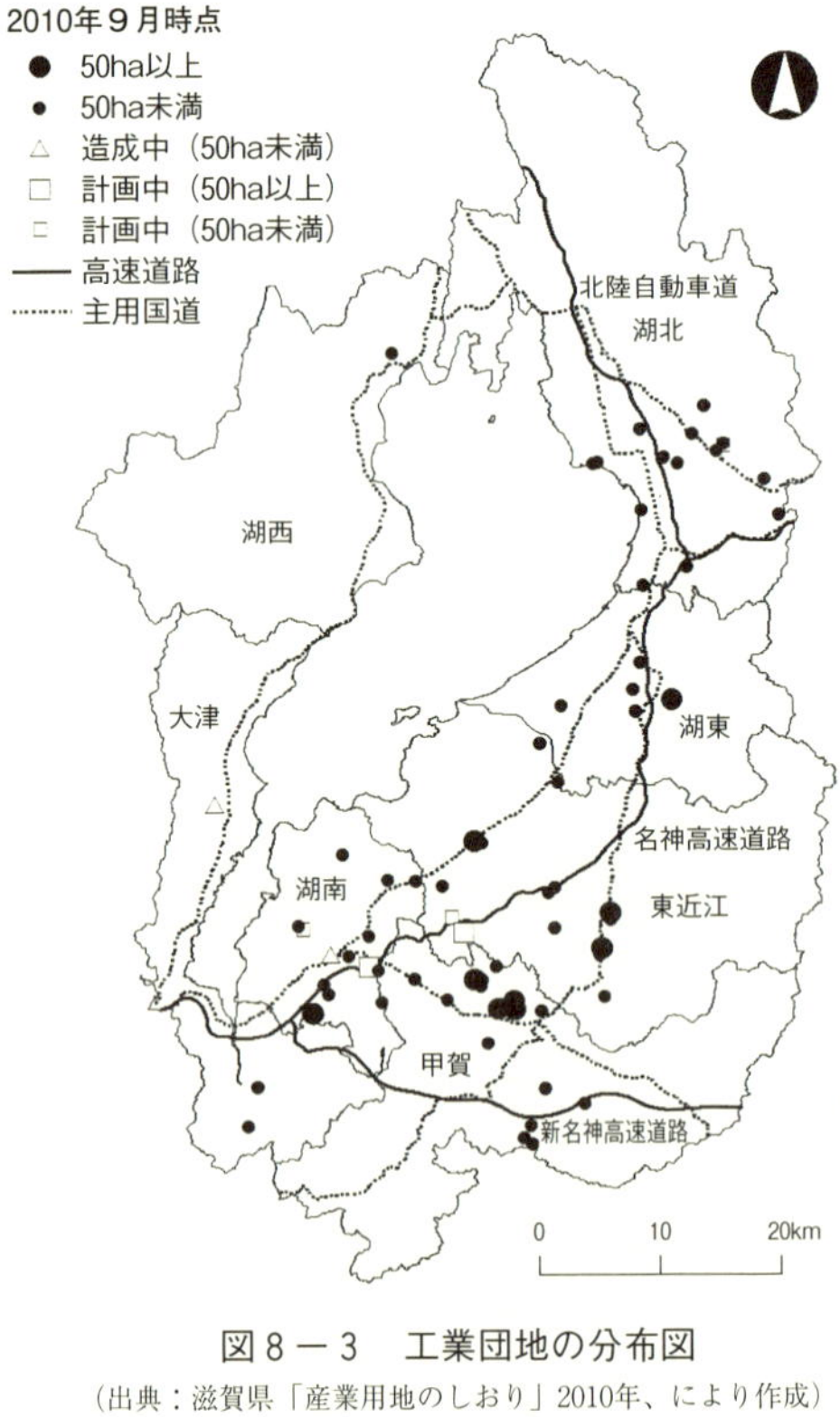

図８－３　工業団地の分布図

（出典：滋賀県「産業用地のしおり」2010年、により作成）

そこで企業は、その一角を平方メートル当たり何万円という金額で購入さえすれば、すぐに工場を建てることができます。つまり、立地のプロセスに伴うさまざまな手間（経済学では、これを「取引費用」、「トランザクションコスト」と言っています）が〇《ゼロ》か、それに近い非常に低い値になります。それゆえ、工場を立地展開させる企業にとっては、自らが独自に造ることと比較すればはるかに安い値段で入手することができるのです。もちろん、造成にかかった費用が含まれますから、土地代だけで見ると自らが地権者と交渉して入手する場合

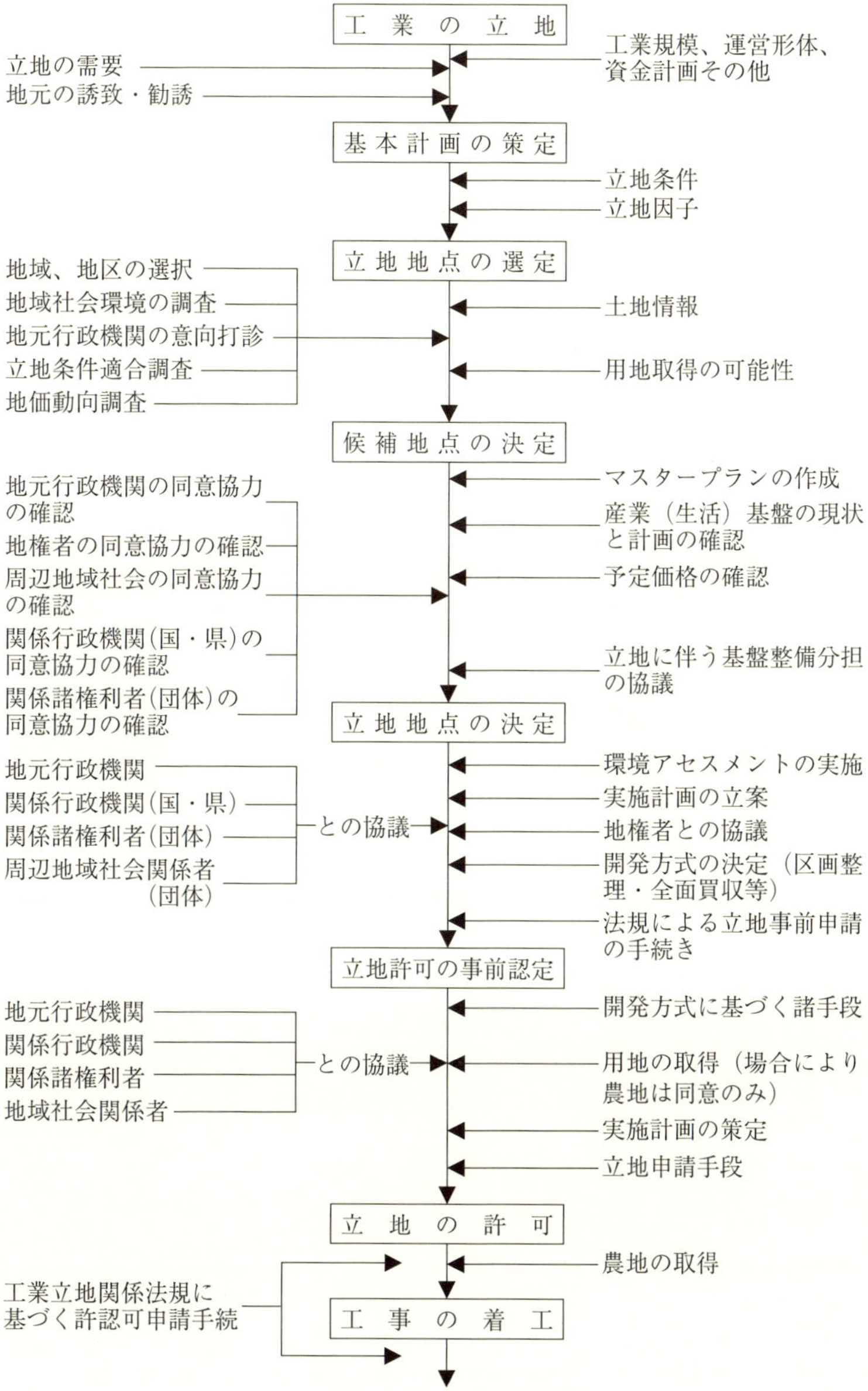
工　業　の　立　地
立地の需要
地元の誘致・勧誘
工業規模、運営形体、
資金計画その他
基本計画の策定
立地条件
立地因子
立地地点の選定
地域、地区の選択
地域社会環境の調査
地元行政機関の意向打診
立地条件適合調査
地価動向調査
土地情報
用地取得の可能性
候補地点の決定
地元行政機関の同意協力
の確認
地権者の同意協力の確認
周辺地域社会の同意協力
の確認
関係行政機関(国・県)の
同意協力の確認
関係諸権利者(団体)の
同意協力の確認
マスタープランの作成
産業（生活）基盤の現状
と計画の確認
予定価格の確認
立地に伴う基盤整備分担
の協議
立地地点の決定
地元行政機関
関係行政機関(国・県)
関係諸権利者(団体)
周辺地域社会関係者
(団体)
との協議
環境アセスメントの実施
実施計画の立案
地権者との協議
開発方式の決定（区画整
理・全面買収等）
法規による立地事前申請
の手続き
立地許可の事前認定
地元行政機関
関係行政機関
関係諸権利者
地域社会関係者
との協議
開発方式に基づく諸手段
用地の取得（場合により
農地は同意のみ）
実施計画の策定
立地申請手段
立　地　の　許　可
農地の取得
工業立地関係法規に
基づく許認可申請手続
工　事　の　着　工

図８－４　立地決定過程

（出典：大薗英夫・藤井隆・飯島貞一『地方の時代と工業再配置』東洋経済新報社、1980）

と比べるとやや高くなります。

　このような工業団地が、高度経済成長期には滋賀県をはじめとして各地に造られました。一九六三年から一九六四年にかけて、大型の工場がまさに立地しようとしていた時期に滋賀県下では名神高速道路ができたわけですが、その周辺に工業団地が分布していることからして、滋賀県に工場立地の数が多い理由の筆頭が高速道路であることはまちがいないのです。

　表8－7は、一九八四年と一九九一年の二回にわたって調査した大企業（従業員三〇〇人以上の企業を工業統計では「大企業」と呼んでいます）の工場が、滋賀県への立地に際して何を評価したかという点に関するアンケート結果です。大企業の工場となると、

表8－7　企業進出の理由

理　　　　由	回答			
	1984年		1991年	
	実数	%	実数	%
1．原材料供給地に近かった	49	9.6	35	10.9
2．交通・輸送条件が良く整備されていた	127	25.0	106	33.1
3．労働力供給力が大きかった	127	25.0	100	31.3
4．従業者の居住環境が良く整備されていた	17	3.3	7	2.2
5．大規模市場に近接していた	46	9.1	32	10.0
6．工業用水の供給力が大きかった	32	6.3	20	6.3
7．排水・産業廃棄物処理施設が整っていた	5	0.8	3	0.9
8．地価の安い土地が入手できた	192	37.8	141	44.1
9．十分な広さの用地が入手できた	224	44.1	172	53.8
10．本社・母工場からあまり遠くない	87	17.1	58	18.1
11．進出先にある企業を下請企業として利用できる	6	1.0	1	0.3
12．誘致にあたった自治体の熱意・協力姿勢が強かった	119	23.4	88	27.5
13．税制・金融上の優遇措置が手厚く行われた	8	1.3	2	0.6
14．その他	42	8.3	31	9.7

注）(1)　現在地に移転・新設した理由で重要な項目を３つ以内挙げている。
　　(2)　%は各項目ごとに○印をつけた工場の割合を計算したもの。
　　　　また、数値は戦後に用地を取得した企業のみ。

（出典：筆者を含む産業立地研究会が、1984年と1991年に滋賀県下の従業員30人以上の事業所に対して実施したアンケート結果による）

滋賀県下で約一〇〇〇件に上ります。表を見ても分かるように「交通輸送条件が良く整備されていた」という項目の数値が高いのですが、トップには評価しておらず、広い土地が入手できたことを一番に挙げて、「地価が安い」という理由が二番目にきています。

一九六〇年ごろは、まだ滋賀県でも農業が盛んなころで、大阪ではすでに工業が集積していました。その大阪でさらなる工業活動を続けようした企業は、大阪市やその周辺で適当な規模の土地を探したのですが、費用の面も含めて気にいった土地が入手できなかったのです。ちょうどそのころに名神高速道路ができたので、企業も滋賀県をその対象地として考えはじめたのです。そして、規模を拡大したり、広い土地を入手しようと考えていた企業は、大阪府ではなく滋賀県で調達したというわけです。また、大阪に比べて滋賀県のほうが地価が安いということは言うまでもないことです。

このように、立地条件は滋賀県だけを見ていたのでは分かりません。近畿圏というレベルで立地展開をする企業が評価するところは、広い土地と安い土地であったということなのです。この点を十分に認識しておく必要があります。「このあたりは名神が走っているからだろう」という実感だけで理解していたのでは、実態を見誤ってしまうということになります。

みなさんが地域と経済活動とのかかわりを産業立地と立地条件という面から見るときには、次の二つの側面から考える必要があります。

❶特定業種の一定規模のものが立地するための条件とは何か。
❷その必要条件に照合して、特定地域で満たされている充足状況はどうか。

例を挙げて説明しましょう。滋賀県下の工場をみなさんが調査するときには、特定の産業に対する一般的な文献や、あるいは研究文献や調査報告書を収集し、さらにその企業の各事業所に関するデータや有価証券報告書などを使って立地条件を押さえ、自らがヒアリングをした結果をそれらと突き合わして評価していく必要があります。

そこで、もう一つ重要なのが、立地条件から見た滋賀県の特性です。ある立地主体あるいは行動主体が「ある地域をどう評価するか」というのは、「立地条件をどう評価するか」ということでもあるのです。

さまざまな経済活動や産業活動を行っている主体は、それぞれ固有の産業空間を編成しています。一方、我々生活者も同じ地域で生活空間を編成しています。われわれの日常は、居住地を基点にして通勤や通学をしたり、いろいろな買い物をしたり、レジャー活動をしたりという形で生活空間を編成しているわけです。もし、自分の生活空間のなかに工場が見えたり、倉庫があったりすると、生活空間の編成問題の一環としてそれらの情報を処理しています。われわれが彦根とか米原という土地で活動している一方、同じその地域で産業活動をしている主体は、そこを産業空間として編成しているのです。ですから、同じ要素を見てもそのまなざしが違っているし、その要素の使い方も違っているということになります。

したがって、「ある地域の再生を考える」ときには、われわれが通常見慣れている生活空間のまなざしだけでなく、対象の異なった面を見るために、たとえば経済活動であれば産業空間の視点からも地域を見ていかないと、その地域の立地条件としての性格がつかめないということです。

滋賀県経済の課題

先にも述べたように、滋賀県は一人当たり県民所得が全国第六位というように、経済的なパフォーマンスが高く、四七都道府県のなかでもよい水準にあるように見えます。加えて、人口も増加している数少ない県の一つであるという評価もされています。では、滋賀県には、地域経済の面から見て課題はないのでしょうか。**表8－6**（二〇五ページ）に示したように、滋賀県の一九九〇年における所得構成比率は、五六・六パーセントが第二次産業で、滋賀県だけ突出しています。逆にこれは、前述したように第三次産業が相対的に低いということを意味しています。ここに挙がっているほかの府県は、すべて第三次産業の比率が五〇パーセントを超えています。

一九八〇年代の半ば以降、日本全体として経済はサービス産業がリードしています。その結果として、第三次産業の労働力構成比率や所得構成比率が高まるという数値が出ています。しかし、滋賀県の統計データにはこれが反映されていないのです。その理由の一つは、工業のウェイトが高いことです。

そして、もう一つの要素として、滋賀県の構造的な問題があります。滋賀県の県庁所在地は言うまでもなく大津市ですが、この大津市がもっているきわめて特徴的な性質に問題があるのです。地図を広げれば一目瞭然ですが、大津市は京都府の府庁所在地である京都市と隣接しているのです。このような立地環境は、日本国中どこを探してもありません。京都市は人口約一五〇万人の大都市、他方大津市は人口約三三万人で、規模としては中都市です。経済活動は県（府）境を越えて展開しますから、京都市を中心として、その半径約三〇キロメートルは京都都市圏となるのです。つまり、大津市は、京都都市圏の衛星都市になっているということです。滋賀県の第三次産業のウェイトが低いという理由は、工業のウェイトが高いというだけではなく、通常の県庁所在地がもっている中心性が小さく、そのために高次のサービス機能は京都市に立地して県内にはないということなのです。この状況をどうするかが、滋賀県にとっては大きな課題となっています。

経済活動は市町村のなかだけで完結しないので、対象の市町村をどうしたらいいかと考えるときには、対象地域がどういう空間のなかに置かれているかを考えなければなりません。大津であれば京都都市圏の一部になっていること、そして草津市が成長しているのは、あのあたりがちょうど京都の影響がやや薄れかかっている地域であるためにさまざまな機能が立地しつつあるからだと見ることができます。しかし、京都市の影響が薄くなっているから草津市に高次のサービス機能があるかというと、まだ高次の機能は立地していないのが現状です。

米原や豊郷や伊吹など中小の市町村の問題を考えるときも、現在、経済のサービス化が展開している中心地との関連がどうなっているのかという観点から見ていくと、それぞれの地域の特性とか立地条件などが見えてくるはずです。さまざまな経済活動が編成している地域システムをおさえ、そこに各市町村がどのようにかかわっているのかという視点が重要となります。

第 9 章

滋賀県の安全・防災上の特性把握と地域診断

高田　豊文

この章で学ぶこと

- 地震が発生する仕組み
- 地震の頻度と予想される被害
- 地震防災のためのソフト・ハード対策

キーワード

プレート・テクトニクス、プレート境界型地震、活断層型地震
マグニチュード、震度、液状化現象、確率論的地震動予測地図
新耐震設計基準、琵琶湖西岸断層帯、防災地図

地震による建物への被害

過去の地震被害

二〇〇四年一〇月二三日、新潟県中越地震が起こりました。マグニチュード6・8、最大震度7で、兵庫県南部地震以降初めて出た震度7でした。この地震の特徴は、一八時ごろに地震が起き、その後立て続けに大きな地震が起きたことです。何度も地震が起きて、揺れが中越地方を中心に広がり、滋賀県でも揺れが観測されました。

この地震によって、次のような被害が発生しました。長岡市では鉄骨造りで外壁をＡＬＣ板[1]などで覆っている形式の建物がたくさんあり、倒壊はしませんでしたが、外壁が落ちるという現象が数多く起こりました。また、ある木造の倉庫では太い柱が折れていましたが、すべての建物がこのようになったわけではなく、きちんと立っているものもありました。耐震補強などがされて、きちんと設計されたものはきちんと立っていたということです。

地震では、建物だけでなくブロック塀なども壊れることがあります。通常、ブロック塀のなかには直径九ミリほどの鉄筋が入っているわけですが、この鉄筋が入っていないと倒壊することになります（**写真9－1**）。このときに、もし誰かがここを歩いていたらどうなったでしょうか。怪我をするか、最悪の場合は命を落とす危険性もあります。また、石積みの塀も危険と言えます。

写真9－2は学校の門柱ですが、それ自体が倒れたことも問題である以上に、それが小学校の門柱であることが大きな問題と言えます。

写真９－１　ブロック塀の転倒

写真９－２　門柱の転倒

写真9－3　液状化現象により陥没した歩道

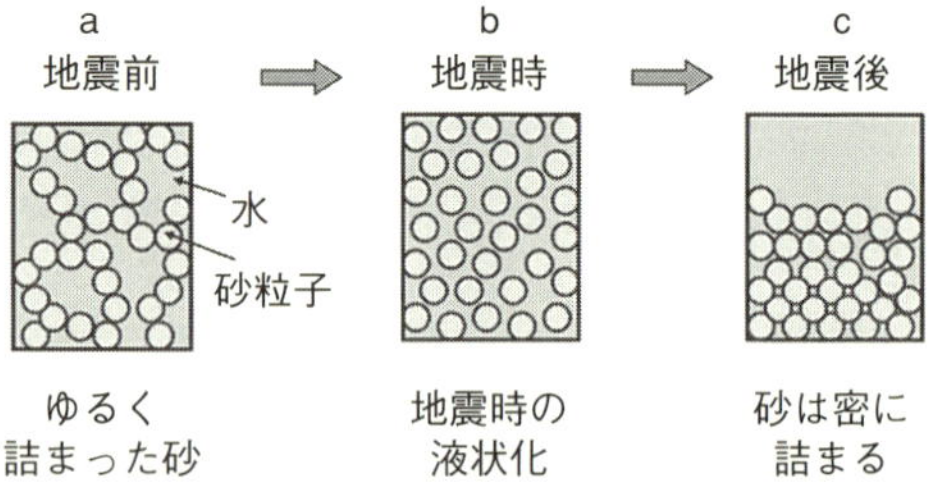

図9－1　砂質地盤の液状化現象

写真9－4　仮設住宅を建てるときに出たゴミ

写真9－3に見られるような穴は、液状化現象が原因となって生じたものです。液状化現象は、地下水位の高い砂地盤で起きます。このような地盤の地域で地震が起きると、砂の粒が水のなかに浮いた状態になり、地盤上に立っている建物が沈むことになります。地面が揺れている間は**図9－1（b）**のような状況になり、揺れが終わったあと、砂が下がって密に詰まり、水が上に上がって地面が**図9－1（c）**のように下がるために穴が開き、最終的には**写真9－3**のような状態となるのです。これ以外にも、液状化によって電柱が沈んだり、

マンホールが浮き上がったりします。このように、液状化のあとは、重いものは沈んで軽いものは浮き上がるということです。

大きな地震が起こると、さまざまな建物が壊れ、家のなかがグチャグチャになるので、非常にたくさんのゴミが出ます。また、建物が壊れると仮設住宅を建てるわけですが、地震によって壊れた建物のゴミ（ガレキ）と、仮設住宅を建てるときに出るゴミ（**写真９－４**）で、二軒分の廃棄物が出ることになります。環境破壊の面から見ても、大きな問題になるということを忘れないでください。

未確認の活断層が原因で起こった福岡県西方沖地震（二〇〇五年三月二〇日）はマグニチュード７・０で、最大震度６弱が観測されました。その中心地に近い玄海島は非常に急な斜面が多いのですが、それらが多数崩壊しました。高さ約二メートルの石碑も倒れたりしています。地震直後、きちんと立っている建物もありましたが、一年後には全部の家を取り壊して宅地の造成を行っています。このように、地震によって環境が破壊されることがあるのです。また逆に、環境破壊によって地震の被害が大きくなることもあります。

地震が発生するメカニズム

それでは、地震はなぜ起こるのでしょうか。地震発生の原因として「プレート・テクトニクス」という考え

（１）（Autoclaved Light-weight Concrete）鉄骨造の床、壁などに使用される板。耐熱性、耐火性に優れている。

方があります。地球の表面は、「プレート」と呼ばれる厚さ数十キロメートルの岩盤で覆われています。卵のように、地球の中身は柔らかく、周りは薄い皮で覆われていると考えられています。卵と違うのは、薄い皮、つまりプレートがそれぞれ違う方向に年間数センチの速さで移動していることです。

図9－2は、地球上のプレートを示した図です。世界中で起きた地震をプロットすると**図9－3**のようになります。これら

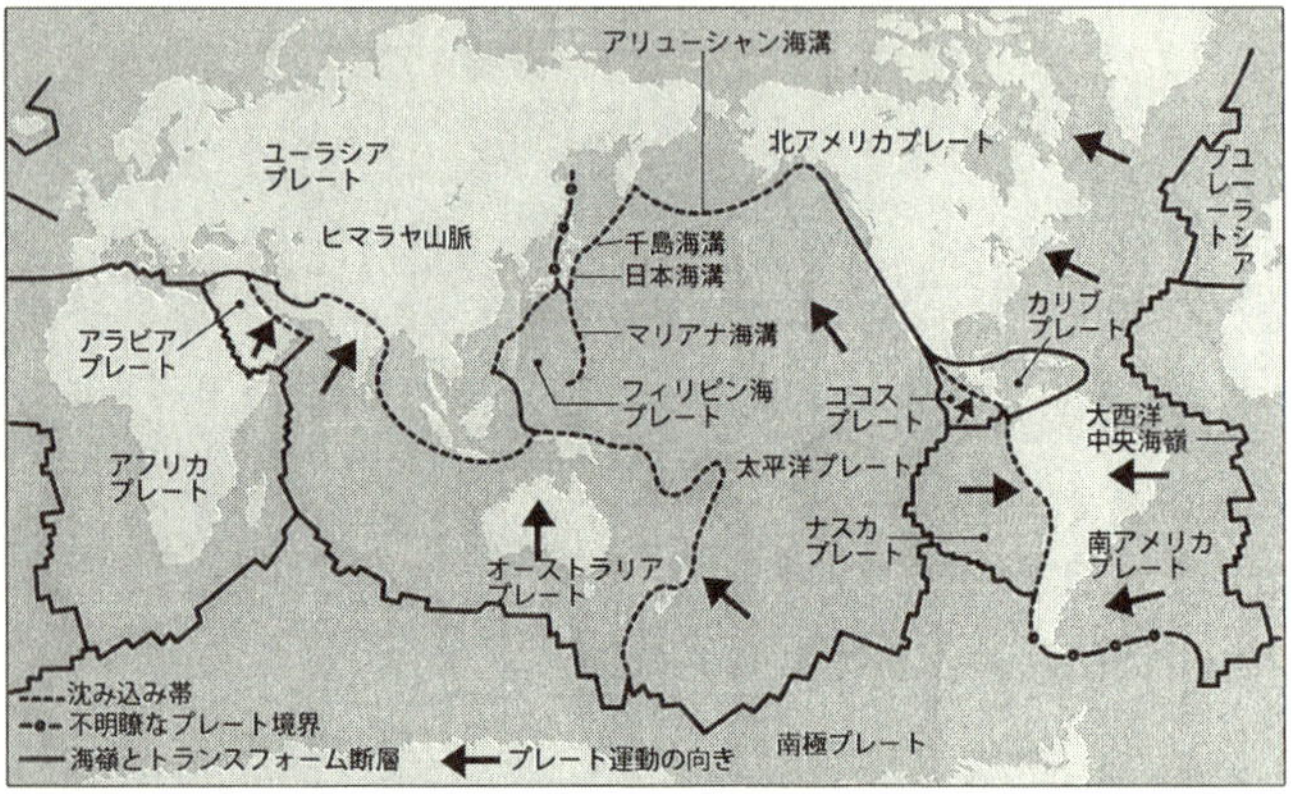

図9－2　プレートの移動方向

（出典：「地震の発生メカニズムを探る――発生のしくみと地震調査研究推進本部の役割」文部科学省、2004年３月）

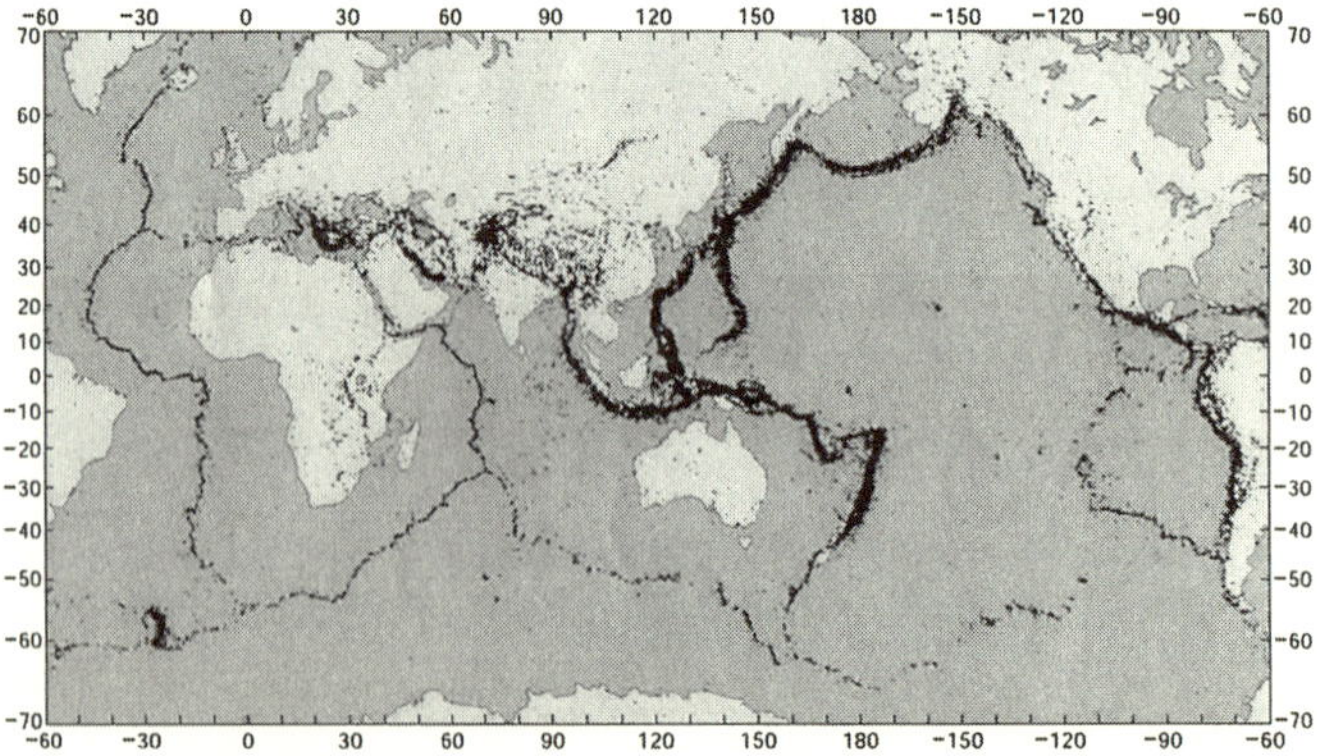

図9－3　世界中で過去に起きた地震の位置

（出典：「地震の発生メカニズムを探る――発生のしくみと地震調査研究推進本部の役割」文部科学省、2004年３月）

の図から、地震がプレートの境界で起きていることが分かります。日本列島付近の地形は世界でも珍しく、四枚のプレートが集まっています。プレートの境界がいくつもあるので、日本ではたくさん地震が起こるのです。日本列島で起きる地震は大きく分けて二種類に区別できます。一つは、海溝などのプレートの境界やその近くで発生する地震で、これを「プレート境界型地震」と呼びます。もう一つは、陸やプレートの境界から少し離れた所で起きる地震で、これを「活断層型地震」と呼んでいます。

プレート境界型地震は、次のような仕組みで起こります。海側のプレートが陸側のプレートのほうに動くことによって陸側のプレートが引きずり込まれます。あるとき、その引きずり込まれたプレートが「ぽん」と跳ね上がります。それによって地震が起こり、場合によっては津波が発生するわけです。プレート境界型地震には周期性があり、非常に大きな津波を伴う巨大地震になる可能性が高いです（**図９－４**参照）。

活断層型地震は主に陸で起こります（**図９－５**）。活断層は地中深くにあり、地質時代以降繰り返し活動をしており、将来もまた大きな活動をすると考えられている断層です。ある断層のずれはじめた点、すなわち地震がはじまった点を「震源」と言い、震源の真上の地表面での位置を「震央」と言います。地中のずれは広がり、広範囲でずれが生じるのですが、これを「震源域」と言います。そして、地震の原因となった断層のことを「震源断層」と呼びます。

大きな地震が起きると、普通は地下深くにあるずれが地上に出てくることがあります。兵庫県南部地震（一九九五年一月一七日）の原因になった淡路島の野島断層がその例です。このような断層を「地表地震断層」と呼びます。濃尾地震（一八九一年一〇月二八日）の原因となった岐阜県の根尾谷断層も同様で、日本最大の断層です。

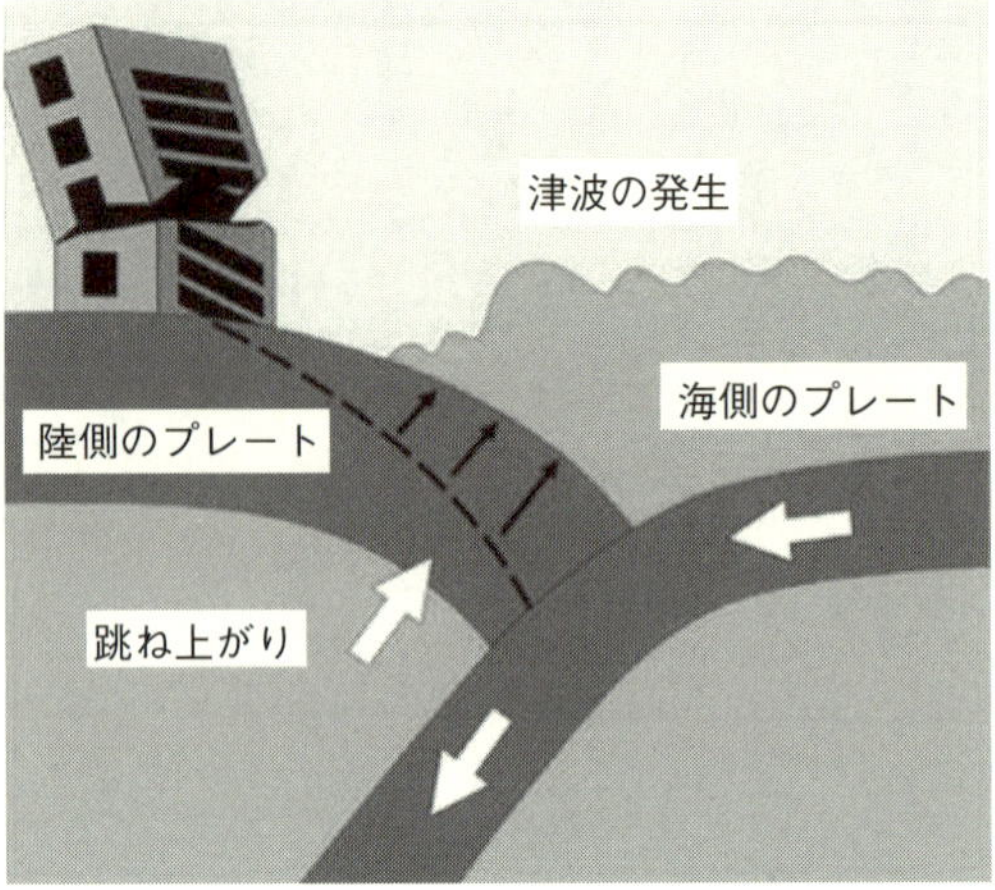

図９－４　プレート境界型地震の仕組み

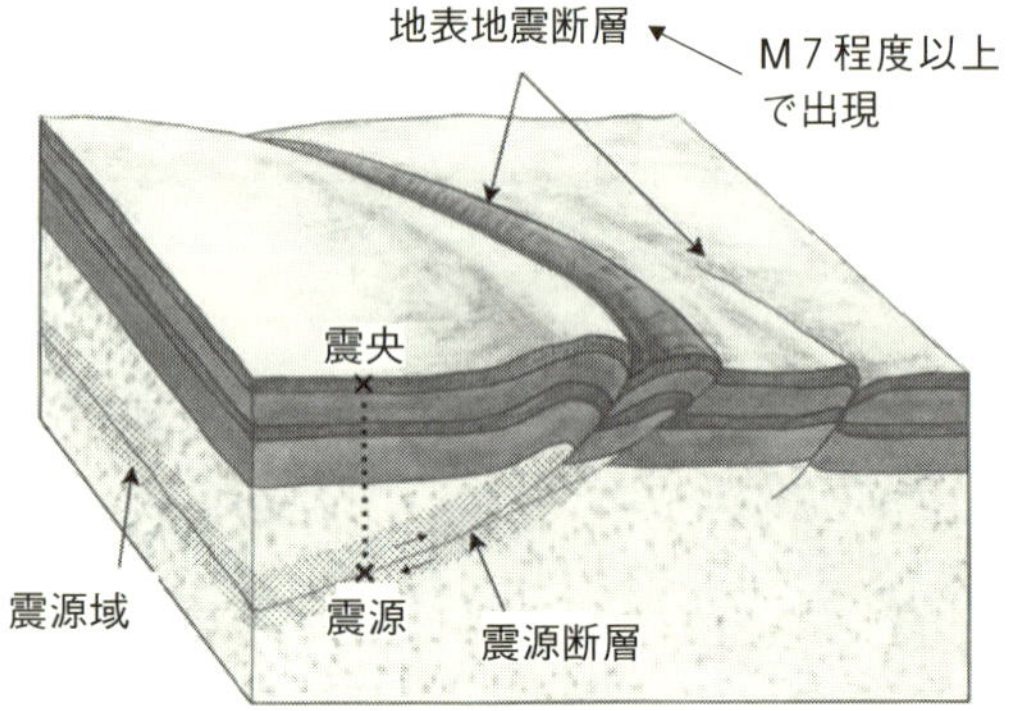

図９－５　活断層型地震

（出典：「地震がわかる！――防災担当者参考資料」文部科学省、2008年12月）

マグニチュードと震度

マグニチュードは地震の規模を表す指標です。地震が起きたときに、断層の壊れる範囲が広いほど地震のエネルギー、すなわちマグニチュードが大きいということになります。マグニチュードが6と7の差は約三二倍あります。壊れる範囲が三二倍、エネルギー的にも三二倍大きいということです。同じく、マグニチュード8はマグニチュード7の約三二倍ですので、マグニチュードが2つ違うと三二×三二で、一〇〇〇倍違うことになります。

一方、震度は地震の揺れの大きさを示します。これは諸外国と日本では異なり、日本では兵庫県南部地震以降に変わりました。揺れの大きさによって一〇段階あります（**図9－6**）。震度0、1では、ほとんどの人は揺れを感じません。2、3くらいから感じる人がいて4、5になると怖いくらいになり、6になると建物が壊れはじめます。

震度は、地震計で計測された揺れの大きさをもとにして、ある式によって計算しています。たとえば、計算した値が3・5から4・5になったときを「震度4」と呼びます。また、値が4・5から5・0までを「震度5弱」、5・0から5・5までを「震度5強」と呼んでいます。そのあとは、6弱、6強、7というようになります。ちなみに、震度が1増えたら加速度は約3・2倍になります。

それでは、震度と木造建物の被害程度について見てみましょう。震度5弱では、耐震性の低い建物であれば壁や柱が損傷するときがあり、震度5強では、耐震性の低い建物は損傷するか、あるいは傾く場合もあります。震度6弱で

震度	人間の体感・行動	震度	人間の体感・行動	木造建物被害
0	揺れを感じない。	5弱	身の安全を図る。行動に支障を感じる。	耐震性の低い住宅では、壁や柱が破損するものがある。
1	屋内の一部の人がわずかな揺れを感じる。	5強	多くの人が行動に支障を感じる。	耐震性の低い住宅では、壁・柱がかなり破損し、傾くものもある。
2	屋内にいる人の多くが揺れを感じる。	6弱	立っていることが困難。	耐震性の低い住宅では倒壊するものがあり、耐震性の高い住宅でも壁・柱が破損するものもある。
3	屋内のほとんどの人が揺れを感じる。	6強	這わないと動くことができない。	耐震性の低い住宅では倒壊するものが多く、耐震性の高い住宅でも壁・柱がかなり破損の可能性あり。
4	かなりの恐怖感あり。	7	揺れに翻弄。自分の意思での行動不可。	耐震性の高い建物でも、傾いたり、大きく破損するものがある。

図9－6　震度と人間の体感や木造建物への被害

は耐震性の低い建物なら倒壊するか、あるいは壁や柱が破損し、耐震性の高い建物でもひび割れたりする場合もあります。さらに震度6強では、耐震性の低い建物は倒壊するものがかなりあり、耐震性の高い建物でも破損します。震度7だと、多くの建物が傾いたり大きく壊れたりします。

過去の地震被害のデータでは、今の建築基準法のぎりぎりの水準で建てられた建物は、震度6くらいのときに壊れはじめ、古い耐震基準で建てられている建物だと二〇パーセント、五件に一件が全壊するという結果が得られています。震度5強または震度5弱の地震ではほとんどの建物は全壊しませんが、震度6強だと、多くの古い建物が全壊する可能性があり、怪我人や、場合によっては亡くなる人が出はじめるということを覚えておいてください。

兵庫県南部地震では、六〇〇〇人以上の方が亡くなりました。主な死亡原因は家屋の倒壊で、亡くなった人の九割近くを占めています（**図9-7**）。火災でなくなった方は一割ほどしかいません。地震が起きたのは一月一七日の午前五時四七分でした。そこから六時までの間、つまり一五分以内に亡くなった方が三〇〇〇人以上なのです。これは、家が壊れてすぐに亡くなったことを意味しています。人の命を守るためには、建物の耐震化が絶対に必要だということです。

滋賀県の地震危険度

滋賀県での地震の話をしましょう。まずは、陸の地震、すなわち活断層型地震についてです。琵琶湖西岸断層帯は、今後地震が起こる確率が日本のなかでも高い部類に入る活断層です。また、鈴鹿西縁断層帯と三方花折断層帯は、それほど発生頻度は高くないかもしれませんが、日本のなかでは発生確率がやや高い活断層です。**図９－８**の各活断層のところに「０、０、Ｍ７・２」などと記していますが、これは今後三〇年間、五〇年間の間に地震が起こる確率、およびその地震の規模を示しています。

滋賀県は、とくに湖西に断層が多いです。湖西では、過去に地震が起きるたびに山側がどんどん上がっていき、琵琶湖はどんどん下がっていくというずれ方をしています。そのため琵琶湖は、中央よりも左側のほうが深くなっています。

滋賀県に被害を及ぼしたこれまでの地震をいくつか挙げます（**図９－９**）。網掛けしたものはプレート境界型地震です。湖北では、ほぼ一〇〇年前の一九〇九年に姉川地震が旧虎姫町付近で起こり、そのときに多くの方が亡くなりました。滋賀県は中央に琵琶湖があるため、その周りは軟らかく揺れやすくなっています。**図９－10**は表層地盤の揺れやすさを示しています。琵琶湖周辺の平野はすべて揺れやすく、大津も高島も揺れやすいエリアだということになります。

図９－11は、琵琶湖西岸断層を震源とする地震が発生したときの被害

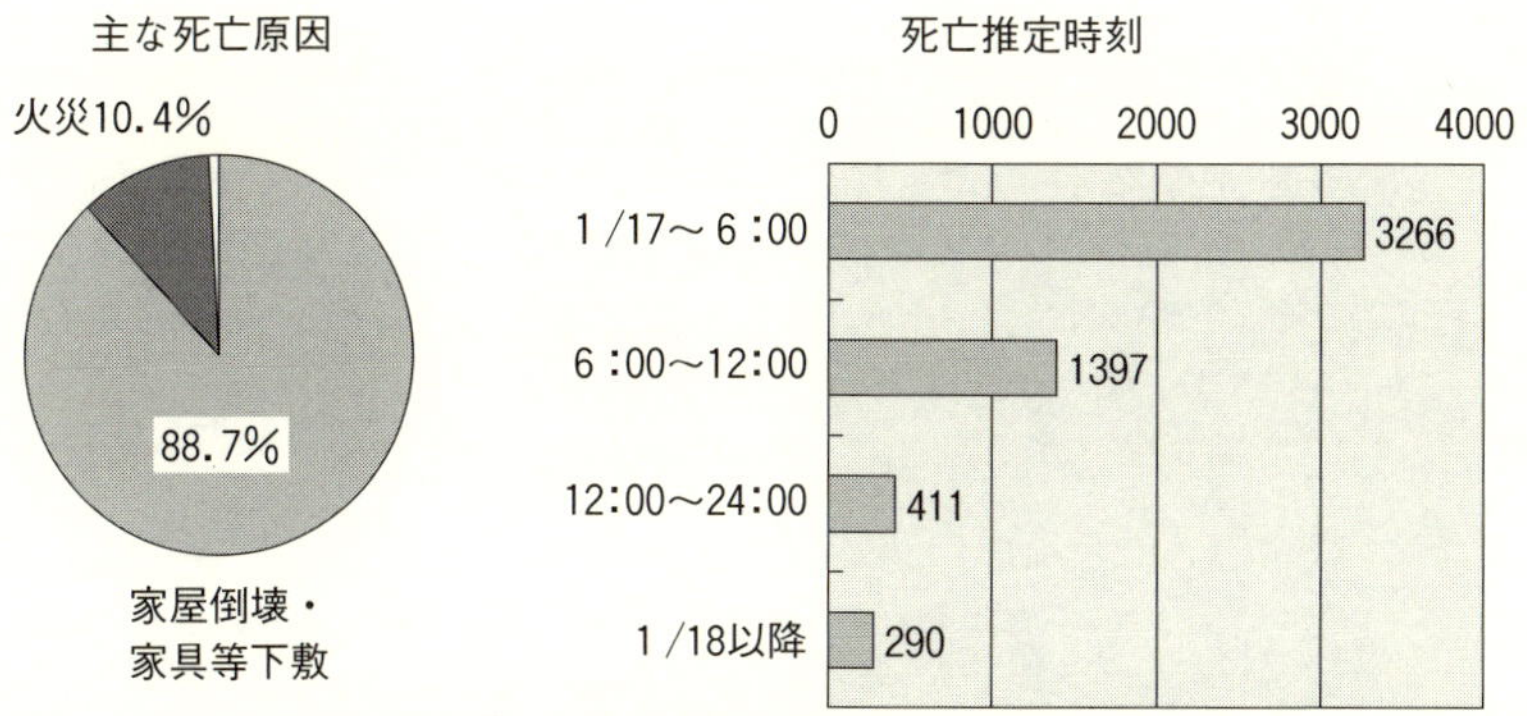

図９－７　兵庫県南部地震での人的被害

想定図です。揺れやすい琵琶湖周辺で大きな震度となっていることが分かります。地震の規模をマグニチュード７・８程度とすると、滋賀県全域では、全壊戸数が四万六〇〇〇棟くらい、半壊は五万棟くらいあると予測されます。亡くなる方の人数は、地震が起こる時間帯によって違いますが、一番多いケースは朝に地震が起きた場合で、滋賀県内だけで一〇〇〇人以上の人が亡くなることになります。

地震が起きると、大抵の場合公共の交通機関が止まります。そうなると、家に帰ることができません。この規模の地震が起きると、帰宅できない人が八万人くらい出ることになります。この地震の被害は、滋賀県だけではなく京都府もある程度被害が及ぶでしょう。そうすると、これらの被害はもっと増えるということになります。

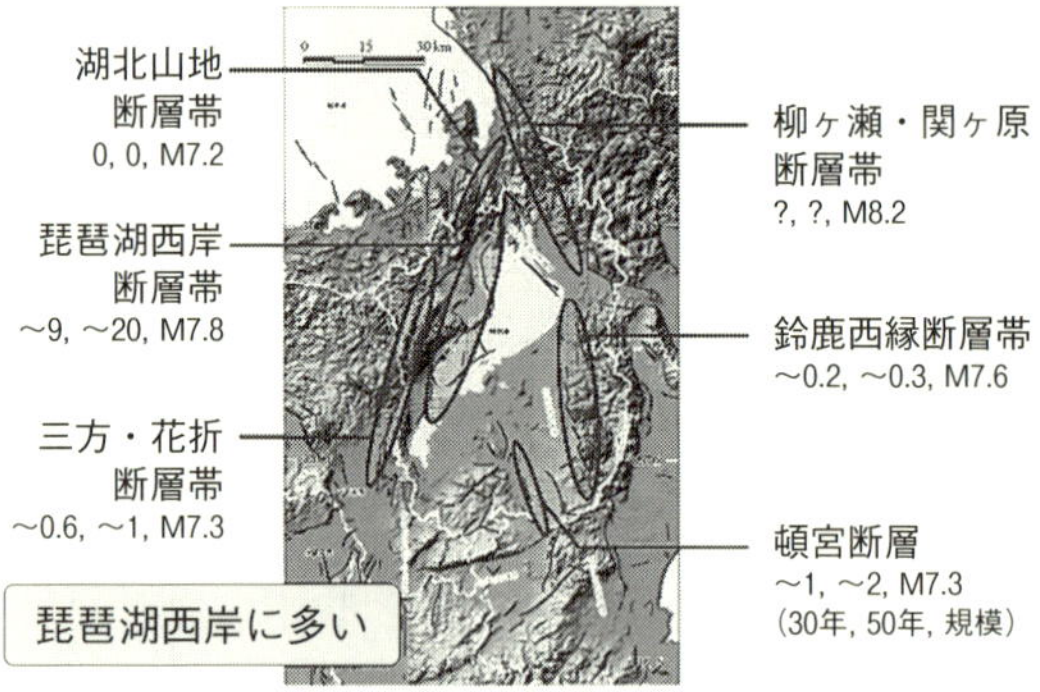

図９－８　滋賀県付近の主な活断層

西暦	地域（名称）	M	県内の主な被害
1854	安政東海地震	8.4	不明
1891	濃尾地震	8.0	死６、負47、全壊404
1909	姉川地震	6.8	死35、負643、全壊972
1927	北丹後地震	7.3	負２
1944	昭和東南海地震	7.9	負１、全壊13
1946	昭和南海地震	8.0	死３、負１、全壊８
1948	福井地震	7.1	全壊１
1952	吉野地震	6.8	死１、負13、全壊６
1995	兵庫県南部地震	7.2	負９

プレート境界型地震

図９－９　滋賀県に被害を及ぼした地震

（出典：地震調査研究推進本部地震調査委員会編「日本の地震活動――被害地震から見た地域別の特徴〈追補版〉」、文部科学省、1999年４月）

計測震度増分	色	
1.0 ～ 1.65		ゆれやすい
0.8 ～ 1.0		↑
0.6 ～ 0.8		
0.4 ～ 0.6		
0.2 ～ 0.4		
0.0 ～ 0.2		↓
-0.95 ～ 0.0		ゆれにくい

図９－10　表層地盤の壊れやすさ

（出典：「都道府県別表層地盤のゆれやすさマップ―滋賀県」内閣府、2005年10月）

琵琶湖西岸断層地震

地震規模：M7.8程度

滋賀県全域

全壊	45,994棟
半壊	54,078棟
死者（早朝）	1,274人
帰宅困難者	82,889人

図９－11　被害想定（活断層型地震）

（出典：「第２次琵琶湖西岸断層帯等による地震被害予測調査」滋賀県、2004年12月）

東海・東南海・南海地震

次に、海の地震、すなわちプレート境界型地震である東海・東南海・南海地震の話をしましょう。これらの地震は南海トラフで発生し、震源の位置によってその呼び名が異なります。過去、東海から四国地方沿岸でどういう地震が起きているのかを見てみましょう。一六〇五年にマグニチュード7・9の慶長地震が起こり、一〇二年後に宝永地震が起こり、その一四七年後に安政の東海地震と南海地震が起こりました。さらにその九〇年後の一九四四年、昭和の東南海地震が三重県沖で起こり、その二年後には昭和の南海地震が四国沖で起こっています（**図9－12**）。しかしこのとき、東海沖だけ地震が発生しませんでした。

南海トラフでは、一〇〇年から一五〇年ごとに地震が発生しています。ところが、東海沖は直前の地震からすでに一五七年たっています（二〇一一年時点）。これが、東海地震が切迫していると言われる理由です。さらに、昔からの統計によると、東海地震だけが単独で起こったというケースはありません。

滋賀県に近い東南海地震だけを見ると、マグニチュード8・1前後の地震が予測されています。兵庫県南部地震のがマグニチュード7・2ですから、それに比べるとマグニチュードが1程度違いますから規模は三二倍となります。発生確率は、今後三〇年間で六〇～七〇パーセントと予測されています。

東海・東南海・南海地震が同時に発生する可能性も否定できません。三つの地震が同時に起きたときの震度分布が**図9－13**です。関東地方から九州まで、広い範囲で大きな揺れを観測することになります。全壊棟数は三四万棟、亡くなる人が一万七〇〇〇人以上と予測されています。また、海の地震ですから津波が起こる可能性があります。非常に大きな津波によって被害が出るでしょう。このように広い範囲で被害が出るため、経済損失も大きくなります。被害の範囲が広いということは、言うまでもなく、被災者も多くなるわけですから、助けに来てくれる人がいないということです。

また、マスコミによる報道の影響も考えておかなければなりません。大地震が起こると、報道ヘリは通常の場合被害の大きい場所に飛んでいきます。よって、被害が比較的小さい場所ではその被害の様子が報道さ

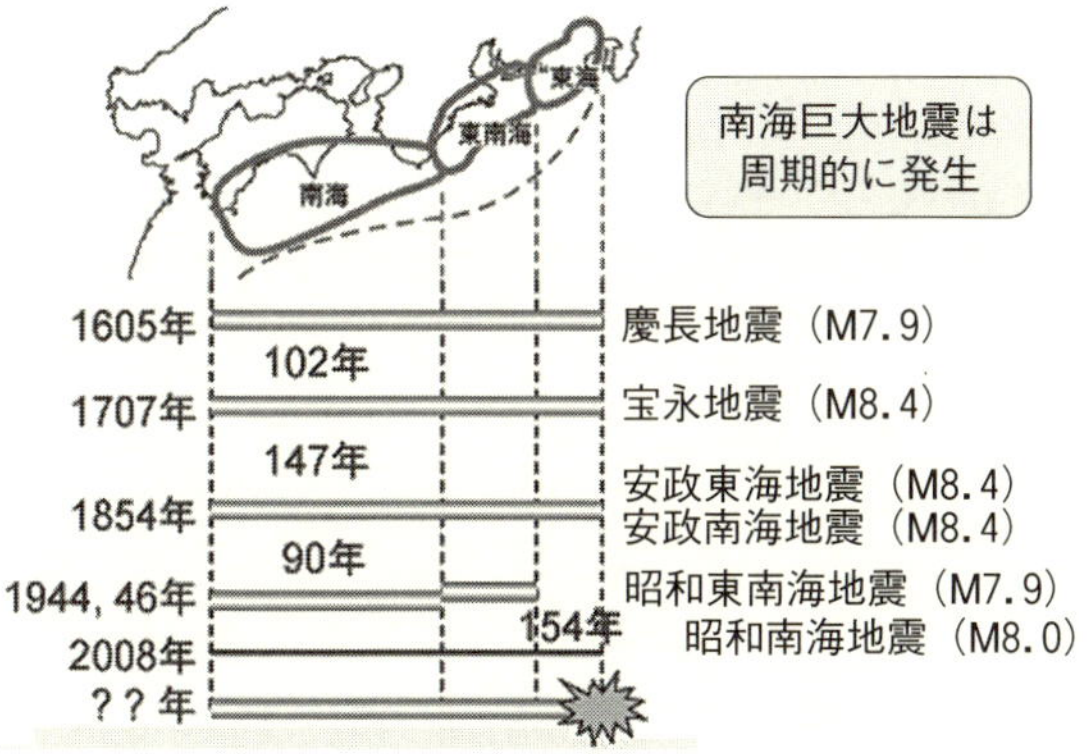

図９－12　プレート境界型地震—東海・東南海・南海地震

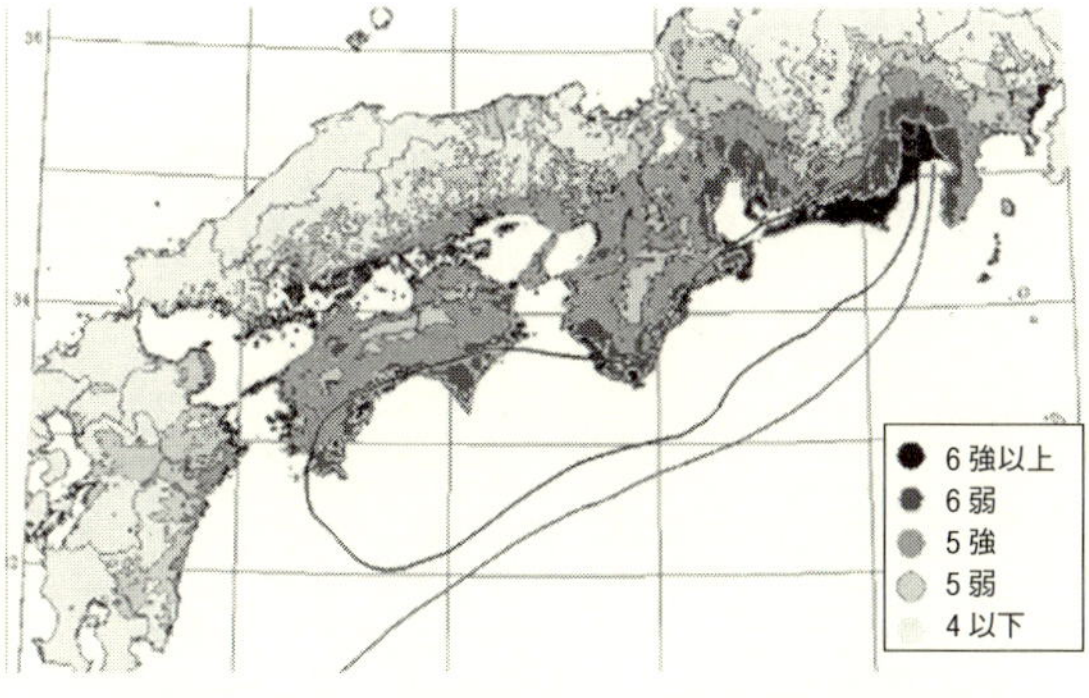

図９－13　東海＋東南海＋南海地震の震度分布

（出典：中央防災会議事務局「東南海、南海地震の被害想定について」、中央防災会議「東南海、南海地震等に関する専門調査会」（第14回）資料、2003年９月）

れず、誰も助けに来てくれないことになります。つまり、ほとんど公助が期待できないということです。被災したら、自分たちで何とかしなければならないのです。大地震時には、家族、友達、あるいは近所の方々と協力して対処するというのが現在の地震防災の基本です。

地震動予測地図

みなさんが住んでいる場所は、プレート境界型や活断層型というさまざまな地震によって被害を受ける可能性があります。いろいろな地震を考慮して、地震動の大きさを確率で表現したものを「確率論的地震動予測地図」と呼びます（**図9－14**）。これはホームページ上で見ることができます。ここでは、「三〇年以内に震度6弱以上の揺れに見舞われる確率」という地図を見てみましょう。

発生確率が二六パーセントというのは、大体三〇年に一回くらい起こるということです。六パーセントだとおよそ五〇〇年に一回、三パーセントだとおよそ一〇〇〇年に一回となります。たとえば、飛行機に乗って事故に遭って死亡するというのは、三〇年確率で〇・〇〇二パーセントです（**図9－15**）。したがって、誰も自分が乗った飛行機が墜落するとは思わないでしょう。

一方、交通事故で怪我をする確率は二四パーセントです。おそらくみなさんは、一生に一度くらいは事故で怪我をするかもしれないと思っているでしょう。地震の発生確率が二六パーセントというと、交通事故よりもやや大きい値となります。それをふまえて、もう一度地図を見てみましょう。震度6弱以上の地震に、一生遭わないで暮らせると思いますか。では、地震が来る前にどういう対策をしたらよいかを以下で説明していきます。

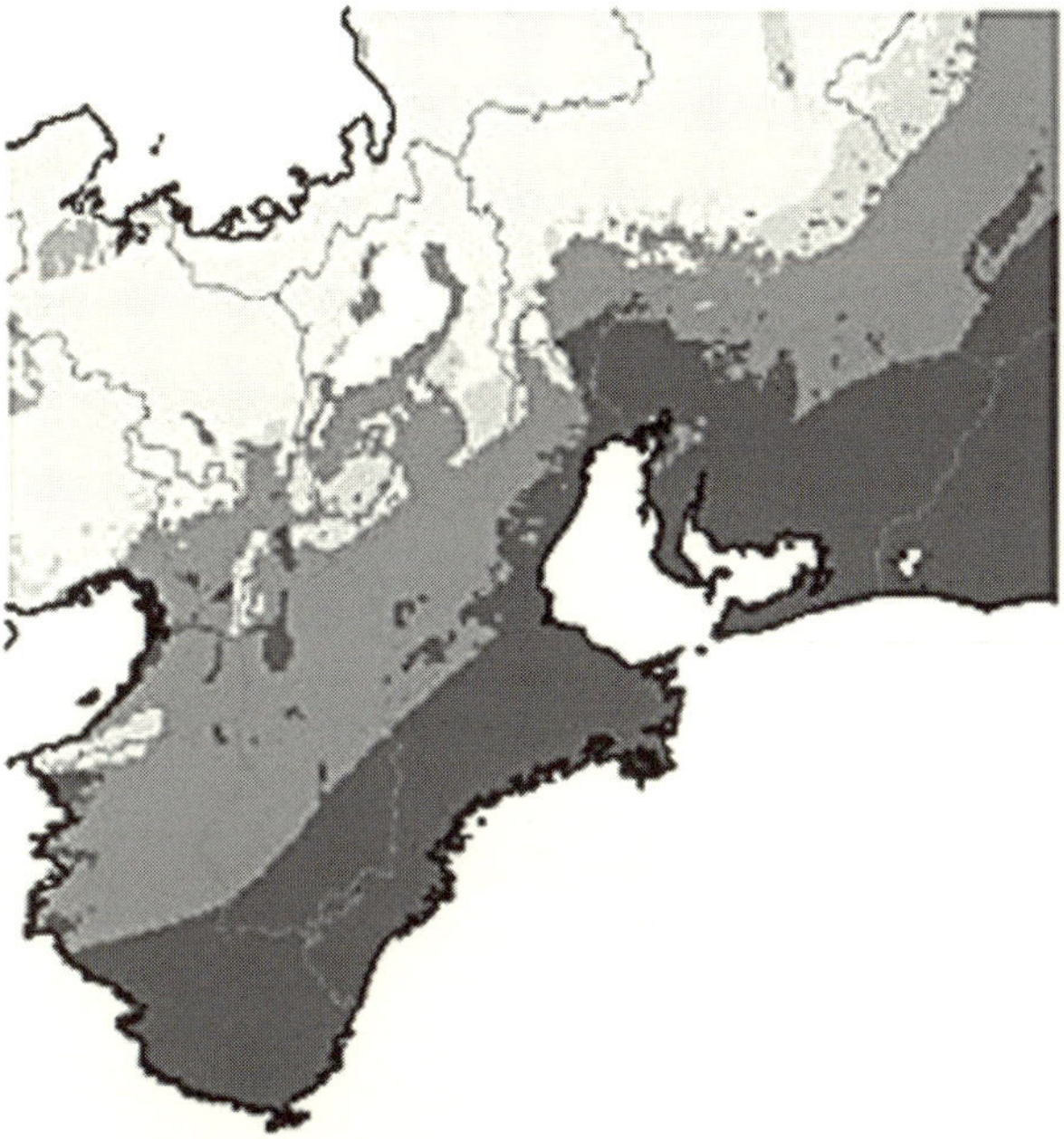

図９－14　確率論的地震動予測地図（30年以内に震度６弱以上の揺れに見舞われる確立）
（出典：地震ハザードステーション、防災科学技術研究所）

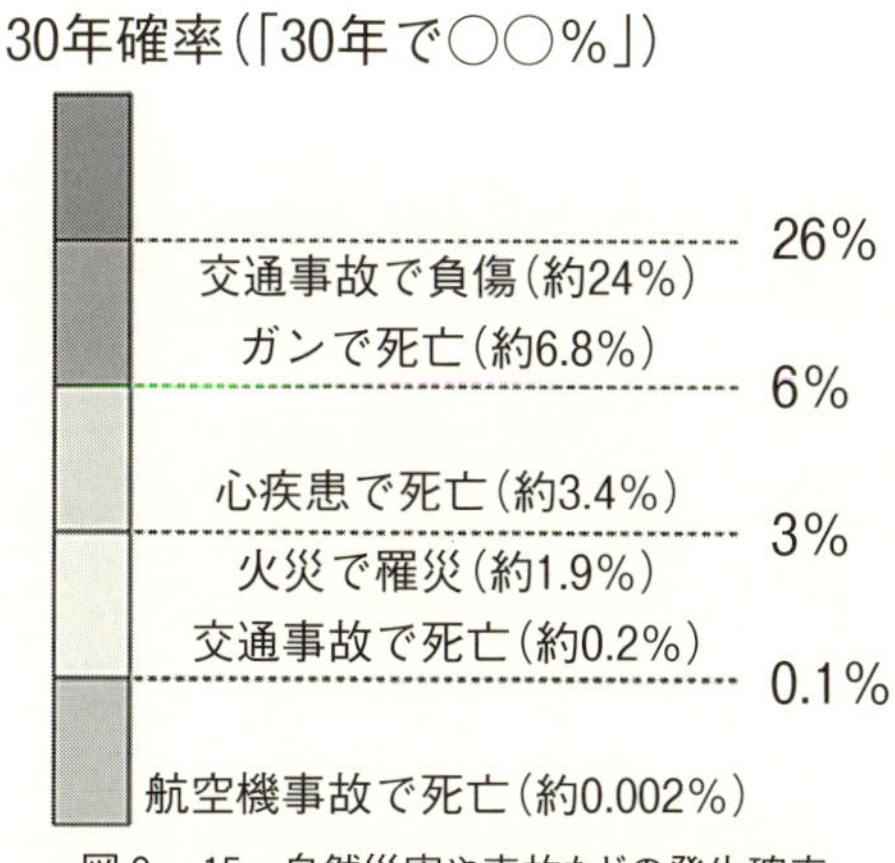

図９－15　自然災害や事故などの発生確率

地震対策——ハード面

まずは、建物について考えましょう。日本の耐震設計では、大地震への対策と中小地震への対策との二段階を考えています。建築基準法では、「きわめて稀に起こる大地震に対して、建物は損傷するけれども大きな被害は生じず、完全に倒壊しないようにする」となっており、これを「安全性」と呼んでいます。安全性を考えて建物を建てるということが第一の原則です。そして、もう一つは「稀に起こる中小地震に対しては、ほとんど被害を受けないように建てること」で、これを「修復性」と言っています。つまり、震度5程度の地震が起きてもほとんど被害を受けないように（修復性）、そしてきわめて稀に起こる震度6程度の地震に対しては、損傷はしても倒壊はしないように建てる（安全性）というのが基本となっています。具体的なモデルは**図9－16**を見てください。

安全性を考える場合、標準せん断力係数（Co）を1・0にします。これは、第一層に働く力が建物の重量とまったく同じという意味です。ですから、高さが高くなればなるほど非常に大きな力が働くことを想定して建てます。そして、修復性を考える場合は標準せん断力係数（Co）を0・2とします。このような力に対しては、建物にまったく被害が出ないように設計しています。

建物に作用する力と変形の関係を表したものが**図9－17**です。横軸に変形をとり、縦軸に力をとります。建物に力を加えると変形が増えていき、最終的に×のところで壊れます。

稀に発生する地震に対しては、変形が弾性域を超えないように設計します。これを「損傷限界」と言います。

一方、きわめて稀に発生するような大きな地震に対しては、塑性域まで変形してもよいということにしています。これを「安全限界」と言います。非常に大きな地震が起きたときには、地震後にある程度の変形が残ることは仕方のないこととして、「建物が倒壊だけはしないようにしましょう」というのが建築基準法の耐震規定なのです。

日本の耐震研究は濃尾地震の翌年からはじまりました。一九二四年に現在の建築基準法の前進である「市街地建築物法」が改正され、耐震規定が導入されました。そして、一九八一年に新耐震設計基準ができて、非常に大きく法律が変わりました。中小の地震に対しては壊れないように、大きな地震に対しては倒壊しないように設計することが初めて決まったわけです。

一九八一年に耐震規定が大きく変わったことによって、前の基準には適合していたが、新しい基準には適合しない建物が数多く出てきました。このような建物

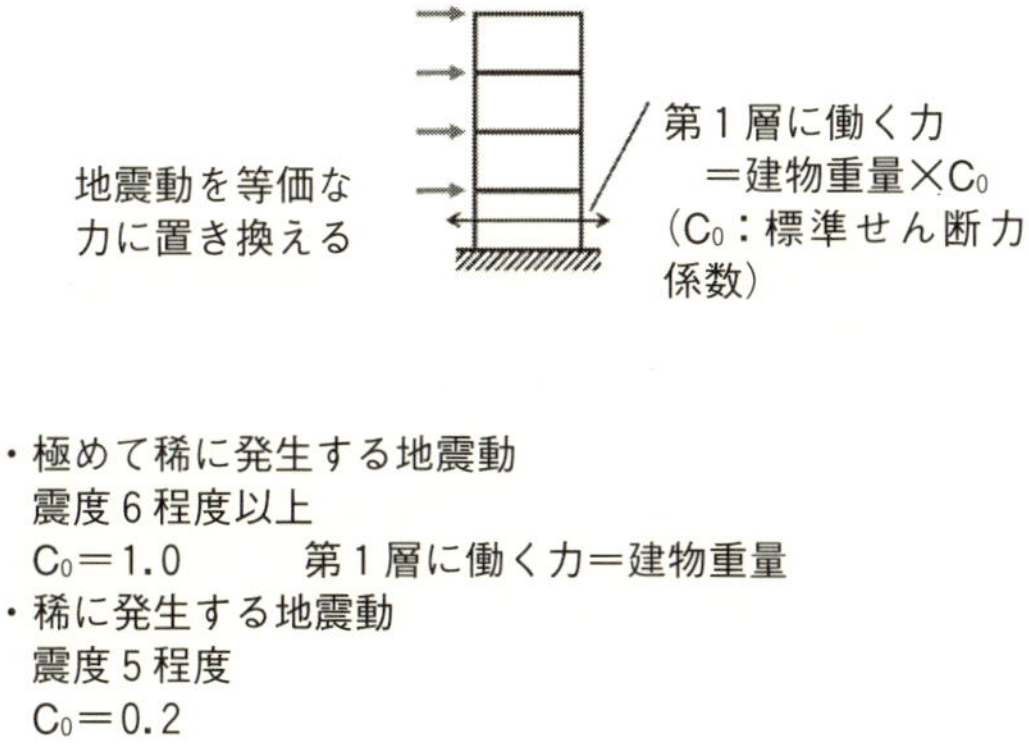

図９－16　建物な作用する地震力

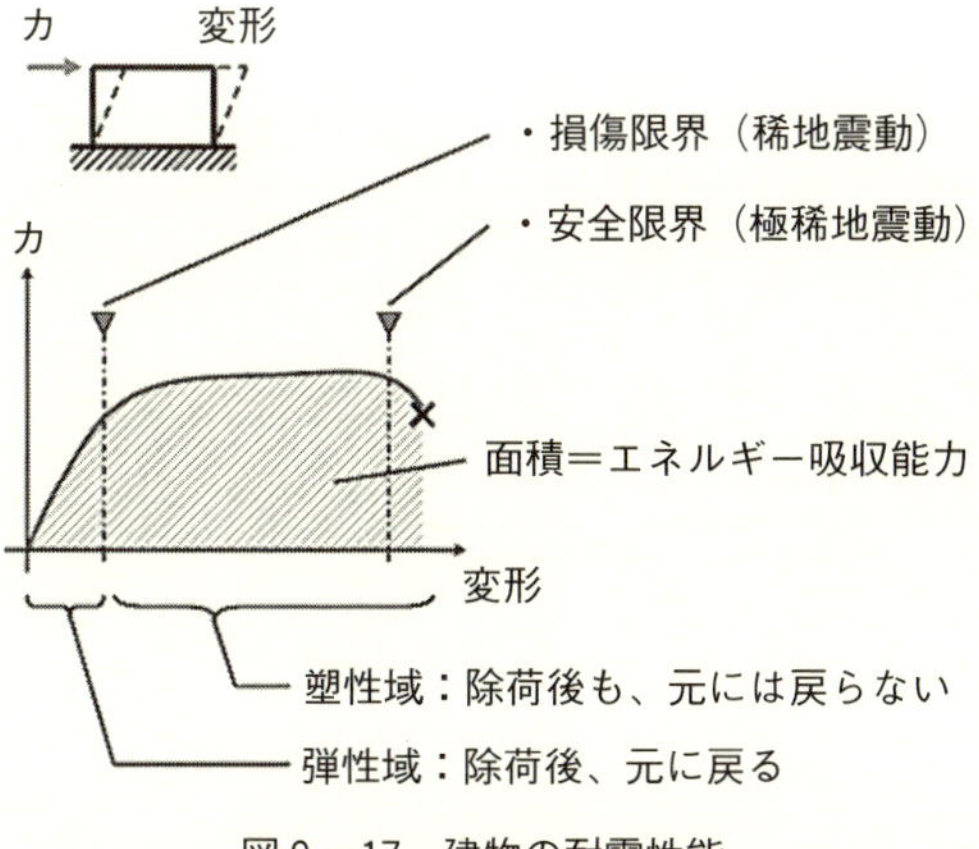

図９－17　建物の耐震性能

を「既存不適格建築」と言います。そして、昔の建物が今の基準に適合しているかどうかを判定するものが「耐震診断」です。耐震診断では、大きな地震に対して建物が「倒壊するかどうか」を調べます。決して、部分的に「壊れるか壊れないか」を確かめているわけではありません。したがって、大きな地震が来たときに「ひび割れた、どうしてくれるんだ!」と言われても、設計者は非常に困るわけです。そのあたりが、一般の方と建築に携わっている人との認識の差です。

耐震診断は、基本的に一九八一年以前に建てられた建物を対象としています。鉄骨造、RC造、木造のそれぞれに耐震診断基準があって、鉄骨造やRC造では、「IS値」と呼ばれる指標が0・6以上だったら安全とされています。木造では「上部構造評点」と呼ばれる指標があって、これが1・0ならば一応安全となっています。

参考のため、滋賀県における住宅耐震化の現状を述べておきましょう。

二〇〇三(平成一五)年の時点で、滋賀県内には住宅の戸数が四三万六〇〇〇戸あり、そのうち耐震性の不十分な建物が一一万五〇〇〇戸あります。逆に、耐震性がある建物は三二万一〇〇〇戸となるので、耐震化率は約七四パーセントとなります。

国は、大地震での被害想定の死者数を半減させるために、二〇一五年(平成二七)年までに住宅の耐震化率を九〇パーセントにするという目標を立てました。住宅は、古くなれば建て替えられたり、除却といって解体したりしますので、そういう分を差し引いて総合的に計算をすると、耐震化の必要な住宅は一〇年間で一万三〇〇〇戸ということになります。およそ一年で一三〇〇戸くらいを耐震補強するペースとなります。

こう見ると、実現可能な数字と思われるかもしれませんが、実績では、補助金を使って耐震改修されたのは、二〇〇三（平成一五）年から二〇〇六（平成一八）年までわずか三六戸です。国や県の補助金を使わずに改修された住宅も数多くありますが、それでもこの目標には到底追いつかないことになります。これが滋賀県の現状なのです。

地震対策——ソフト面

地震対策のソフト面として、地震ハザードマップをつくったり、防災教育をしたりすることが一般的に行われています。彦根市では、琵琶湖西岸断層帯で起こる地震、東南海地震、鈴鹿西縁断層帯で起こる地震の三つを想定してハザードマップがつくられています（**図９－18**）。ここでは、私がかかわった活動として、「防災タウンウォッチング」と「ＧＩＳによる防災地図の作成」について紹介します。

防災タウンウォッチングでは、地域の小学生とその保護者に集まっていただき、「ここには消火器があるな」、「高いブロック塀の下が通学路になっていて危ないな」などと点検していきます。そして、一時間くらい調べた結果をもとにして紙の防災地図をつくります。自分たちの通ったルートのどこに何があるか、「ここで気付いたことがあった」というようなことを話し合いながら、地図を充実させていきます。

次に、作成した紙の防災地図をベースにＧＩＳの防災地図をつくります。ＧＩＳを使って地図をつくる利点は、書き込める情報が多いということです。通常の場合、タウンウォッチングでの情報を紙の地図に書いていくと見にくくなってしまいます。紙に書き切れないためですが、ＧＩＳだと多くの情報を入力することができ、

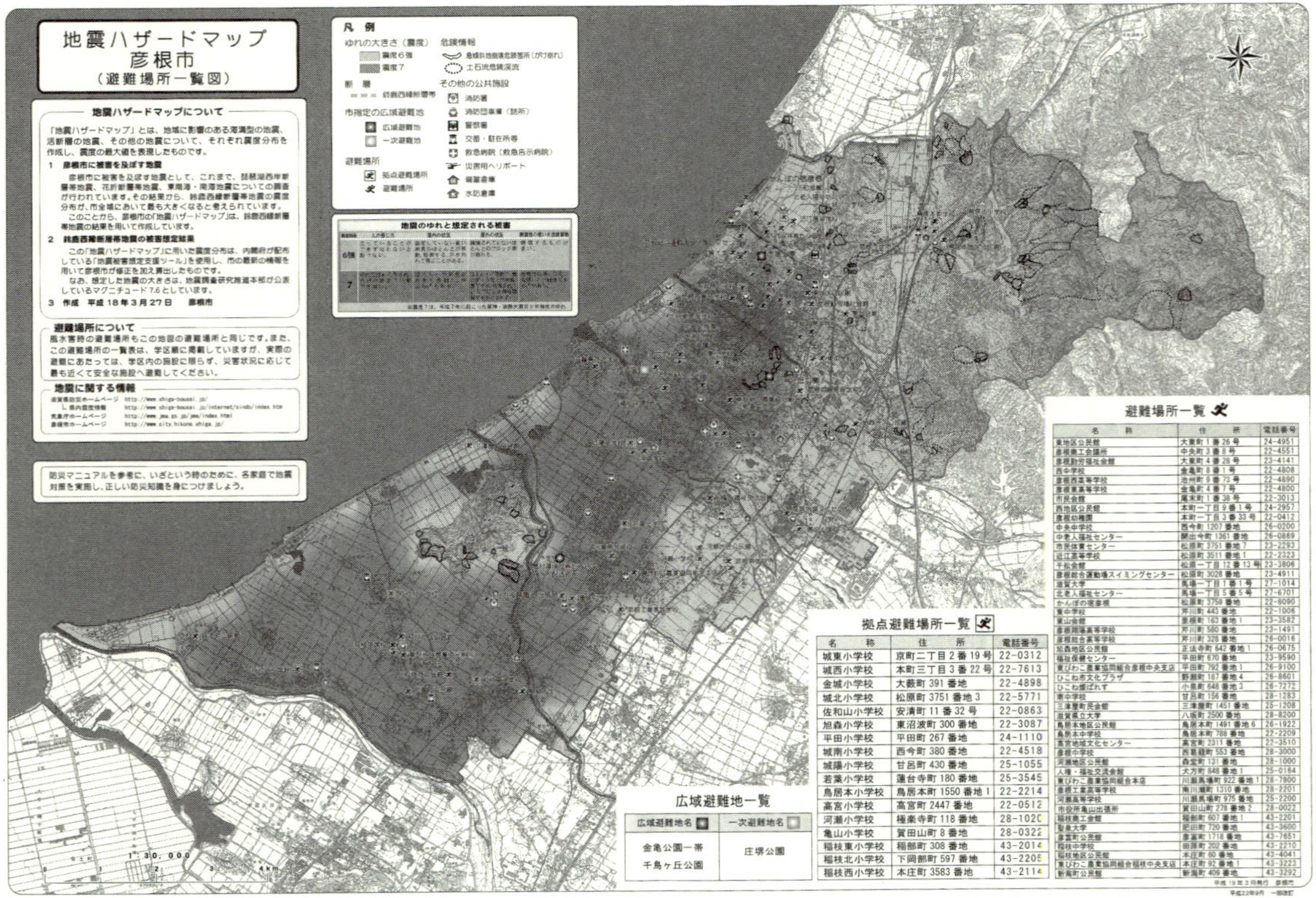

図９－18　彦根市の地震ハザードマップ

写真も貼り込めます。また、レイヤー機能(2)を使って必要な情報を取捨選択して表示することもできます。

具体的には、防災用のアイコンや点・面のコンテンツを地図の上に置いていきます。ここには消火栓がある、ここは避難所だ、ここは病院があって公衆電話があるといった具合に作業を進めた結果、完成したのが**図9－19**のGIS防災地図です。

敵を知り、己を知る

日本は世界でも有数の地震多発国なので、地震防災を考えることが必要不可欠となります。しかし、いつ地震が起こるかとビクビクして暮らしなさい、という意味ではありません。「知彼知己、百戦不殆」、中国の古い兵法書である『孫子』の一節で、「敵を知り、己を知れば、

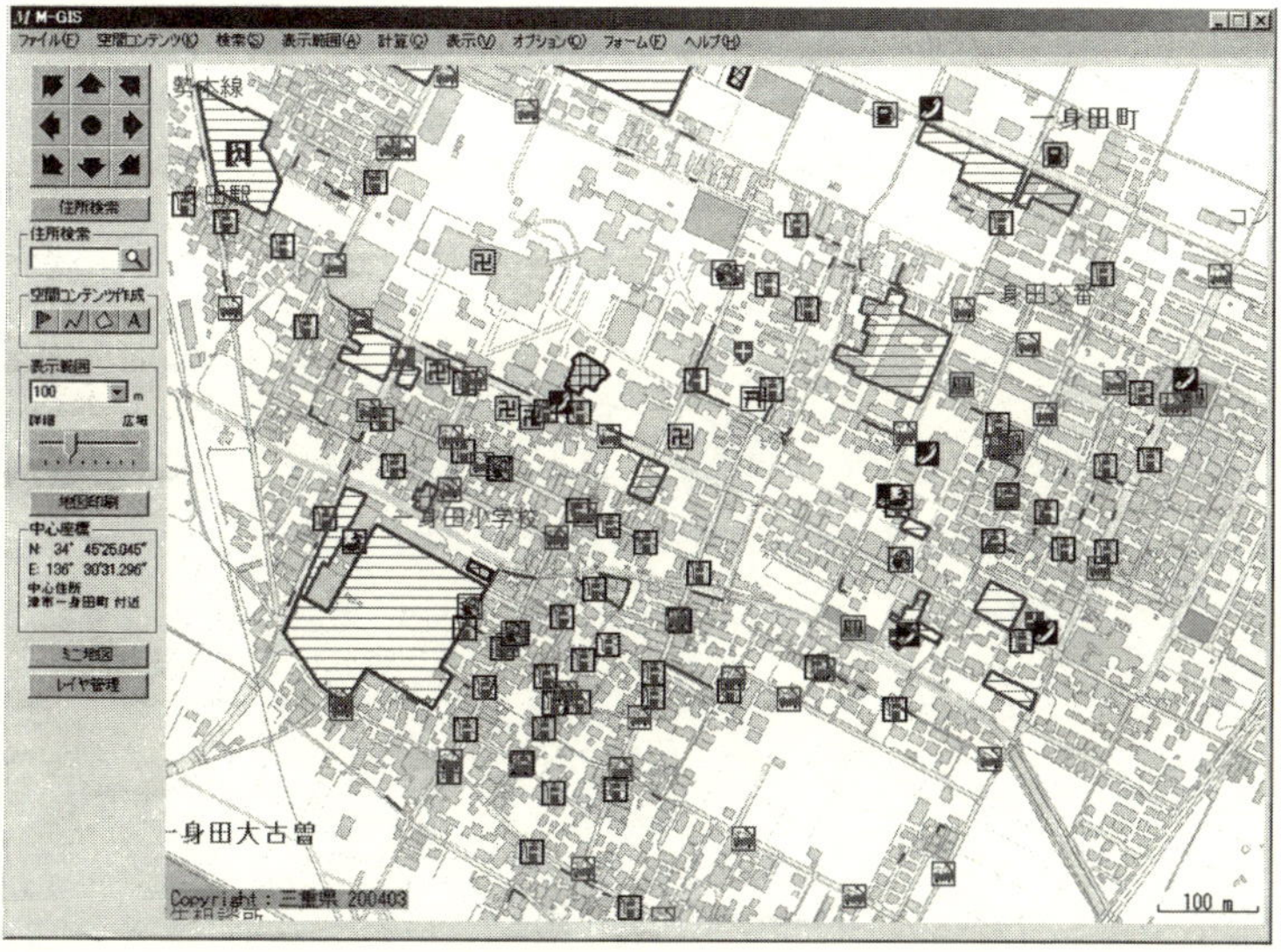

図9－19　簡易型GISによる防災地図の作成

(2)（layer）レイヤー（レイアー）とは「層」という意味で、各層にさまざまなデジタルデータが入力されている。

百戦しても負けない」という意味です。地震防災でも、地震に怯えながら暮らす必要はまったくなく、どこでどのような地震が起きるのかという情報の内容を理解し、地震に対してどのように対処すればいいのかをしっかり考えればよいのです。敵（地震）を知り、己（建物や地域）を知ることが重要です。これが、安全・防災上の特性把握と地域診断と言えます。

二〇一一年三月一一日に発生した東北地方太平洋沖地震とその後の一連の地震によって、東北地方や北関東地方に壊滅的な被害をもたらしました。この地震は三陸沖を震源としており、「広い範囲での被害」、「大津波の発生」、「大量の物資不足」など、プレート境界型地震に特徴的な被害が発生しました。とくに、津波による被害は甚大で、人的被害の九割が津波によるものと推定されています。この地震と同様の地震である東海・東南海・南海地震は、数十年後以内に発生すると予測されています。

私たち滋賀県民も、今回の東日本大震災を教訓としなければなりません。滋賀県は海に面していないので、津波による直接的な被害は受けません。しかし、揺れによる建物などの被害は確実に発生します。東北地方の内陸部でも、建物の倒壊などは少ないのですが、地盤の崩壊や木造建物の煉瓦の落下、ブロック塀・石塀の転倒や破壊、土蔵の外壁の剥落など、あまり新聞やテレビなどでは報道されないような被害が各所で見られています。東海・東南海・南海地震が発生した場合、滋賀県は地震による被災地でありながら、同時にもっと被害の大きい沿岸部などの地域に対する支援地としての役割も果たさなければなりません。地震に備えることは、自分自身のためになるだけでなく、近隣県の被災者のためにもなるのです。

あとがき

本書の出版作業をはじめてまもなく、三月一一日が来ました。作業をしていた大学でも、大きくゆっくりとした長い周期の横揺れがありました。すぐに研究室を飛び出して廊下に出ましたが、しばらくは揺れが収まりませんでした。これほどの長い揺れは経験したことがありません。

滋賀県での被害の報告は聞いていませんが、先日、自分の住む集落にある一九二六（大正一五）年築の農業倉庫が地震のあとに傾いた、と指摘されました。以前は真っ直ぐに建っていましたが、明らかに建物がゆがんでしまっている状態で解体せざるを得ない、と半ば諦めつつあります。地震で、基礎が部分的に沈んだようです。解体には数百万円かかるとのことで、被災地に比べれば小さな被害かもしれませんが、集落にとってはすぐにどうにかできる金額でないことも事実です。

しかしながら、実際に被災された方はどれほど恐ろしかったでしょうか。日々の生活が失われた方々のご苦労や苦しみは、そうした体験のない筆者には想像しがたいものがあります。

今回の震災は、仙台で三年半生活した経験がある筆者にとっては、被災前の状況を知っているからこそ目を覆いたくなるものでした。東北の要所は仙台にいた際にほとんど回ったことがあります。被災地についても、釜石のあたりから南下し、宮古や気仙沼、石巻の辺りも回った記憶があり、そのときに見た現地の美しい景色が目に浮かんできます。テレビで流れる映像でそれらがかき消されていくことに涙が出ました。

そうした漫然とした心境から被災地への支援活動はすぐにはできず、しばらく経った六月からとなりました。学生たちの「支援がしたい」という思いに突き動かされてつながった、宮城県南三陸町歌津地区の「田の浦」という集落に復興まちづくりのサポートに入るようになりました。リアス式海岸の小さな入江に形成された一〇〇世帯ほどの集落で、自動車での観光では、よほど縁がないかぎり訪れることがないような場所に立地しています。

まちづくりの第一歩は地域をよく知ること。本書でも何度も紹介してきたことですが、田の浦での活動も地域を知ることからはじめました。夏休み、学生たちのグループが漁港で「番屋」(作業小屋)を建設している間に、別働隊を組織して地域の方々から田の浦の暮らしについて聞き書きをしました。

漁師の方々は、自らの地域をよく知っています。そして、海をよく知っています。入江を囲む風の向きで漁に出るか出ないかを判断します。「アサマ」と呼ばれる太陽が昇る前の波の穏やかな時間に漁に出ます。ウニやアワビのよく採れる場所を知っています。もちろん、海のなかの地形もよく知っています。継承されてきた生業の仕組み、津波への対応があります。大地、風、動植物とのつながりを経験的によく知っているのです。そこには、地域とともに生きてきた暮らし・生活文化があります。

それでも、田の浦では半数ほどの家が流され、一四名の方が命を失い、三名の方が行方不明になったと言います。一〇〇隻以上あった漁船は、数隻を残してすべて流されてしまいました。津波のあとに跡継ぎとして期待されていた若い人たちが、集落を出ていってしまったとも言います。しかし、現地の復興まちづくり活動に携わって漁師さんたちの力強さには感銘しました。

「舟は流されたんだけんど、海があるからっさ」

「全部流されたの。でも、みぃんな海からもらったもの。またゼロからのスタートっさ」

海とともに生きてきた人々の力強い言葉です。地域とのつながりのなかで生きてきた人々、人が「ヒト」であることを改めて教えられた気がします。田の浦のような地域を未来に継承すること。それが人間社会の本来あるべき姿、これからの方向性なのだと改めて強く思いました。

現代は都市の時代です。滋賀県での集落生活と東京大田区の実家との二地域居住を実践する筆者自身も、やはり都市生活者です。滋賀県で持続可能なエコライフを実践しようとしてもなかなかうまくできません。今でも、都市の恩恵を受けて生活しています。グローバルな経済社会の仕組みから、自分自身の生業、食べ物、住まい、エネルギーなど、すべて都市とのつながりがないと成り立たないという状況です。都市の恩恵を受けてきた私たちには、都市との縁を切ることが難しいようです。

この国の、あるいはアジアの国々のあるべき社会の方向性、それはみなさんも気が付いていることでしょう。しかし、その方向に向かって、その未来に向けて私たちは何をすればよいのでしょうか。田の浦の人々のようにはなれませんし、農業をはじめるわけにもいかないかもしれません。であれば、まずは自分自身の住む、暮らす地域を「知る」ことからはじめてみてはいかがでしょうか。大地と風とさまざまな生き物たちとのつながりを探ることからはじめてはいかがでしょうか。まずは、自分自身の存在＝暮らしの意味を解きほぐし、自分の暮らし方、地域のあるべき方向性を考えてみてください。

本書で紹介した地域診断法は、みなさんの暮らしを見つめ直し、あるべき方向を共有するためのツールです。一〇〇人いれば一〇〇とおりの考え方、価値観がありますから、まったく同じ方向を向くことは難しいと思います。しかし、客観的なデータはなかなか否定できないものです。自然現象やそのメカニズム、科学的な理論も否定できないものです。

そうしたデータをベースに地域をとらえることでも十分に意味があります。そうして、「地域を知る」ことで自ずと方向性が見え、共有することは可能となるのです。途方もないとらえ方は、その人の良心があるかぎりできないでしょう。さらに欲を言えば、それらのつながり、すなわち「なぜ、それが大切なのか」見いだし、共有していただければと思います。

なぜ、レッドデータに掲載された植物を守らなければならないのか？　このことを「なぜ、あなたがその地域に生きているのか」ということと同等に考えられるようになれば、人間らしい地域社会を創造する第一歩となりえるでしょう。大地の凹凸、水の流れ、地球の大気循環システム、そこに育まれた動植物、そして時間的な経過――そうしたつながりをイメージできるようになれば、あなたがその地域に生きる意味が説明できると思います。それが説明できるようになれば、人がヒトとして地球環境と共生した人間社会の構築も難しくはないでしょう。

現代は、つながりが見えにくい世の中です。つながりを拒んできた歴史も傾向もあります。しかし、あるべき社会の構築に向けて、私たちは「つながり」を感じ、そのつながりに敬意を払い、感謝して生きることが必要なのだと思います。

本書の出版にあたっては、多くの方々にご支援ご協力をいただきました。近江環人地域再生学座を総括・運営いただきました曽我直弘理事長、大田啓一理事、仁連孝昭理事はじめ役職員の皆様、プログラムを統括いただきました奥貫隆先生、出版事業を統括いただきました布野修司先生、秋山道雄先生はじめ五年間のプログラムで授業をご担当いただきました先生方、執筆をご担当いただきました先生方には、あらためて厚く御礼申し上げます。本書の雛形となったテキストの作成では、近江環人地域再生学座第三期生の横関万貴子さん（有限会社ネオジオ）にお世話になりました。編集にあたっては、鵜飼研究室の綿谷公美子さん、西村ちかこさんに尽力いただきました。学座担当の森川稔先生、事務局の上田洋平さんには授業の運営、記録に協力いただきました。そして、株式会社新評論の武市一幸さんには遅々として作業が進まないところを叱咤激励いただき、何とか取りまとめることができました。みなさまに厚く御礼を申し上げます。

東日本大震災から一年が経ちました。日本は災害列島と言われるほど多くの災害が起こり、今後もその可能性があります。読者のみなさんにとって、本書が災害とともに生きてきた暮らし、大地とともに生きる暮らし、持続可能な未来社会を見つめ直す機会となることを節に願います。

二〇一二年　初春

筆者を代表して　鵜飼　修

参考文献一覧

第1章

・奥貫隆「湖国景観論／次代に引き継ぐ景観」、『滋賀県立大学環境科学部年報』一九九八年所収。

・「滋賀県の近隣景観協定地区一覧」（平成二一年度）滋賀県土木交通部都市計画課資料。

・樋口忠彦『景観の構造――ランドスケープとしての日本の空間』技報堂出版、一九七五年。

・佐藤祐一・金再奎・岩川貴志・高田俊秀「湖辺域景観評価指標の作成と整備方針の検討」、『滋賀県琵琶湖環境科学研究センター試験研究報告書第3号』二〇〇七年。

第2章

・I・L・マクハーグ／下河辺淳・川瀬篤美訳『デザイン・ウィズ・ネーチャー』集文社、一九九五年

・「建築文化」一九七五年六月号／一九七七年五月号

・BIO-City 2002/No.24

・原科幸彦編『環境アセスメント』放送大学教育振興会、二〇〇〇年

・B・サドラ、R・フェルヒーム／国際影響評価学会日本支部訳『戦略的環境アセスメント』ぎょうせい、一九九八年

・森本幸裕、白幡洋三郎編『環境デザイン学』朝倉書店、二〇〇七年。

・「ECOLOGICAL PLANNING―大成建設のエコロジカルプランニング」大成建設広報部、二〇〇一年

・大成建設（風見正三、鵜飼修ほか）「田園再生機構　持続可能なコンパクト都市モデルの創造」大成建設広報部、二〇〇六年
・「まちづくりのデザインとプロセス──持続可能な発展を目指して」（まちづくりグループ・パンフレット）大成建設広報部、二〇〇七年

第3章

・日本地誌研究所編纂『日本地誌』（第一三巻・近畿地方総論・三重県・滋賀県・奈良県）二宮書店、一九七六年
・『東洋経済別冊　都市データパック』東洋経済新報社（毎年刊行されている）
・滋賀県中学校教育研究会社会科部会編『12歳から学ぶ滋賀県の歴史（改訂版）』サンライズ出版、二〇一一年
・新ごみ処理施設検討対策協議会「塩江町安原地区香東川親水ゾーン整備計画策定業務報告書」一九九五年
・ケヴィン リンチ／丹下健三・富田玲子訳『都市のイメージ』岩波書店、二〇〇七年
・鳴海邦碩・榊原和彦・田端修『都市デザインの手法（改訂版）』学芸出版社、一九九八年
・タイセイ総研＋細内信孝『テーマコミュニティの森──ヒューマンサイズの新しい都市』ぎょうせい、二〇〇二年

第4章

・鈴木隆介『建設技術者のための地形図読図入門』（全四巻）古今書院、一九九一年。

・松宮増雄『開出今物語』サンライズ出版、一九八四年。
・堀江正俊『局長の卒論――滋賀県立大学開学の歩み』サンライズ出版、一九九九年。

第5章

・小倉義光『一般気象学（第二版）』東京大学出版会、一九九九年
・小倉義光『お天気の科学』森北出版、一九九四年
・山崎道夫・廣岡俊彦『気象と環境の科学』養賢堂、一九九三年
・宮澤清治『天気図と気象の本（改訂新版）』国際地学協会、二〇〇一年
・天気予報技術研究会編『天気予報の技術（改訂版）』東京堂出版、二〇〇〇年

第6章

・滋賀県琵琶湖環境部自然環境保全課編『滋賀県ビオトープネットワーク長期構想――野生動植物の生息・生育環境の保全・再生・ネットワーク化に関する長期構想』滋賀県、二〇〇九年
・滋賀県琵琶湖環境部自然保護課編『滋賀県で大切にすべき野生生物2000年版（CD＋目録）』滋賀県、二〇〇〇年
・滋賀県生きもの総合調査委員会編『滋賀県で大切にすべき野生生物　滋賀県レッドデータブック2005年版』滋賀県、二〇〇六年
・中井克樹監修・中山れいこ著『よくわかる生物多様性①――未来につなごう身近ないのち』くろしお出版、

二〇一〇年

第7章
・水野章二『日本中世の村落と荘園制』校倉書房、二〇〇〇年
・近江国木津荘調査団・新旭町教育委員会「近江国木津荘現況調査報告書」（Ⅰ・Ⅱ）二〇〇二年、二〇〇三年
・藤井譲治編『近江・若狭と湖の道』吉川弘文館、二〇〇三年
・水野章二『中世の人と自然の関係史』吉川弘文館、二〇〇九年

第8章
・伊藤喜栄・藤塚吉浩編『図説　21世紀日本の地域問題』古今書院、二〇〇八年
・岡田知弘・川瀬光義・鈴木誠・富樫幸一『国際化時代の地域経済学（第3版）』有斐閣、二〇〇七年
・林上『現代社会の経済地理学』原書房、二〇一〇年
・H・アームストロング＋J・テイラー／佐々木公明訳『地域経済学と地域政策（改訂版）』流通経済大学出版会、二〇〇五年
・山田浩之・徳岡一幸編『地域経済学入門（新版）』有斐閣、二〇一〇年
・『都市データパック　二〇一〇年版』〈東洋経済別冊〉東洋経済新報社、二〇一〇年
・『データでみる県勢　二〇〇七年版』（財）矢野恒太記念会、二〇〇六年
・『データでみる県勢　二〇一一年版』（財）矢野恒太記念会、二〇一〇年

・内閣府『国民経済計算年報』二〇一〇年
・内閣府『県民経済年報 二〇一〇年版』二〇一一年
・大阪通産局「近畿の通商と産業 一九七四年版」一九七三年
・滋賀県「産業用地のしおり」二〇一〇年
・大薗英夫・藤井隆・飯島貞一『地方の時代と工業再配置』東洋経済新報社、一九八〇年

第9章

・地震調査研究推進本部地震調査委員会編『日本の地震活動――被害地震から見た地域別の特徴（追補版）』文部科学省、一九九九年
・「地震の発生メカニズムを探る――発生のしくみと地震調査研究推進本部の役割」文部科学省、二〇〇四年
・「地震がわかる！ 防災担当者参考資料」文部科学省、二〇〇八年
・「都道府県別表層地盤のゆれやすさマップ――滋賀県」内閣府、二〇〇五年
・「第二次琵琶湖西岸断層帯等による地震被害予測調査」滋賀県、二〇〇四年
・中央防災会議事務局「東南海、南海地震の被害想定について」（中央防災会議「東南海、南海地震等に関する専門調査会」第一四回資料）二〇〇三年
・「全国を概観した地震予測地図（二〇〇七年度版）」地震調査研究推進本部地震調査委員会、二〇〇七年
・「彦根市地震ハザードマップ」彦根市
・「滋賀県既存建築物耐震改修促進計画」滋賀県、二〇〇七年

倉茂好匡（くらしげ・よしまさ）
1958年東京生まれ。北海道大学大学院理学研究科地球物理学専攻博士後期課程修了。理学博士。東京都私立成蹊学園成蹊中学高等学校で理科教諭として勤務したのち、大学院博士後期課程を修了後、北海道大学大学院環境科学研究科助手。その後、北海道大学大学院地球環境科学研究科助手に配置換え、1998年10月より滋賀県立大学環境科学部助教授、2005年９月より滋賀県立大学環境科学部教授。専門は水文地形学、陸水物理学。ただし、近年は大学教育改善活動に活動の主軸を移しつつある。著書として、『琵琶湖のゴミ――取っても取っても取りきれない』（サンライズ出版、2009年）、『環境科学を学ぶ学生のための科学的和文作文法入門』（サンライズ出版、2011年）などがある。

高田豊文（たかだ・とよふみ）
1968年滋賀県生まれ。名古屋大学工学研究科建築学専攻修了後、三重大学工学部建築学科の助手、講師、助教授を経て、2007年に滋賀県立大学環境科学部環境建築デザイン学科の准教授として赴任。専門は建築構造学で、以前は主に構造解析などの理論的研究を行っていたが、最近では、木造建物の耐震化を目標とした木製面格子壁の実験的研究も行っている。（社）滋賀県建築士会の建築物耐震判定評価委員会委員長のほか、（社）滋賀県建築士事務所協会や（社）三重県建築士事務所協会でも耐震診断判定委員会委員を務める。2004年新潟県中越地震、2004年福岡県西方沖地震、2011年東北地方太平洋沖地震での建物被害調査なども実施。

中井克樹（なかい・かつき）
1961年大阪府生まれ。京都大学理学部・同大学院理学研究博士後期課程を経て、滋賀県教委（仮称）琵琶湖博物館開設準備室に職を得、現在、同館専門学芸員。2007年度から３年間、滋賀県自然環境保全課（野生生物担当）を兼務。博士（理学）。専門は動物生態学で、近年は外来種対策に取り組んでいる。著書に、参考文献の他、『外来種ハンドブック』（編著、地人書館、2002年）、『外来生物――つれてこられた生き物たち』（編著、琵琶湖博物館、2003年）、『外来生物の生態学――進化する脅威とその対策』（共著、文一総合出版、2010年）、『魚類生態学の基礎』（共著、恒星社厚生閣、2010年）など。

水野章二（みずの・しょうじ）
1954年名古屋市生まれ。京都大学文学部・同大学院文学研究科博士課程修了後、滋賀県立短期大学を経て、滋賀県立大学人間文化学部助教授・教授、博士（文学）。専門は日本中世の村落・荘園研究および近江の地域史研究で、近年は中世の環境史・災害史研究にも力点をおいている。主な著書として、『日本中世の村落と荘園制』（校倉書房、2000年）、『中世村落の景観と環境』（編著、思文閣出版、2004年）、『中世の人と自然の関係史』（吉川弘文館、2009年）、『琵琶湖と人の環境史』（編著、岩田書院、2011年）などがある。携わった県内の自治体史は、蒲生町・彦根市・長浜市・高月町・日野町・能登川町・甲賀市など。

執筆者紹介（アイウエオ順）

秋山道雄（あきやま・みちお）
1949年岡山県生まれ。大阪市立大学大学院文学研究科博士課程単位取得退学。1982年、新設の滋賀県琵琶湖研究所に赴任、琵琶湖集水域における社会経済活動とその環境影響に関する研究や淀川水系を中心に日本の水資源・水環境に関する研究を進めてきた。1995年、滋賀県立大学の設立に伴い、環境科学部へ転任。専門は、経済地理学。近年は、理論研究や実証分析と併行して、地域政策や環境政策などの政策研究を進めている。教育では、フィールドワークの重要性に着目し、開学以来、これを進めてきた。関連図書に、滋賀県立大学環境フィールドワーク研究会編『琵琶湖発　環境フィールドワークのすすめ』（昭和堂、2007年）がある。

鵜飼　修（うかい・おさむ）　奥付参照。

奥貫　隆（おくぬき・たかし）
1944年東京生まれ。1996年９月滋賀県立大学環境科学部環境計画学科教授に着任し、景観計画・環境共生デザイン・環境フィールドワーク・設計演習などを担当。2008年４月～2010年３月環境科学部学部長を経て、2010年４月から地域づくり教育研究センター特任教授。また、2011年４月から湖東地域定住支援ネットワークを設立し、湖東地域への移住・交流居住をすすめるための調査・イベント・情報発信活動に取り組む。滋賀県立大学名誉教授。

風見正三（かざみ・しょうぞう）
1960年茨城県生まれ。日本大学大学院、ロンドン大学政治経済大学院、東京工業大学大学院修了。博士（工学）。大成建設（株）にて、都市開発、環境デザイン、まちづくり業務に従事後、2008年より宮城大学事業構想学部教授。コミュニティを主体とした持続可能なまちづくりやソーシャルビジネス、コミュニティビジネスに関する研究・実践を進めている。2011年より、同大学地域連携センター副センター長。主な著書に、『「明日の田園都市」への誘い』（共著）、『テーマコミュニティの森』（共著）、『コミュニティビジネス入門』（共著）などがある。受賞歴として、第７回まちの活性化・都市デザイン競技国土交通大臣賞など。

加藤真司（かとう・しんじ）
1958年岡山生まれ。彦根地方気象台気象情報官。
1987年日本国有鉄道岡山鉄道管理局から気象庁入庁。津山測候所、岡山、広島各地方気象台を経て1996年彦根地方気象台予報官。主任技術専門官歴任の後2007年から現職。学校や地域、TV・ラジオを通じてお天気から防災、地球温暖化まで多岐にわたる講演を行う。研究テーマは霧と風で、瀬戸内海の海霧、内陸の放射霧の研究。風は局地風を扱い、岡山県の広戸風、比良八荒など主におろし風を研究対象としている。今後は『万葉集』など古典（歴史）から見た気象を研究テーマとする予定。

責任編著者紹介

鵜飼　修（うかい・おさむ）

1969年東京都大田区生まれ。日本大学大学院理工学研究科建築学専攻修了。大成建設（株）にて意匠設計、ランドスケープデザイン、まちづくりの業務に従事後、2006年11月から滋賀県立大学へ。環境に配慮したまちづくりの担い手（コミュニティ・アーキテクト（近江環人））育成プログラム「近江環人地域再生学座」を担当。専門は環境共生まちづくり、コミュニティ・ビジネス。

「地球環境と共に生きる人間社会のあり方」「コミュニティによる地域再生・地域創造」をテーマに教育・研究・まちづくり活動を実施。まちづくり活動、コミュニティ・ビジネスの実践派。NPO 法人大森まちづくりカフェ代表理事、NPO 法人大牟田・荒尾炭鉱のまちファンクラブ副理事長、NPO 法人エコ村ネットワーキング副理事長、C.B.N. コミュニティ・ビジネス・ネットワーク副理事長、NPO 法人コミュニティ・アーキテクト　ネットワーク（環人ネット）監事ほか。

著書に『3日でマスターできるコミュニティ・ビジネス起業マニュアル』（共著、ぎょうせい、2003年）、『小舟木エコ村ものがたり』（共著、サンライズ出版、2011年）など。

近江環人地域再生学座

2006（平成18）年度文部科学省が募集した「地域再生人材創出拠点の形成」プログラムに滋賀県立大学が応募し、採択されたもので、湖国近江の風土、歴史、文化を継承し、環境と調和した循環型地域社会づくりのための人材を育成し、地域の要請に応えることを目的としている。2011（平成23）年度からは滋賀県立大学大学院の独自の副専攻プログラムとして継続・実施している。

地域診断法

鳥の目、虫の目、科学の目

2012年 3 月10日　　初版第 1 刷発行

編　集　近江環人地域再生学座

責任編著者　鵜　飼　　修

発行者　武　市　一　幸

発行所　株式会社　新　評　論

〒169-0051　東京都新宿区西早稲田 3-16-28
http://www.shinhyoron.co.jp

電話　03（3202）7391
FAX　03（3202）5832
振替　00160-1-113487

落丁・乱丁本はお取り替えします
定価はカバーに表示してあります

印刷　フォレスト
製本　中永製本所
装訂　山田英春

ISBN978-4-7948-0890-5
Printed in Japan